श्रद्धा के फूल

(काव्य संग्रह)

AF759109

डॉ. पवित्र कुमार शर्मा

PRACHI
DIGITAL PUBLICATION

Title : Shraddha Ke Phool

Author : Dr. Pavitra Kumar Sharma

Edition : First (January, 2025)

ISBN : 9789348332349

Published by

PRACHI
DIGITAL PUBLICATION

Regd. Add.: 254, Khuriyakhatta No. 10, Bindukhatta,
Lalkuan, Nainital - 262402, Uttarakhand, India
Website : www.prachidigital.com
E-mail : info@prachidigital.in
Phone : +91 976041 7980, +91 976041 8103

Printed by :
Manipal Technologies Limited, Bengaluru - 560001, Karnataka

भूमिका

'श्रद्धा के फूल' नामक यह कविता-संग्रह मेरे द्वारा बीते डेढ़ वर्ष में लिखी गई विभिन्न कविताओं का एक प्यारा-सा संकलन है। साल भर में जितने भी विशिष्ट पर्व और त्योहार हुए हैं तथा जन्म-दिवस और सत्संग आदि अलग-अलग तरह के रोचक कार्यक्रम संपन्न हुए हैं ; उन सभी को लेकर लिखी गई काव्य-रचनाओं को मैंने इस विशिष्ट संग्रह में शामिल किया है। इसके अलावा पिछले वर्ष और इस वर्ष भी नई दिल्ली के प्रगति मैदान में विश्व पुस्तक मेले का सफल आयोजन हुआ था और उसमें मैंने भाग भी लिया था। उस मेले को लेकर कई सारी कविताएँ मैंने उस दौरान लिखी थीं। उनमें से अधिकांश कविताओं को भी मैंने इस पुस्तक में सम्मिलित करने का प्रयत्न किया है।

असल में इस विशिष्ट संग्रह की कविताएँ मेरे डेढ़ वर्ष की काव्य-साधना का प्रतिरूप हैं। इन कविताओं को पढ़कर पाठक गण आसानी से इस बात का अनुमान लगा सकते हैं कि मैं साल भर में किस-किस प्रकार की कविताएँ लिखने का प्रयत्न करता रहता हूँ।

इतने बड़े काव्य-ग्रंथ को प्रकाशित करने का साहस भारत के जाने-माने प्रकाशन संस्थान 'प्राची डिजिटल पब्लिकेश' ने किया है। मेरे ख्याल से इतना वृहद काव्य-ग्रंथ अभी तक मेरा प्रकाशित नहीं हो पाया है। इस विशाल काव्य-पुस्तक के प्रकाशन के लिए मैं हृदय से प्रकाशन संस्थान (प्राची डिजिटल पब्लिकेशन) का आभार प्रकट करता हूँ। प्रकाशन संस्थान से मेरी पहले भी कुछ वृहदाकर पुस्तकें प्रकाशित हो चुकी हैं और उसी कड़ी में यह ग्रंथ मेरी सातवीं पुस्तक है।

इस कविता-ग्रंथ में मैंने मनुष्य और मानवता के प्रति, ईश्वर और विश्व के प्रति, प्रकृति और ब्रह्मांड के प्रति अपनी श्रद्धा-आस्था और विश्वास को कविताओं के माध्यम से प्रकट किया है ; इसीलिए मैंने इस संकलन का नाम 'श्रद्धा के फूल' रखा है। असल में श्रद्धा एक ऐसी अनमोल वस्तु है, जिसकी आज के समय में महती आवश्यकता है। बिना श्रद्धा के ज्ञान और योग की साधना का कोई मूल्य नहीं होता है। श्रद्धा से ही सेवा और परोपकार को सफलता प्राप्त होती है। अगर मन में श्रद्धा न हो, तो इंसान का कोई भी कार्य पूरी तरह से सफल नहीं हो पाता है। मन में श्रद्धा, आस्था और विश्वास रखकर ही हम अपने जीवन के कार्यों को उनके लक्ष्यों तक अंजाम दे पाते हैं।

आज के समय में श्रद्धा, आस्था और विश्वास की परस्पर बहुत आवश्यकता है। तभी हम मानव-समाज को सुखी बना सकते हैं। वर्तमान समय की तेज भागती-दौड़ती जिन्दगी में श्रद्धा, आस्था और विश्वास के मूल्यवान तत्त्व पीछे छूट गए हैं और इंसान झूँठी मृगतृष्णाओं के पीछे मृग या हिरण बन बेतहाशा दौड़ता जा रहा है। न उसे अपनी मंजिल का पता है और न उसे इस बात का होश है कि उद्दाम लालसाएँ और वासनाएँ उसकी जिंदगी को किस मोड़ पर लाकर खड़ा करने वाली हैं।

......आज के समय में मनुष्य एक रोबोट या मशीनी मानव जैसा हो गया है। वह मशीन की तरह सुबह से लेकर शाम तक काम तो करता है, लेकिन दूसरों के दुःख-दर्दों में उसे कोई दिलचस्पी नहीं होती है और न किसी की दुःख- तकलीफ सुनकर वह उसे दूर करने का प्रयत्न करता है।

इस संग्रह में जितनी भी कविताएँ हैं, वे मेरे रोजमर्रा के जीवन के साथ-साथ चली हैं। उनके साथ मैं दुःखी या सुखी हुआ हूँ। इन काव्य रचनाओं ने एक मित्र या साथी बनाकर मेरा साथ निभाया है, इसलिए मैं इस संग्रह को अपनी सहयात्री कविताओं का एक सुंदर और सफल सफर अथवा यात्रा मानता हूँ। आशा है कि पाठक इन कविताओं को पढ़ते हुए एक सुन्दर जीवन-यात्रा का आनन्द प्राप्त करेंगे। सभी काव्य रचनाएँ छन्दबद्ध हैं अर्थात गेयात्मक अथवा लयात्मक या तुकान्त हैं।

मैं अपनी यह काव्य-कृति माँ शारदा (सरस्वती माता) के चरणों में निवेदित करता हूँ और भगवान से इस पुस्तक की सफलता की कामना करता हूँ। पाठकों से निवेदन है कि वे इस काव्य-ग्रंथ की रचनाओं को पढ़कर जैसा भी महसूस करें, मुझे मेरे पते पर अथवा मेरे प्रकाशक के पते पर पत्र, ईमेल या संदेश द्वारा सूचित अवश्य करें। ऐसा करने से मेरे काव्य-उत्साह में अतिशय वृद्धि होगी।

इसी उम्मीद के साथ-

पाठकों का अपना ---

'पवित्र'

(डॉ0 पवित्र कुमार शर्मा)

शील साहित्य सदन

बजरिया रोड, कुबेदान साहब का बाड़ा ,

कायस्थपाड़ा, धौलपुर, राजस्थान-328001

ई-मेल पता - dr.pavitraa.sharma@gmail.com

21 जुलाई, 2024 ई0

रविवार

(गुरू पूर्णिमा पर्व)

--: विषय-सूची :---

क्रम सं0	कविता का नाम	पृष्ठ सं0
1.	जब मैं शिशु था	25
2.	मनीष : बचपन का दोस्त	26
3.	माँ की स्नेहमयी गोद	27
4.	डॉ0 ध्रुवेन्द्र सिंह के साथ	29
5.	बेस्टसेलर लेखक पुरस्कार – 2022	30
6.	अब तू ध्यान लगा	31
7.	लोकेश-पुत्र-जन्म-दिवस	32
8.	शिवरात्रि का उत्सव प्यारा	34
9.	87 वीं त्रिमूर्ति शिव-जयन्ती	36
10.	बेलपत्र और बेर	38
11.	रिद्धि	40
12.	अनन्या	42
13.	शिव की बारात	43
14.	शिव-ध्वजा	44
15.	चित्रकला	45
16.	सज्जा-कला	46
17.	गुड़िया रानी	47
18.	शिव निराकार	48
19.	मुख्य अतिथि : चेयरमैन साहिबा	49
20.	मैं मिलूँगा तुम्हें पुस्तक-मेले में	50
21.	उपन्यास का प्रकाशन	52
22.	फुटकर छन्द	54
23.	वैवाहिक-वर्षगाँठ की बधाई	57
24.	पुस्तक मेला – 2023	58
25.	रवीना-प्रकाशन-गृह : पुस्तक-पुकार	59
26.	भजन-कीर्तन-कार्यक्रम	61
27.	जागृति-भजन	62
28.	भजन के बाद प्रवचन	63
29.	दिल्ली चलो	64

क्रम सं0	कविता का नाम	पृष्ठ सं0
30.	मोबाइल-दीवाने	65
31.	रेलगाड़ी की भीड़	66
32.	मोदी जी से मुलाकात	67
33.	अशोक नगर का पार्क	68
34.	युवकों का व्यायाम	69
35.	दिल्ली : मॉर्निंग-वॉक	70
36.	बाल-रुचि	71
37.	कनिका	72
38.	तीन पराँठे शेष	73
39.	मेट्रो : शान की सवारी	74
40.	नन्हीं बिटिया	75
41.	अशोक नगर आश्रम : महावाक्य – 1	76
42.	अशोक नगर आश्रम : महावाक्य – 2	77
43.	मेरी जुबान में जब भी	78
44.	दिल्ली-घटाएँ	79
45.	तिमंजिला का टॉवर	80
46.	साठ हजार रुपए में बच्चा	81
47.	पार्क के कबूतर	82
48.	यदि दिल्ली-मैट्रो न होती	83
49.	दिल्ली-मैट्रो	84
50.	सेवा का मण्डप	85
51.	शिव-दर्शन-झाँकियाँ	86
52.	दाल-रोटी	87
53.	स्नानगृह के हंस	88
54.	दिल्ली-बिस्तर	89
55.	दस रुपये जुर्माना	90
56.	मंच पर कथावाचन	91
57.	बेस्टसेलर-लेखक पुरस्कार	92
58.	पुरस्कार-राशि	93
59.	पुरस्कार : प्रमाण-पत्र	94

क्रम सं0	कविता का नाम	पृष्ठ सं0
60.	पुरस्कार : स्मृति-चिन्ह	95
61.	कलम को पुरस्कार	96
62.	पुस्तक-विमोचन	97
63.	पितृ-काव्य का विमोचन	98
64.	सैलून का पोस्टर	99
65.	लेखिका सुजाता से संवाद	100
66.	कन्नौज का इत्र	101
67.	रवीना प्रकाशन	102
68.	कार-चोर की ऐसी-तैसी	104
69.	फुटपाथ का बुकसेलर	105
70.	प्रधानमंत्री जी का सन्देश	106
71.	कैलीग्राफी का हुनर	107
72.	पुस्तक-मेला-काव्य	108
73.	विदा ! मेला-भूमि	109
74.	दिल्ली की इमारत	110
75.	दिल्ली गेट से दिल्ली को विदाई	111
76.	बस के बिस्कुट	112
77.	दिल्ली-सिटी-बस	113
78.	पग-चिन्ह	114
79.	कविता लिखते कट गया सफर	115
80.	अन्तर्राष्ट्रीय महिला दिवस	116
81.	होली का उपहार	117
82.	होली : ढोलक की थाप	118
83.	प्रवचन का अधिकार	119
84.	ईश्वरीय सौगात	121
85.	बिछुड़ा हुआ मित्र	123
86.	फूटी किस्मत	124
87.	शहीद भगत सिंह	125
88.	**कहानी भगत सिंह की**	**127**
89.	भगत सिंह की माँ	131

क्रम सं0	कविता का नाम	पृष्ठ सं0
90.	दादी जानकी	132
91.	दादी जानकी : जीवन परिचय	134
92.	चैत्र नवरात्रि : महत्त्व	137
93.	नवरात्रि : नव-देवियाँ – 1	138
94.	नवरात्रि : नव-देवियाँ – 2	140
95.	नवरात्रि : नव-देवियाँ – 3	141
96.	नवरात्रि : नव-देवियाँ – 4	142
97.	नवरात्रि : नव-देवियाँ – 5	143
98.	नवरात्रि : नव-देवियाँ -- 6	144
99.	नवरात्रि : नव-देवियाँ – 7	146
100.	नवरात्रि : नव-देवियाँ – 8	148
101.	नवरात्रि : नव-देवियाँ – 9	149
102.	वृद्धा माँ को सहारा	150
103.	'भक्ति-रस' का यूट्यूबर	151
104.	रामनवमी	153
105.	श्रीराम का जन्म : बधाई गीत	154
106.	सादाबाद आश्रम	155
107.	शुक्रिया	156
108.	'विश्व पुस्तक मेला' किताब छप रही है	157
109.	ध्वजा-वाहक	159
110.	मंगल-तिलक	160
111.	श्रेष्ठ कृति सम्मान	161
112.	'पद्मावती गाथा' पुस्तक-अनावरण	163
113.	मातृ-कविता	165
114.	तुझपर सब कुछ वारूँ माँ !	166
115.	मेरे पिता	167
116.	पिता तो भोले होते हैं	169
117.	पिता का ऋण	170
118.	पिता की अभिलाषा	171
119.	अन्तर्राष्ट्रीय योग दिवस	172

क्रम सं0	कविता का नाम	पृष्ठ सं0
120.	आओ मिलकर सब योग करें	173
121.	नित उठकर करो प्रात: योग	174
122.	आओ योग से शक्ति भर लें	175
123.	बहे योग की धारा नूतन	176
124.	मिल करें योग (अन्तर्राष्ट्रीय योग दिवस)	177
125.	योग-संध्या	178
126.	सिद्धि का उल्टा चश्मा	179
127.	तुम भूल योग को न जाना	181
128.	मेरी अनुवादित कृति	183
129.	आगरा-आकाशवाणी में कहानी-पाठ	184
130.	योग-प्रेरणा	186
131.	पेरिस का नजारा	187
132.	चलता-फिरता पुस्तकालय	189
133.	मेरा जन्म-दिन (30 जून)	191
134.	बेटी की पुकार	193
135.	जन्म-दिवस की लाख बधाई !	194
136.	कवि का जन्म-दिन	196
137.	गुरू-पूर्णिमा-पर्व	196
138.	आज पुण्य सदगुरू-दिवस है (गुरू-पूर्णिमा)	199
139.	गुरू-पूर्णिमा	200
140.	दादी-नानी के गीत	201
141.	सिद्धि को भाते बालगीत	202
142.	बच्चों का निर्मल जीवन	204
143.	सपनों-सा कोई सुन्दर जग	205
144.	क्या स्वर्ग धरा न बन सकती ?	206
145.	जहाँ उपवन कोई मनोहर हो	207
146.	शिव से विवाह	208
147.	अलौकिक परिणय	209
148.	विवाह-वचन	210
149.	जन्मदिन का कलावा	211

क्रम सं0	कविता का नाम	पृष्ठ सं0
150.	नटखट का जन्म-दिवस	212
151.	पहला बर्थ-डे	215
152.	रिद्धि रानी का जन्म-दिन	217
153.	मेरी पहली अनुवादित अंग्रेजी पुस्तक	219
154.	श्रद्धांजलि	221
155.	नव-जगत पुन: आने वाला	222
156.	जागता कश्मीर (उपन्यास)	223
157.	छोटी बहू का जन्म-दिन	224
158.	घर-घर तिरंगा	226
159.	तिरंगा-यात्रा	227
160.	15 अगस्त : बलिदानों को भूल न जाना	229
161.	साधनात्मक ग्रंथ	230
162.	चन्द्रयान-3 की सफलता	231
163.	मेला-पुस्तक : राखी का उपहार	233
164.	राखी-बन्धन-उत्सव	235
165.	आओ मनाएँ रक्षाबन्धन	237
166.	राखी का त्यौहार आया	239
167.	राजस्थान मीडिया कार्यक्रम	240
168.	शिक्षक-दिवस	242
169.	बड़ी बहू का जन्म-दिवस	244
170.	जन्माष्टमी-उत्सव	246
171.	कान्हा के हिंडोले	248
172.	'वन्दे मातरम' पुस्तक : जन्माष्टमी का उपहार	251
173.	जन्माष्टमी मनाओ रे !	252
174.	करें मंच का सम्मान हम	253
175.	मंच सफलता की सीढ़ी है	255
176.	सिद्धि का जन्म-दिन	256
177.	सिद्धि की नई साइकिल	259
178.	केक कटने की प्रतीक्षा	261
179.	जन्मदिन मुबारक सिद्धि	262

क्रम सं0	कविता का नाम	पृष्ठ सं0
180.	हिन्दी अपनी जान है....	263
181.	हिन्दी का सम्मान करें हम	265
182.	हिन्दी विश्व-भाल सजाएँ	267
183.	रविवार की इडली	269
184.	पानी-पूरी खाओ जी !	271
185.	गो-सेवक	272
186.	गो-सेवा की महिमा	274
187.	स्वच्छ-भारत-अभियान	275
188.	मेरी पुस्तक -- 1 : सुनामी त्रासदी	277
189.	मेरी पुस्तक -- 2 : जीने की कला	278
190.	सूत्रधार (काव्य-संग्रह)	280
191.	झांझी का विसर्जन	282
192.	टेसू-झांझी का विवाह	283
193.	टेसू राजा	285
194.	साधना-भूमि	287
195.	कौशल का जन्मदिन	289
196.	दीवाली का उपहार	290
197.	दीवाली का शुभ दिन आया	292
198.	दीवाली क्या कहती ?	294
199.	दीपावली-सन्देश	296
200.	दीपक-कथा	298
201.	दीप-स्तम्भ	300
202.	आज दीवाली है	301
203.	आटे का दीपक	302
204.	शादी मुबारक	304
205.	सुगम की बारात	306
206.	वैवाहिक वर्षगाँठ का केक	308
207.	आओ नया साल मनाएँ	309
208.	सबके संग नया साल	310
209.	नव-वर्ष का नया हर्ष है	311

क्रम सं0	कविता का नाम	पृष्ठ सं0
210.	नव-वर्ष की खुशी	312
211.	उपन्यास का लोकार्पण	313
212.	बेटी बचाओ : बेटी पढ़ाओ (पुस्तक-अनावरण)	314
213.	मकर-संक्रान्ति-पर्व	315
214.	18 जनवरी : अव्यक्त-दिवस	316
215.	पैदल अवधपुरी	317
216.	प्रधानमंत्री का ढाढस	319
217.	स्वागत	321
218.	रामलला को उपहार – 1	322
219.	रामलला को उपहार – 2	324
220.	रामलला को उपहार – 3	325
221.	रामलला को उपहार – 4	327
222.	रामलला को उपहार – 5	328
223.	रामलला को उपहार – 6	330
224.	रामलला को उपहार – 7	331
225.	रामलला को उपहार – 8	333
226.	रामलला को उपहार – 9	335
227.	रामलला को उपहार – 10	336
228.	रामायण-पाठ	337
229.	रामायण-पाठ और जाड़ा	338
230.	रामलला की प्राण-प्रतिष्ठा	340
231.	गणतन्त्र का शुभ दिन	347
232.	जय गणतन्त्र	448
233.	शादी की वर्षगाँठ मुबारक	350
234.	ऐसा ही एक घर मेरा हो	351
235.	विश्व पुस्तक मेला, 2024 दिल्ली	352
236.	पुरस्कार की सुखद घड़ी	356
237.	हॉल नम्बर दो : स्टॉल नम्बर पन्द्रह	358
238.	सोचा न था	361
239.	बड़ी जीजी का जन्मदिन	362

क्रम सं0	कविता का नाम	पृष्ठ सं0
240.	रवीना प्रकाशन के कलमकार	364
241.	रामचरितमानस	365
242.	रामायण-पाठी परिवार	366
243.	दिल्ली : पुस्तक मेला	367
244.	सफाई-अभियान	369
245.	बड़े जूते	371
246.	मेला	373
247.	पुस्तक-कुम्भ	374
248.	महाकौशल एक्सप्रेस की प्रतीक्षा	375
249.	ट्रेन-यात्रा शुरू	376
250.	चने वाला	377
251.	शयनयात्री	378
252.	दिल्ली आने वाली है	379
253.	टोकन बदल गया	381
254.	जूतों का चक्कर	383
255.	बुलबुल-यशोदा-सागर	387
256.	स्वागत मेट्रो	388
257.	शाहदरा स्टेशन	389
258.	मेट्रो-यात्री	390
259.	मुसाफिर	392
260.	पुस्तक-मेला की टिकट	394
261.	मेला-स्थल तक फ्री बस	395
262.	अभी पर्दा खुलेगा	396
263.	लेखक-मंच तैयार	397
264.	सेंसर वाला नल	398
265.	पर्दा खुल गया है	400
266.	मंचस्थ साहित्यकार	401
267.	पुस्तक-मेला-गाड़ी	402
268.	सऊदी-कलाकारों का नृत्य	403
269.	मोदी जी के संग	404

क्रम सं0	कविता का नाम	पृष्ठ सं0
270.	बहुभाषी भारत : पुस्तक-मेले की थीम	406
271.	वॉल-पेन्टिंग (चित्रकारी)	407
272.	वीणा-वाद्य	408
273.	बाबा, आज न जाओ मेला	409
274.	कैलाश सत्यार्थी	411
275.	मातृभाषा	412
276.	मुस्लिम काउन्सिल	413
277.	सऊदी अरब अतिथि	414
278.	रेणु जी की किताब का विमोचन	415
279.	रूस से आई किताबें	416
280.	सऊदी वाद्य : कनौउं	417
281.	मेट्रो की लम्बी लाईन	418
282.	फुर्सत के क्षण	419
283.	डॉ0 अनीता पंडा जी की किताब : लोकार्पित	420
284.	अरब का 'औद-वाद्य-यन्त्र'	421
285.	हबीबी-जन का रबाबा-यंत्र	422
286.	'तिरान' ताल-वाद्य	423
287.	अश्रुत पूर्वा की किताब का लोकार्पण	424
288.	प्यारी किताबें	425
289.	स्वाध्याय करो तुम भाई	426
290.	कल साँझ का कार्यक्रम	428
291.	प्रकाशक के हाथों में	429
292.	मेरी अंग्रेजी-कथा-पुस्तक (selected stories)	430
293.	मेरी प्रिय कविताएँ	431
294.	षट-पुस्तकों का प्रदर्शन	432
295.	मेरी जीवन सम्बन्धी पुस्तकें	433
296.	कवयित्री सुशीला राजपूत की पुस्तकें लोकार्पित	434
297.	लेखिका कृष्णा गोयल की पुस्तक का अनावरण	435
298.	बाल-मण्डप	436
299.	साक्षात्कार वाली युवतियाँ	437

क्रम सं0	कविता का नाम	पृष्ठ सं0
300.	उर्वशी उपाध्याय के साथ पुस्तक-लोकार्पण	438
301.	बुक फेस्टिवल	439
302.	आत्मन-इन-रवि	440
303.	मोदी जी के साथ	441
304.	मैं बाट देखता तुम्हारी	442
305.	100 डेज चेलेंज	443
306.	मेट्रो में : कविता की साँस	444
307.	कठपुतली-शो की प्रस्तुति	445
308.	नेत्रहीनों की किताबें	446
309.	आधी बाजू की शर्ट	447
310.	गेट नम्बर दस का आसन	448
311.	अभिनेता अखिलेन्द्र मिश्र	449
312.	प्रियदर्शी जी की किताब का लोकार्पण	450
313.	सुशील जी की दो किताब लोकार्पित	452
314.	माधवगिरि मधुबन की किताबें	453
315.	धर्मपाल जी की दो किताबें अनावरित	454
316.	विश्वनाथ शिरढोणकर की पुस्तक का विमोचन	455
317.	रंगमंच का सांस्कृतिक-नृत्य	457
318.	चित्रकला	458
319.	लेखक-मंच	459
320.	ईरान की किताबें	460
321.	दस रुपए की चार कविताएँ	462
322.	'ऊँची-नीची है डगरिया' पुस्तक विमोचित	465
323.	सामान-जाँच-मशीन	466
324.	'राम कहानी' का लोकार्पण	467
325.	'विषाण' पुस्तक लोकार्पित	468
326.	मसिजीवी लेखक	469
327.	पुस्तक-मेले का दूसरा इन्टरव्यू	471
328.	'साउण्ड-कैमरा-एक्शन' किताब लोकार्पित	472
329.	नवोदित को सम्बोधन	473

क्रम सं0	कविता का नाम	पृष्ठ सं0
330.	फिल्मी-जगत की महान हस्ती से मुलाकात	474
331.	मेले का पास	475
332.	अभिनेता मनोज तिवारी का आगमन	476
333.	सुधांशु त्रिवेदी जी की अध्यक्षता	477
334.	'काव्य-शतक' का लोकार्पण	478
335.	सुनीता सिंह की तीन पुस्तकों का विमोचन	479
336.	सुरेन्द्र श्रीवास्तव जी का सम्मान	481
337.	'एक रास्ता चाँद का' किताब लोकार्पित	483
338.	प्रो0 सुशील राकेश जी : श्रेष्ठ कृति से सम्मानित	484
339.	मधु शर्मा की पुस्तक 'किन्नर की कन्या' का भव्य-विमोचन	485
340.	अखिलेश कटियार की दो पुस्तकें लोकार्पित	486
341.	मेरी पुस्तक को सम्मान	487
342.	श्रेष्ठ-कृति-पुरस्कार प्रमाण-पत्र	488
343.	पुरस्कार का स्मृति-चिन्ह	489
344.	कनिका (बुलबुल)	490
345.	मेले की भीड़	492
346.	डॉ0 मुश्ताक अहमद शाह 'सहज' की गजलें	493
347.	'हे राम !' किताब लोकार्पित	494
348.	'जागता कश्मीर' का लोकार्पण	495
349.	'द स्ट्रीट ऑफ अलीपुर' उपन्यास का विमोचन	496
350.	उर्दू की किताबें	497
351.	हमारी बुक-स्टॉल पर	498
352.	ट्रैक्टर की गवाही	499
353.	हमारे प्रकाशक की सहधर्मिणी	500
354.	बोलती रामायण	501
355.	धौलपुर वाली बस	502
356.	दिल्ली की गाली	505
357.	नदी को बहने दो	506
358.	प्रो0 सुशील राकेश : वयोवृद्ध कवि-लेखक	507

क्रम सं0	कविता का नाम	पृष्ठ सं0
359.	लेखिका यशेन्द्रा भारद्वाज सम्मानित	508
360.	महिला लेखक : महिला प्रकाशक	509
361.	नगर-परिक्रमा	510
362.	वह दिन कब आएगा माई ?	514
363.	अमरूद का खोखला अजूबा पेड़	515
364.	पुस्तक-मेले का गर्व	516
365.	ऑटोग्राफ सहित पुस्तक	517
366.	कल्कि न्यूज	518
367.	अखिलेश कटियार जी के मित्र-पाठक	519
368.	मशहूर शायर : जहीर ललितपुरी जी से मुलाकात	520
369.	तूलिका और रंग	522
370.	ललितपुर के कलमकार : जहीर ललितपुरी	524
371.	शादी-वर्षगाँठ मुबारक हो	525
372.	पुस्तक-मेला का फुव्वारा	527
373.	पवित्र-साहित्य	528
374.	वर्ल्ड बुक फेयर में स्वागत है आपका	530
375.	प्रगति-मैदान : थिएटर की भीड़	532
376.	दिल्ली अशोक नगर : दयानन्द पार्क	534
377.	कवितानुशीलन-ग्रंथ	535
378.	ऑटो का सहारा	536
379.	यंत्रचालित-सीढ़ियाँ	537
380.	मैट्रो-पथ	538
381.	फुड-कोर्ट	539
382.	भोजन-मंच	540
383	पुस्तक-मेले में आमंत्रित हस्तियाँ	541
384.	राइट्स-टेबल	542
385.	पुस्तक-परिचर्चा	543
386.	'काम' काव्य का प्रकाशन	545
387.	मेरा शोध-ग्रंथ : प्रकाशन की प्रक्रिया में	546
388.	दर्द और हर्ष की तस्वीरें	549

क्रम सं0	कविता का नाम	पृष्ठ सं0
389.	नवनिर्मित हॉल	550
390.	कृष्ण-उपहार	551
391.	बुक फेस्टीवल : किताबों का उत्सव	553
392.	बुक फेस्टिवल	554
393.	भरतपुर-प्रस्थान	556
394.	ज्ञानप्रकाश बाबूजी को श्रद्धांजलि	557
395.	रेलगाड़ी-जैसी भीड़	559
396.	ज्ञान-जन्मभूमि	561
397.	महाशिवरात्रि-कार्यक्रम की तैयारी	562
398.	भरतपुर आश्रम के कलश	563
399.	भरतपुर-आश्रम के चित्र	564
400.	भरतपुर के पार्क	565
401.	बस ने धोखा दिया	566
402.	बाबूजी का तृप्ति-अनुष्ठान	568
403.	ब्राह्मण-भोज की चीजें	570
404.	महिला सशक्तिकरण	572
405.	शिवरात्रि-उत्सव	573
406.	विश्व-वैज्ञानिक-पुस्तकें	575
407.	कविताओं की सौगात	576
408.	भारत माता	577
409.	नवजात-रक्षा	579
410.	नन्हीं जिन्दगी	580
411.	नन्हीं परी	581
412.	जनाना अस्पताल में मर्दाना	582
413.	नारी-जीवन	583
414.	नारी में एक अन्य जीवन	584
415.	युग-युग से सहती प्रसव-पीर	586
416.	पहियों पर गर्भवती	588
417.	नारी : सहनशीला वसुधा	589
418.	लेखक-मंच	590

क्रम सं0	कविता का नाम	पृष्ठ सं0
419.	उत्तर-गमन	591
420.	ज्ञान-मण्डली की माताएँ	593
421.	वही शिवलिंग प्यारा	594
422.	सत्संग-मंच तैयार है	595
423.	प्रभात-फेरी शुभारम्भ	596
424.	प्रभात-फेरी	597
425.	ध्वजा-वाहिकाएँ	599
426.	छाया-विश्राम	601
427.	त्रिमूर्ति-शिवरात्रि-उत्सव	602
428.	मंचीय कार्यक्रम	604
429.	भगवान का जन्मदिन	605
430.	फ्री-बस-सेवा	607
431.	ई-जादुई-पिटारा	608
432.	राष्ट्रीय पुस्तक न्यास (नेशनल बुक ट्रस्ट)	609
433.	सत्संग-सौगात	611
434.	अक्षय भण्डारा	612
435.	होली की सरगम	613
436.	प्रेम-रंग की होली	615
437.	होली : कटुता और वैर का अन्त	616
438.	प्रकृति की होली	617
439.	माँ की गुंझियाँ	618
440.	होलिका-दहन-मुहूर्त	619
441.	दूज का टीका	620
442.	होली का गुलाल	621
443.	भाषा-थीम-मण्डप	622
444.	जम्मू-कश्मीर और लद्दाख मण्डप	623
445.	लेखक-कौना (Author's Corner)	624
446.	देव-संस्कृति का पुनरागमन	625
447.	माँ की व्यास-पीठ	627
448.	विश्व-पुस्तक-मेले का अग्रिम निमंत्रण	629

क्रम सं0	कविता का नाम	पृष्ठ सं0
449.	ख्याल से किताब तक	630
450.	अबू धाबी अरबी-भाषा-केन्द्र	631
451.	तुर्की पुस्तकें	633
452.	भारत ! तुझे प्रणाम	635
453.	बहुभाषी भारत	637
454.	विद्यावाचस्पति गुलाब कोठारी	638
455.	पुस्तक-मेला-गेट	639
456.	'ब्रज की रसोई' पुस्तक का लोकार्पण	640
457.	शान्तिदूत पुस्तक	641
458.	उर्दू बुक रिव्यू	642
459.	माई बुक शेल्फ	643
460.	हैप्पी थॉट्स (प्रसन्न विचार)	644
461.	मोबाइल खाता बचपन	645
462.	ओपन स्कूलिंग शिक्षण संस्थान	646
463.	वैज्ञानिक और औद्योगिक अनुसंधान परिषद	647
464.	लेखक का कौना (Author's Corner)	648
465.	संग्राम मिश्रा की पुस्तकें	649
466.	सेन्टर फॉर फाइनेंशियल अकाउण्टेबिलिटी	650
467.	लॉजिक सॉफ्ट	651
468.	दि रीडर्स पैराडाइज	652
469.	कलामोस साहित्य सेवा (Kalamos Literary Services)	653
470.	आई लव एजूकेशन	654
471.	हाय रे गर्मी	655
472.	योगी बनो : ज्ञानी बनो (योग-दिवस पर विशेष)	656
473.	साइंटिफिक इन्टरनेशनल	657
474.	पुणे पुस्तक महोत्सव	658
475.	अमर चित्र कथा	659
476.	प्रथम बुक्स (Pratham Books)	660
477.	ओशन ब्लूम बुक्स (Ocean Bloom Books)	662
478.	साख्यम् (Sakhyam)	663

क्रम सं0	कविता का नाम	पृष्ठ सं0
479.	पब सॉफ्टवेयर (PUB Software)	664
480.	द बुकोहोलिक्स : पेपर टाउन्स	665
481.	बोलोग्ना बाल-पुस्तक-मेला	666
482.	मूनलाइट बुक्स (Moonlight Books)	667
483.	अश्वथ ट्री बुक्स (Ashwatha Tree Books)	668
484.	शैक्षिक एवं बाल-गतिविधि	669
485.	ग्लोब मैक्स	670
486.	एजुकेशनल मिरेकल ब्रिक्स	671
487.	वॉशेबल री-यूजेबल बुक्स	672
488.	द जूनियर एज	673
489.	गगन-संस्कृति (Sky Culture)	674
490.	लर्निंग थॉट फन	675
491.	आदिदेव प्रेस	676
492.	एल्फाबेट एजूकेशन	677
493.	अहा गुरू	678
494.	चार्ल्स बेकर बुक्स	679
495.	आरती प्ले ग्रुप सोल्यूशन	680
496.	माइण्ड पॉवर एजुकेशनल गेम्स	681
497.	क्रिएटिव एजूकेशनल एड्स	682
498.	लिटिल जीनियस	683
499.	टिनी एजूकेशनल एड्स	684
500.	रंगोत्सव	685
501.	पिकल योक बुक्स (Pickle Yolk Books)	687
502.	पी0 एम0 पी0 प्लेनेट (मल्टीमीडिया पब्लिशर्स)	688
503.	वर्ल्ड रीडर (World Reader)	689
504.	क्यू मैथ्स फाउण्डेशन	690
505.	इकरा एजूकेशन फाउण्डेशन, मुम्बई	691
506.	स्टूडेंट एज (Student Edge)	692
507.	देहली प्रेस पत्रिका	693
508.	स्टार्टर स्मार्ट लर्निंग और क्रिएटिव कॉन्सेप्ट स्टूडियो	694

क्रम सं0	कविता का नाम	पृष्ठ सं0
509.	सी0 आई0 ई0 टी0----एन0 सी0 ई0 आर0 टी0	695
510.	एन आइडियाज(An ideaz) मीडिया इन्टरनेशनल	696
511.	इन्क मेयो री-यूजेबल (Ink MEO Re-Usable)	698
512.	चिल्ड्रेन्स बुक ट्रस्ट	700
513.	बृजवासी बुक्स	701
514.	ओसवाल बुक्स	702
515.	एकलव्य पिटारा	703
516.	नेपाल की श्वेत-कमल पुस्तक-दूकान	704
517.	कवि-उमंग प्रकाशन (Pegasus publishers)	705
518.	शान्ति पब्लिकेशन	706
519.	मैजेस्टिक बुक क्लब (Majestic Book Club)	707
520.	एंजिल बुक हाऊस	709
521.	योग-दिवस	710
522	योगानुबन्ध	711
523.	योग कर !	713
524.	की-2 (Key-2) प्रेक्टिस वर्क बुक्स	715
525.	दि हिन्दू पब्लिकेशन्स	716
526.	वी0 के0 एजूकेशनल बुक्स	717
527.	कुशाग्र बुद्धि प्रकाशन (skill acumen inc)	718
528.	24 जून : मातेश्वरी जगदम्बा दिवस	719
529.	मम्मा-डे (स्मृति-दिवस)	721
530.	मातेश्वरी-दिवस	723
531.	श्रद्धा के फूल	724
532.	बच्चों का समूह	726
533.	30 जून : मेरा जन्म-दिवस	727
534.	टीम इण्डिया को बधाई	729
535.	है जन्म-दिवस अपना सुन्दर	733
536.	हर साल मनाना जन्म-दिवस	735
537.	जन्मदिन का केक	737
538.	रिद्धि ने खिलाया केक	739

क्रम सं0	कविता का नाम	पृष्ठ सं0
539.	जन्मदिन का मंगल-तिलक	740
540.	अनबाउण्ड स्क्रिप्ट	741
541.	क्रिकेट विश्व कप : जीत की खुशी	742
542.	क्रिकेट विश्व कप--2024 : सम्मान की कद्र	744
543.	कीर्ति चक्र	746
544.	नटखट रिद्धि का जन्मदिन	748
545.	नन्हीं बिटिया का जन्म-दिवस	750
546.	रिद्धि ने केक खिलाया	752
547.	बड़ी बहिन का प्यार	754
548.	माँ भारती	756
549.	गुरू-पूर्णिमा का शुभ दिन	758
550.	सदगुरू जी (गुरू पूर्णिमा पर्व)	759
551.	गुरु-भूमि भारत	760
552.	गुरूदेव	761
553.	सच्चे गुरू कम ही मिलते हैं	763
554.	बच्चे : सच्चे गुरू	765
555.	शिव-सदगुरू	767
556.	गुरु-पूर्णिमा महोत्सव	768

जब मैं शिशु था

जब मैं शिशु था ; तो मात्र खिलौने,
ही मुझको प्यारे लगते ।
वे मेरे अन्तर्मन को अतिशय,
सुख और आनन्द देते ॥
एक दिवस चोद्दार मौहल्ले,
ले गए मात-पिता हमको ।
था 'सरदार फोटो स्टूडियो',
बैठाया बैंच पर हमको ॥
मेरे संग एक खिलौना था,
जिसको मैं नहीं छोड़ता था ।
मैं हिला-बजाकर घुँघरू-सा,
उसको पुन: देखा करता था ॥
तब 'सरदार' ने कहा कि बच्चों,
दोनों भाई मुस्काओ !
भैया पहन जूते बैठे,
मैं बोला -- "ठिलौना लाओ !!"

मनीष : बचपन का दोस्त

यह कक्षा चार का फोटो है,
जब मनीष था दोस्त मेरा।
न कभी हमारे आसपास,
लगता दु:खों का था फेरा ॥
वह कंजी आँखों वाला था,
उपनाम 'पारिख' रखता अपना।
रहता हृदय के अन्दर था,
वह था मेरा सुन्दर सपना ॥
एक दिवस आया फोटोग्राफर,
कक्षा-समूह-चित्र लेने।
शिक्षक थे अपने मुमताज,
हम थे उनके कक्षा-गहने ॥
मनोज-विवेक के बाद पाँचवाँ,
मैं पीछे को खड़ा हुआ।
मेरे बगल में था मनीष,
योगेश आठवाँ खड़ा हुआ ॥
शिक्षक की बहिन बगल,
उन्हीं के बैठी थीं दो चोटी कर।
पुष्पा-सुधा-ऊषा-मीरा
सब लड़कियाँ बैठीं बैंचों पर ॥
मैं नौ वर्ष का बालक था,
स्वर्णिम थे दृग में कई स्वप्न।
फोटोग्राफर ने 'स्माइल' कह,
खींचा फोटो सप्रसन्न ॥

माँ की स्नेहमयी गोद

माँ की गोद इस जगती में,
सबसे ऊँचा सिंहासन है।
जहाँ बादशाह होता हर शिशु,
निश्चिंत होता उसका मन है ।।
एक दिन सरदार स्टूडियो में,
पहुँचा था अपना परिवार।
माँ-बाप ; बड़ी दो बहिना थीं,
भैया बड़े दिल के उदार ।।

थीं लता बहिन माँ के आगे,
वे दोनों ही अब चलीं गईं।
कठोर नियति के क्रूर हाथ से,
दोनों हाय ! छली गईं ।।
थे पिता हमारे बड़ी दीदी को,
प्यार बहुत ही करते थे।
वे सदा उन्हें 'बेटा' कहकर,
अपने ही आगे रखते थे ।।

भाई थे खड़े हुए अपने,
दोनों बहिनों के मुदित बीच।
मैं माँ की गोदी में बैठा,
उत्फुल्लित हो श्वाँसें खींच ॥
तब फोटोग्राफर ने चुटकी,
बजाकर मुझे चौंकाया।
मैं देख फ्लैश पहले डरा,
फिर मन्द विहँसता हर्षाया ॥

डॉ0 ध्रुवेन्द्र सिंह के साथ

हैं मित्र हमारे वे अभिन्न,
ऊर्जा-कोष से सम्पूरित।
वे जीवन्त रहते सदैव,
स्नेहयुक्त जीते हर्षित ॥
इस बार छप रहा शोधग्रंथ
उनका ; खुशी है मुझे बहुत।
वे जीवट वाले कर्मशील,
सब कार्य किया करते हैं चुस्त ॥
सद्गृहस्थ ; साहित्य-सेवक हैं,
कविता लिखते हैं छन्दमुक्त।
हिन्दी-भाषा के मर्मज्ञ,
शारदा-चरण में अनुरक्त।
ऐसे साहित्य-युवा पाकर,
है धन्य धौलपुर की धरती।
साहित्य-साधना में रहती,
जिनकी सदा ही आसक्ति ॥

बेस्टसेलर लेखक पुरस्कार -- 2022

हाथों में रचते हुए हिना,
आखिर रंग ले ही आई।
हम बने बेस्टसेलर लेखक,
यह बात प्रसन्नता की भाई ॥
शुक्रिया रवीना प्रकाशन,
इज्जत आपने जो बख्शी।
अब कोई कस न पाएगा,
हम पर व्यंग्य ; बेरंग हँसी ॥
जीवन के आधे सफर मध्य,
उत्साह हमारा सहज बढ़ा।
वर्ना हम भरते रहते थे,
हर एक दिवस आशा-घड़ा ॥
आभार भाई जी चन्द्रहास,
जो नाम प्रकाशित कर डाला।
इस नए वर्ष में हमको यह,
उपहार अभिनव दे डाला ॥

अब तू ध्यान लगा

मन हटा जगत-तृष्णाओं से,
अन्तर्मन में नवज्योति जगा !
सम्बन्ध जोड़ प्रभु-प्रियतम से,
परमेश्वर का तू ध्यान लगा !!
रे अरे बावले ! जग-माया में,
व्यर्थ समय क्यों खोता ?
क्या लुटा तेरा भूमि-तल पर,
क्यों सिसकी लेकर रोता है ?
खग सभी बिछुड़ जाने वाले,
तेरा भला यहाँ कौन सगा ?
सम्बन्ध जोड़ प्रभु-प्रियतम से,
परमेश्वर का तू ध्यान लगा !!
जो तन माटी का एक पुंज,
उसपर तेरी इतनी ममता ?
और जिसकी साँसें नित लेता,
उसको हरदम भूला रहता ?
वह प्राण तेरा रे अज्ञानी !
इतना थोड़ा तो ज्ञान जगा !
सम्बन्ध जोड़ प्रभु-प्रियतम से,
परमेश्वर का तू ध्यान लगा !!
तू कहाँ भटकता इधर-उधर,
तीरथ तेरे सब तुझमें हैं।
तुझमें ही शान्ति-स्रोत भरा,
आनन्द समाया तुझमें है ॥
भगवान से रहना तू सच्चा,
उससे करना कभी नहीं दगा !
सम्बन्ध जोड़ प्रभु-प्रियतम से,
परमेश्वर का तू ध्यान लगा !!

लोकेश-पुत्र-जन्म-दिवस

नन्हें बेटे के होठों पर,
सदा खुशी की दस्तक हो !
हरदम ही मुस्काते रहना,
जन्म-दिवस मुबारक हो !!
मात्-पिता ज्ञानी-ध्यानी हैं,
कितना है सौभाग्य बड़ा।
राजकुँवर ! सम्मुख तुम्हारे,
खुशियों का संसार खड़ा ।।

पुरूषार्थ से जी न चुराना,
आलस्य न तनिक हो !
हरदम ही मुस्काते रहना,
जन्म-दिवस मुबारक हो !!
जीवन का अमरत्व लाड़ले !

प्रभु-साधना ; परहित है।
जो जिया औरों की खातिर,
वही आज तक चर्चित है ॥
पढ़-लिखकर विद्वान बनो तुम,
तुम्हें प्राप्त हर एक सुख हो !
हरदम ही मुस्काते रहना,
जन्म-दिवस मुबारक हो !!

शिवरात्रि का उत्सव प्यारा

अखिल धरा में सबसे न्यारा,
धर्म-पर्व यह अमृत-धारा !
आओ मनाएँ श्रद्धाभाव से,
शिवरात्रि का उत्सव प्यारा !!
आज हमारे पावन आश्रम,
शिव बाबा का केक बना था।
भोग बना गाजर का हलुवा,
खिचड़ी में साबूदाना था॥

भोले का यह पर्व सुहाना,
रोज-रोज न आए दुबारा !
आओ मनाएँ श्रद्धाभाव से,
शिवरात्रि का उत्सव प्यारा !!
वैर-भाव के बेर अनेकों
भक्त जनों ने खूब चढ़ाए।
सत्संग-ध्यान की बातें,
सुनी सभी ने योग लगाए।

'शिव हमारा परमपिता है',
-- सबने एक स्वर पुकारा !
आओ मनाएँ श्रद्धाभाव से,
शिवरात्रि का उत्सव प्यारा !!

87 वीं त्रिमूर्ति शिव-जयन्ती

हो गए छियासी साल,
राह शिव से हो गई सरल-धवल !
शिव ने किया अन्तर पावन,
मन का मिटा डाला कलिमल !!
यह परमेश्वर का पुण्य-दिवस,
सब मिलकर केक काटते हैं।
अवतरण-दिवस है भोले का,
उसके बधाए गाते हैं ।।
शिव देते हमको योग-शक्ति,
और देते हैं ज्ञान का जल !
हो गए छियासी साल,
राह शिव से हो गई सरल-धवल !!

शिव ब्रह्मा-विष्णु-शंकर के,
कर्ता-निर्माता-रचता हैं।
वे त्रिकालदर्शी, सुख के दाता,

आनन्दसिन्धु ; दु:खहर्ता हैं ॥
उनके अन्दर है दया-क्षमा,
सारी ही सामर्थ्यों का बल !
हो गए छियासी साल,
राह शिव से हो गई सरल-धवल !!

बेलपत्र और बेर

राशि दोनों की एक,
इन्हें हम शिव पर सदा चढ़ाते हैं !
भक्ति के पदार्थ दोनों ही,
प्रभु पर ये बलि जाते हैं !!
है बेर 'वैर-भाव' वाला,
जो कटुताजनित बुराई है।
उसके कारण ही जन-जन में,
होती रहती लड़ाई है ।।
बेलपत्र ब्रह्मा-विष्णु-शंकर,
प्रतीक बतलाते हैं !
भक्ति के पदार्थ दोनों ही,
प्रभु पर ये बलि जाते हैं !!

शिव त्रिदेवों के रचयिता,
वे बैर नाश करने वाले।
वे स्वर्णिम सृष्टि के कर्त्ता,
सबको सदगति देने वाले ॥
सब देव-देवियाँ ; पैगम्बर,
जिनकी महिमा को गाते हैं !
भक्ति के पदार्थ दोनों ही,
प्रभु पर ये बलि जाते हैं !!

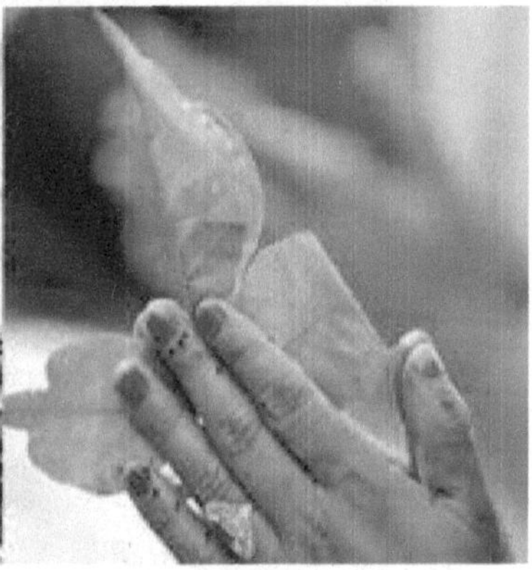

रिद्धि

रिद्धि रानी बड़ी सयानी,
मछली-जल-सी तैरा करतीं !
और फौज की ट्रेनिंग जैसे,
पेट के बल पर सरका करतीं !!
अभी कहाँ वे चल पाती हैं,
भागदौड़ कुछ न कर पातीं ।
खिसक-खिसक कर, धरती पर ही,
आगे-आगे वे बढ़ पातीं ॥
जो कुछ मिलता, उसको मुँह में,
हँसकर भोजन-सा रख लेतीं !
रिद्धि रानी बड़ी सयानी,
मछली-जल-सी तैरा करतीं !

कम रोना ; ज्यादा मुस्काना,
पेट के बल सरककर चलना।
तुमने हल्के तन से सीखा,
हर्षित होकर सदा ही रहना ॥
जब कभी चोट लग जाती,
मुस्काकर सामना करतीं !
रिद्धि रानी बड़ी सयानी,
मछली-जल-सी तैरा करतीं !!

अनन्या

यह भी कैसा संयोग है,
वर्ष दो हजार ग्यारह था।
ग्यारह नवम्बर की पावन तिथि,
बजा अभी न बारह था॥
ग्यारह बजने में बाकी थे,
मिनट अभी भी ग्यारह जी।
तभी कुमारी अनन्या का,
हुआ धरा पर आना जी॥
अवधेश और सुषमा जी के,
गृह पुत्री ने जन्म लिया।
मात-पिता ने स्नेहभाव से,
बेटी का सत्कार किया॥
हुईं अभी ग्यारह वर्ष की,
संस्कारित वे सरल हृदय।
बच्चों के संग खेल खेलकर,
होतीं आनन्दित-सुखमय॥

शिव की बारात

इस बार भोले की बारात,
खूब धूमधाम से निकली थी।
शिव बिराजे वाहन के ऊपर,
चमकी सड़क पर बिजली थी ॥
कई साल बाद शिवरात्रि पर,
हमने सजाए निराकार।
न रिक्शा ; ठेल में उन्हें रखा,
बोलेरो का किया सत्कार ॥
पर जगन-तिराहे आकर के,
पड़ गया बन्द भौंपू-बाजा।
नारे-जयकारे हुए शान्त,
फिर मँगाया छोटा-सा बाजा !
संकरी सड़कों पर लगा जाम,
फिर भी गाते सब रहे गीत।
'शिव भोला-भण्डारी आया'
-- सुनाते रहे संगीत ॥

शिव-ध्वजा

यदि दु:खों से मुक्ति चाहो,
तो शिव ईश्वर को याद करो।
शिव-ध्वजा थामकर हाथों में,
प्रभु को सविनय प्रणाम करो ॥
उस परमेश्वर-सा कोई नहीं,
जो परमधाम-घर में रहता।
बिन चर्मचक्षुओं के जग का,
हर एक दृश्य देखा करता ॥
सब मन्दिर और शिवालयों में,
स्थापित उसकी प्रतिमाएँ।
उस शान्ति-सिन्धु की निराकार,
हम सब आत्मा रचनाएँ ॥
जग में बहुत गोरखधन्धे,
तुम उनसे छूट न पाओगे।
चिर-आनन्द तब पाओगे,
जब शिव से योग लगाओगे ॥

चित्रकला

कविता, कहानी, पुस्तक को ;
लिखने का ज्यों अभ्यास रहा।
उस तरह चित्र रचने का भी,
मुझको किंचित आभास रहा ॥
एक चित्र बनाया है मैंने,
जो सड़क-सुरक्षा वाला है।
उसमें किंचित रंग भरकर,
स्व इच्छा से रंग डाला है ॥
गद्य-लेखन देता समय कहाँ,
कि चित्र कुदरती रच पाऊँ ?
अपने मन की अभिलाषा का,
आरेख तनिक खींच पाऊँ ?
पर किसी छात्र या छात्रा को,
जब भी जरूरत पड़ जाती।
तो कागज में रंग भरने,
निर्द्वन्द्व तूलिका चल पड़ती ॥

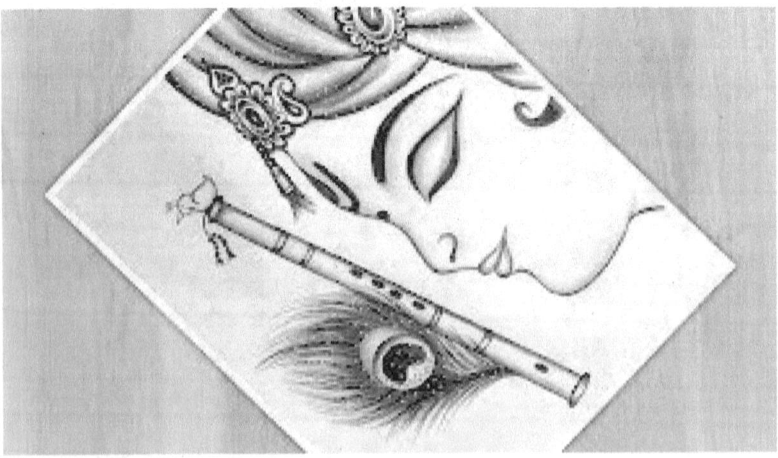

सज्जा-कला

ज्ञानार्थी योगी बहिनें जब,
सज्जित करतीं हैं आश्रम को।
सर्जित करके अभिनव कला,
करतीं हैं सार्थक निज श्रम को।
तब मुझे ईर्ष्या होती है,
क्यों कला न मुझमें सज्जा की ?
क्यों मात्र नारियाँ हो पातीं,
एकाधिकारिणी सज्जा की ?
कितना प्यारा मयूर यह,
श्रम से जो गया बनाया है।
यह वास्तु-कला का नव-विधान,
श्रद्धा से गया रचाया है॥
जीवन की आपाधापी में,
हम ललित-कलाएँ भूल गए।
केवल स्वार्थ ही याद रहा,
जग-भँवर-मध्य हम झूल गए॥

गुड़िया रानी

गुड़िया रानी बड़ी सयानी,
लाल परी तुम बनकर आईं।
छड़ी हाथ में लिए जादू की,
किस लोक से बोलो आईं ?
आँख तुम्हारी बड़ी सजीलीं,
श्वेत वसन सितारे वाला।
किस मदिरालय पीकर आईं,
आनन्द-रस की यह हाला ?
भारतीय तो तुम न लगतीं,
पाश्चात्य ही रूप-रंग है।
चाल वही अंग्रेजों जैसी,
फिरंगियों से रंग-ढंग हैं॥
तब भी हिन्दुस्तानी बालक,
तुम्हें देखकर हर्षाते हैं।
मन में भेद नहीं पालते,
मन्द-मन्द वे मुस्काते हैं

शिव निराकार

शिव निराकार हैं सृष्टि-रचयिता,
परमधाम के वासी हैं।
दु:ख-दर्द मिटाने वाले वे,
आनंद-सुख की राशि हैं॥
वे कर्त्ता ब्रह्मा-विष्णु के,
सब देवों के वे महादेव।
हरने भक्तों के कष्ट सदा,
रहते भगवन तत्पर सदैव॥
शिव अनादि और अजन्मा हैं,
अवतरित सदा वे होते हैं।
साकार मानवों के जैसे,
न गर्भ-गृह में आते हैं॥
सारी सृष्टि के निर्माता,
शिव भोलानाथ नियामक हैं।
वे सर्वोच्च परमेश्वर ही,
ब्रह्माण्ड-सकल के शासक हैं॥

मुख्य अतिथि : चेयरमैन साहिबा

इस बार महाशिवरात्रि का,
जब हुआ मंचीय कार्यक्रम।
आश्रम पधारे श्रद्धालु,
अविराम रहा आगन्तुक-क्रम ॥
मुख्य अतिथि थीं खुशबू सिंह जी,
अध्यक्ष नगर-परिषद की जो।
मुस्कान-प्रभा को साथ लिए,
प्रभु की श्रद्धा को हृदय संजो ॥
स्वागत कर ज्योति बहिन ने जब,
शिव-चित्र उन्हें उपहार दिया।
तो शब्दों से खुशबू जी ने,
उनका व्यक्त आभार किया ॥
खुशबू जी के सम्बोधन में,
करुणा-विगलित था श्रद्धाभाव।
यथार्थ जिन्दगी का अनुभव,
जग-परिवर्तन का पुण्य-भाव ॥

मैं मिलूँगा तुम्हें पुस्तक-मेले में

इस बार विश्व-पुस्तक-मेले में,
ग्रंथों का दरबार सजा।
लाखों पुस्तकों की सृष्टि,
नव-दुनिया का व्यापार सजा ॥
दूसरे हॉल ; एक सौ छह नम्बर,
स्टॉल बैठी होंगी।
रवीना-प्रकाशन-पितृ-गृह में,
दुल्हिन-सी सजी होंगी ॥
मेरी पचासों रचना-पुस्तक,
भिन्न-भिन्न विषय वाली।
षोडश सारे श्रृंगार किए,
वे विमल-दिव्य आभा वाली ॥

कोई कथा अंक में सहेजे,
कोई काव्य-रूप में लिपटी-सी।
आध्यात्म-रंग में कोई रची,
कोई अन्य गन्ध में महकी-सी ॥
मैंने दिल्ली के मेले में,

पुस्तक के रंग सजाए हैं।
आना तुम प्रगति-मैदान,
वे सब मन में हर्षाए हैं।।
यह पुस्तक-मेला-महातीर्थ,
जगती में सच्चा एक बचा।
खुद हंसवाहिनी ने हर्षित हो,
नूतन यह विधान रचा।।
अपनी पुस्तकें लेकर मैं,
पाठक ! करूँगा इन्तजार।
तुम आना भूल नहीं जाना,
मैं वहाँ करूँगा सत्कार।।

उपन्यास का प्रकाशन

साथी ! मेरा यह उपन्यास,
नवयुग की गौरव-गाथा है।
इस वृहद कृति के कारण ही,
उन्नत आज मम् माथा है ॥
यह पाँच हजार पृष्ठीय कृति,
कश्मीर-कथा का प्रथम भाग।
कई दिवस किया तप इसके हित,
तब ध्वनित हुआ यह मधुर राग ॥
श्री चन्द्रहास जी दिल्ली के,
लेकर आते यह महाग्रंथ।
आभार रवीना प्रकाशन का,
पुरूषार्थ जिसका नेक पंथ ॥

ली काश्मीर ने नव-करवट,
आशाएँ जागीं खिलीं-खिलीं।
अब जाग पड़ा है काश्मीर,

उत्थान-दिशा नवीन निकली ॥
आओ ! सारे भारतवासी,
इस मस्तक का सत्कार करो।
जो काश्मीर कहलाता है,
उसका यशगान-प्रचार करो ॥

फुटकर छन्द

सादाबाद ब्रह्माकुमारी सेवा-केन्द्र द्वारा
गरीबों को वस्त्र बाँटने के क्रम में ---

निर्धन-सेवा से बड़ा,
जग में न कोई पुण्य।

परहितार्थ से रहित मनुज,
केवल व्यर्थ शून्य ॥

* * * * * * *

ममता बहिन , ग्वालियर के प्रति ---

विगत जन्म के पुण्य हैं,
तभी मिला यह भाग्य।
शिक्षक बने रूहानी, ऐसा
कितनों का सौभाग्य ?

* * * * *

भक्तिरस यू-ट्यूब के प्रति ---
दुआ हजारों पाएँगे,
भक्तिरस के संत।
परोपकार हैं कर रहे,
युवा रूप भगवंत ॥

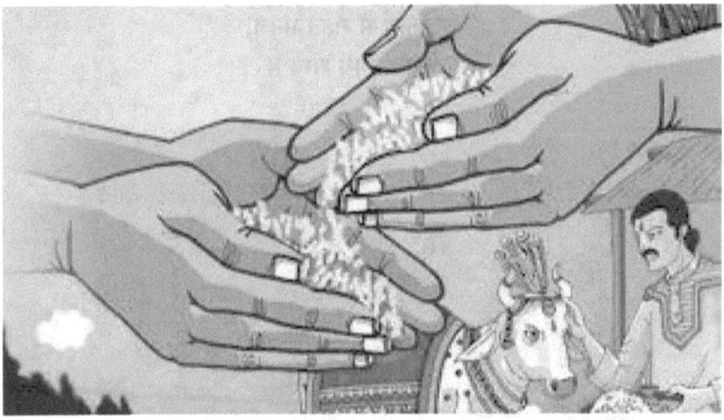

* * * * *

Zaheer Lalitpuri
आप भी हो ख्यातनाम,
लेखक सुविज्ञ जी।
आपको प्रणाम है,
सर्जक हो श्रेष्ठ जी ॥

* * * * *

Nitin Agrawal
श्री रणछोड़ धाम है,
गौरवमय पुनीत।
हम सभी का आश्रय यह,
उज्ज्वल धरे अतीत ॥

एक दिवस मैं गाऊँगा,
इसके गौरव-गान।
विश्व-भूमि पर दिलाऊँगा,
सर्वोच्च स्थान ॥
त्याग-तपोबल-अवनी यह,
सारे जग का तीर्थ।
कर्मभूमि प्रभु की ; यहाँ,
गूँजे ऋषि-उदगीथ ॥

* * * * *

बाल-लेखिका कु0 चार्वी सिंह 'अंशी' के प्रति ----
अंशी-कथा है मजेदार,
अद्भुत हास्य-रस संयुक्त।
इतनी-सी छोटी उम्र किन्तु,
रचना पूर्वाग्रह से विमुक्त ॥

* * * * * *

Rachna Sharma
बहुत बहुत आभार आपका,
उत्साहवर्धन के लिए ।
आपकी दुआएँ संग,
उल्लास हृदय भरने लिए ॥

वैवाहिक-वर्षगाँठ की बधाई

बिट्टू जी और भावना को,
यह प्रेम-ग्रन्थि मुबारक हो।
आबाद रहे गृहस्थी ; खुशियों की,
हर एक ही दिन दस्तक हो ॥
बैठीं सिद्धि बिटिया गोद,
नटखट-प्यारी-चंचल कन्या।
अब भाग-दौड़ खूब करतीं,
उल्लासपूर्ण-सरल-धन्या ॥
जितने भी दिवस यादगार,
वे जीवन-हर्ष बढ़ाते हैं।
कुछ खुद को ; कुछ दूसरों को,
सारी खुशियाँ दे जाते हैं ॥
यही जीवन के सुख का रहस्य,
आनन्दसहित जीवें हर पल।
हर क्षण मनावें उत्सव हम,
विकसित होवे उर का शतदल ॥

पुस्तक मेला -- 2023

प्रकोप रहा कोरोना का,
दो-तीन वर्ष तक भारत में।
बंद रहा प्रगति-मैदान,
फँस गई जान थी साँसत में॥
तब कहाँ लगे कहीं मेले,
भय देती जन की भीड़ बहुत।
हो गई बन्द ; जो चली आई,
वर्षों की पुस्तक-मेला-रुत॥
अब जाग उठी है फिर दिल्ली,
अपना नव-रूप सजाती है।
पुस्तक-प्रेमी को हर्षाने,
त्यौहार नया यह लाती है॥
तुम फोड़ चुके मोबाइल पर,
अपनी मीत ! दुःखती आँखें।
अब पुस्तक से नाता जोड़ो,
विकसित करो जीवन-फाँखें॥

रवीना-प्रकाशन-गृह : पुस्तक-पुकार

ओ सुनो, मोबाइल-मतवालों !
गहरी नींद सोने वालों ॥
पुस्तकें जगातीं तुम्हें आज।
तुम छोड़ो उल्टे सभी काज ॥
पुस्तक-सा कोई नहीं मीत।
इससे कर लो रे विमल प्रीत ॥
यह तुम्हारा मन बहलाएगी।
हर बार तुम्हें हर्षाएगी ॥

जब जीवन तुम्हें रुलाएगा।
कोई चोट तुम्हें दे जाएगा ॥
जब सफलता न मिल पाएगी।
एक हार नजर बस आएगी ॥
तब सहारा देगा ग्रंथ तुम्हें।
दर्शाएगा नव-पंथ तुम्हें ॥

तब जीत तुम्हें मिल जाएगी।
रोती दुनिया मुस्काएगी ।।
सब छोड़ जाएँगे साथ तेरा।
पुस्तक लगाएगी फेरा ।।
जीवनभर साथ रहेगी यह।
हर्षाएगी तुझसे कुछ कह ।।

भजन-कीर्तन-कार्यक्रम

ढोलक की हर थाप बताती,
परमेश्वर की गुण-महिमा।
आज हमारे आश्रम पावन,
माता-बहिन हुईं जमा॥
सबने गाए गीत बधाए,
ईश्वर का गुणगान किया
एकत्र हो सबने मिलकर,
उस भगवन का नाम लिया॥
शिव भोले के गीत सुनातीं,
भोली-भाली माँ-बहिनें।
श्रद्धा और विश्वास प्रभु का,
हर्षित मन से सभी गुनें॥
ज्ञान और भक्ति की बातें,
संगीतमय गायीं गईं।
प्रभु की बातें हर्षित मन से,
मुदित मन सुनाई गईं॥

जागृति-भजन

ये भजन जो गातीं माताएँ,
इनमें जीवन का सार रहा।
नव-जागृति का आवाहन है,
जन-जीवन का उपकार रहा॥
ये कर्मगति के मुक्त-छन्द,
तकदीर जगाने वाले हैं।
ये हृदय के बन्धन-द्वारों को,
अति सहज खोलने वाले हैं॥
जीवन की है जो सार्थकता,
उसका प्रबोध कराते हैं।
ये भजन हृदय का तार प्रभु से,
क्षणभर में जुड़ाते हैं॥
जब हृदय दु:ख से भर जाए,
तब भजन प्रभु के तुम गाना।
अति स्नेह और श्रद्धाभाव से,
ईश्वर को तुम रिझाना॥

भजन के बाद प्रवचन

हो चुके भजन जब आश्रम में,
तब ज्योति बहिन ने अशक्य।
सद्ज्ञान किया नवोच्चारण,
सबको सुनाए महावाक्य ।।
और भीकमचंद गोयलभाई ने,
जगत-सार सब समझाया।
सबने सुना हो मन्त्रमुग्ध,
सबका ही अन्तर हर्षाया ।।
मैं दिल्ली बैठा जाने को,
यह रखा अचानक प्रोग्राम।
भगवन के भजन-गीत गाते,
होने लगी अब नुमाशाम ।।
इस बहाने कितनी माँ-बहिनें,
हर्षित होकर झूमी-गाईं।
भूला घर-द्वार साँझ तलक,
न याद किसी की मन आई ।।

दिल्ली चलो

पुस्तक-मेला लगा शहर में,
दिल्ली तुम्हें बुलाती है।
'चलो दिल्ली' -- हवा है कहती,
हौले सरसराती है॥
सात दिवस के लिए नगर निज,
धौलपुर को तजना होगा।
घूम-घूम प्रगति-मैदान,
मेले को देखना होगा॥
जिस रुचि को किया समर्पित,
मैंने अपना जीवन है।
उसे हृदय में कायम रखने,
उत्साहित होता मन है॥
पुस्तक-मेला उत्सव होता,
एक लेखक के जीवन का।
यह सुनहरा अवसर होता,
सद्ग्रंथ-दिग्दर्शन का॥

मोबाइल-दीवाने

नई सदी का नया है साधन,
युग नवीन मोबाइल का।
आज आदमी निष्ठावान हैं,
एकमात्र बस इस दल का ॥
अब तो मोबाइल देखते,
सफर सभी कट जाता है।
जिसे सीट न मिल पाती है,
वह खड़ा मुस्काता है ॥
मन्त्रमुग्ध रखता मोबाइल,
देता है उर को धीरज।
यह अनौखा सहयात्री है,
जिसे देख होता अचरज ॥
काश ! यदि मोबाइल के,
स्थान पर पुस्तक होती।
तो दुनिया न दिशाहीन-सी,
इस तरह पागल होती ॥

रेलगाड़ी की भीड़

यहाँ कौन अब रहा सुस्त है ?
सबकी दशा हाय ! पस्त है ।।
भीड़ बन गई भाई हव्वा ।
रेलगाड़ी का जनरल डिब्बा ।।
पच्चीस साल मुझे हो गए,
दिल्ली को आते और जाते ।
कभी कराया न आरक्षण,
गया बीड़ी का धुँआ खाते ।।
कई बार हुआ था ऐसा,
शीश धरे पाण्डुलिपि-गट्ठर ।
खड़ा-खड़ा पहुँचा था दिल्ली,
चार-पाँच घण्टे का चक्कर ।।

देह थकाना तन के श्रम में,
एक अनौखा व्यायाम है ।
इससे देह स्वस्थ होती है,
पाता मन विश्राम है ।।
इन पिचहत्तर सालों में,
आबादी चार गुनी हो गई ।
भीड़भाड़ में आत्मा जन की,
जाने कहाँ हाय ! खो गई ?

मोदी जी से मुलाकात

पुस्तक-मेले में आज ही,
मोदी जी से बात हुई।
जीवन के सुखदाई क्षण थे,
ऐसी मुलाकात हुई॥
आप कहोगे, ' यह फोटो है,
असली कहाँ हैं मोदीजी ?
यह झूँठ है, नहीं हैं असली,
अपने प्रधानमंत्री जी ॥ '
तो बन्धु ! तन भी तो नश्वर,
फोटो जैसा मिट जाता।
नाशवान ; जलकर क्षणभर में,
वह राख है हो जाता॥
मोदी देते हैं प्रोत्साहन,
लेखक और प्रकाशक को।
सदा ही प्रश्रय देते रहते,
ललित-कला-उत्पादक को॥

अशोक नगर का पार्क

यहाँ दौड़ लगाने आया हूँ,
जो कि मेरा है दैनिक क्रम।
श्वासों को करने तरोताजा,
लेने खुली हवा में दम ॥
कितना उद्यान है बड़ा यह,
सब लोग घूमते इधर-उधर।
दिल्ली की निर्भय आबोहवा,
न किसी बात का कोई डर ॥
पुरूषों से ज्यादा महिलाएँ,
रुचि व्यायाम में लेती हैं।
वे आपस में संगठित हो,
प्रात; योग यहाँ करती हैं ॥
दिल्ली के लोगों को दिल्ली,
न समय जरा-सा दे पाती।
बस इसीलिए पब्लिक सारी,
इस पार्क में दौड़ी आती ॥

युवकों का व्यायाम

जीवन स्वस्थ बनाने को,
युवक करते हैं व्यायाम।
दैहिक क्रियाओं से मिलता,
जीवन को नया आयाम ॥
दिल्ली का यह विशाल पार्क,
इसकी तो बात निराली है।
यहाँ सब करते हैं व्यायाम,
न कोई बैठता खाली है ॥
सबको ही देह बनाने की,
देखो भाई ! यहाँ लगी होड़।
कोई आरामी से टहल रहा,
कोई लगा रहा है कठिन दौड़ ॥
बालक-बच्चे और बूढ़े भी,
सबके सब जन उत्साहित हैं।
युवा सारे हैं शक्तिपूर्ण,
लेकिन सब वे मर्यादित हैं ॥

दिल्ली : मॉर्निंग-वॉक

न दिनभर आपाधापी में,
दिल्ली बन्धु ! दौड़ती है।
लेकिन सूरज के उगने तक,
यह मस्त चाल घूमती है॥
यदि प्रात:काल उत्तम वायु ,
दिल्ली-जन को न मिल पाए।
तो कैसे यह विजय भला,
जीवन-संघर्षों पर पाए ?
यह शहर बड़ा इस भू-तल पर,
अपने हिसाब से जीता है।
मैंने तो रोता न देखा,
यह सदा ही हँसता रहता है॥
यहाँ लोग स्वयं की शर्तों पर,
अपने हिसाब से जीते हैं।
जीवन सुस्वस्थ बनाने में,
समझौता कभी न करते हैं॥

बाल-रुचि

जीवन सुस्वस्थ बनाने में,
बालक भी लेते रुचि बहुत।
फाल्गुन-मास के अंतिम दिन,
यह देह बनाने की है रुत॥
बन्धु ! देह ही तो धन है,
सारे ही सुखों का साधन।
जब स्वस्थ रहेगी यह ; तभी,
कर पाओगे सब पूर्ण सपन॥
केवल यह प्रात:काल-समय,
दिल्ली वालों का अपना है।
बाकी तो सारा ही जीवन,
इनके लिए एक सपना है॥
कोई नहीं जानता अगला क्षण,
कैसा जीवन में आएगा।
यदि वर्तमान उज्ज्वल हो, तो
आगत निर्मल बन जाएगा॥

कनिका

मोहित भाई की कन्या है,
चुलबुली परी एक नन्हीं-सी।
कल रात हुए दर्शन उसके,
उसकी है दुनिया नन्हीं-सी ॥
पुत्रियाँ घर की खुशबू हैं,
जो सबके मन को हर्षातीं।
वे क्या घर से ले जातीं हैं,
सब छोड़ यहीं एक दिन जातीं ॥
जब तक रहतीं बाबुल के घर,
अपना वे फर्ज निभातीं हैं,
माँ-बाप की सेवा और भाई की,
मदद किया वे करतीं हैं ॥
कनिका ! तुम याद दिलाती हो,
'मणिकर्णिका' झाँसी-रानी की।
जो वीर-साहसी तेजपुंज,
गौरव की शौर्य कहानी की।

तीन पराँठे शेष

कल सुबह ही ब्रह्ममुहूर्त,
सुबह को उठकर तीन बजे।
बीस पराँठे रचे थे मैंने,
देशी घी के साथ सजे ॥
और बनाई आलू-गोभी,
सब्जी जो थी शुष्क रही।
साथ थी पानी की एक बोतल,
न दूध था ; ना ही मही ॥
कल सफर में और मेले में,
इनसे मैंने काम लिया।
सारे दिन मेले में घूमा,
देर रात आराम किया ॥
तीन पराँठे बचे शेष जो,
इनको अब न खाऊँगा।
बुआ-रसोई आ रात को,
ताजा माल बनाऊँगा ॥

मेट्रो : शान की सवारी

बड़े शान की यह सवारी,
जिसको 'मेट्रो' कहते हैं।
सुबह-शाम सब दिल्लीवासी,
सफर इसी में करते हैं।।
बड़ी शीघ्र यह रेलगाड़ी,
पहुँच कहीं भी जाती है।
कौन-कौन स्टेशन आता,
सब बताती जाती है।।
अगर मेट्रो न होती तो,
कैसे सफर इधर कटता ?
परिवहन की सिटी बसों में,
हर दिन यहाँ जाम लगता।।
इस रेल ने दी जो सुविधा,
उसके दिल्लीवासी ऋणी।
दिलवालों की इस नगरी में,
दिल का हर एक मनुज धनी।।

नन्हीं बिटिया

कनिका की छोटी-सी बहिना,
कुछ ही दिन की अभी हुई है।
कभी विहँसती, कभी है रोती,
बिटिया रानी छुई-मुई है॥
रात को जब पुस्तक-मेले से,
लौटकर मैं घर को आया।
कनिका छोटी बहिना लाईं,
तब ही यह फोटो खिंचवाया॥
टिक न पाई नन्हीं गुड़िया,
जोर-जोर से इतना रोई।
जैसे कोई चीज प्रिय,
उसकी हुई चोरी या कि खोई॥
कनिका कैसे ही संभालती,
रुदन मचाती उस बहिना को ?
कब तक उसको धारण करती,
माँ की उस दूजी रचना को ?

अशोक नगर आश्रम : महावाक्य -- 1

कितने विद्वान ब्रह्मचारी,
सदज्ञानपूर्ण सदाचारी।
फिर भी भारत में फैली है,
कैसी भाई ये लाचारी ?
कैलास-मान-सरोवर की,
महिमा बहुत बतलाई है।
आध्यात्मिक ज्ञान चमत्कारी,
जिससे जीवन सुखदाई है ॥
प्रभु हमें सुनाते दिव्य-ज्ञान,
बतलाते राजयोग-विधि।
इससे मिल पाती जीवन में,
रहस्यमयी कई सिद्धि ॥
सतयुग की स्वर्णिम सृष्टि में,
कोई दु:ख-अभाव न होवेगा।
वहाँ सदा हँसेगा हर एक जन,
वह किसी काल न रोएगा।

अशोक नगर आश्रम : महावाक्य -- 2

दु:ख कोई न देता मानव-जन,
दु:ख देते हैं मन के विकार।
वही जीवन नर्क बनाते हैं ,
वही जग का करते अपकार ॥
सुख पवित्रता से ही होता,
जब तक न होवे मन पावन।
तब तक ही भय और चिन्ता है,
तब तक दूर सुख का सावन ॥
जितने हैं मन्दिर-देवालय,
वे सब देवों की यादगार।
वहाँ जाकर भक्ति करते जन,
करते परमेश्वर की पुकार।
परिपक्व ज्ञान होता जाता,
जीवन में धीरे-धीरे ही ही।
आता जाता जन-जीवन में,
शुद्धि-निखार सब धीरे ही ॥

मेरी जुबान में जब भी ....

" मेरी जुबान ने जब भी,
तेरा ही नाम लिया।
तेरा ही जिक्र क्यों जाने,
सुबहोशाम किया ॥.."
-- गातीं मोहतरमा शायरा,
संगोष्ठी के इस मण्डप में।
बजतीं तालियाँ खूब-खूब,
प्रबुद्ध श्रोता-जन-मध्य में ॥
इसके बाद दिल्ली पुलिस की,
रिटायर्ड कवयित्री आईं।
'कमल प्रवीण दत्ता जी' ने,
रचना भक्ति की सुनाई --
" हरि तेरे कवन-कवन गुण गाएँ ?
ओ दुनिया के सुन्दर माली।
कैसे सींचे पत्ती-डाली ?
गहरा दु:ख इनमें समाया
बाहर में मुस्काएँ !
हरि तेरे कवन-कवन गुण गाएँ ! "

दिल्ली-घटाएँ

देहली पर मंडराने लगीं हैं,
श्याम घटाएँ दुविधा-सी।
होने लगी दिल्ली-जन को,
जीवन में तनिक असुविधा-सी ।।
यह सावन-भादों नहीं मास,
फागुन के बीत रहे हैं क्षण।
मौसम भी दिखता न उदार,
वह बना कठोर और कृपण ।।
इस महानगर में अगले पल,
जाने क्या-क्या घट जाता है।
भौचक्का रह जाता है जन,
कुछ समझ नहीं वह पाता है ।।
दिल्ली का हर एक वासी तो,
हर पल तैयार रहा करता।
वह समस्याओं से जूझ-जूझ,
अन्तत; विजय को पा जाता ।।

तिमंजिला का टॉवर

जिस दिन मैं दिल्ली आया था,
यह एक बड़ा टॉवर देखा।
सोचा -- ' आधुनिकीकरण मनुज को,
देता ऐसा ही धोखा ॥ '
वह छीन लेता स्वाभाविकता,
मानव-जीवन में जो होती।
उसकी अनुमति ले सांस,
परवश-सी जन के तन बहती ॥
और वही चलाता नगरी को,
जन के हृदय पर पग रखकर।
शासन किया करता यन्त्र,
जन की इच्छा का दमन कर ॥
इंसान और उसकी ताकत,
दब गई विकल प्रार्थना-सी।
विज्ञान गर्व से भरा हुआ,
यह कैसी हाय ! छलना-सी ?

साठ हजार रुपए में बच्चा

जो नि:सन्तान दम्पत्ति हैं,
उनको चिन्ता की बात नहीं।
वे साठ हजार रुपए जोड़ें,
सब बदलेंगे हालात यहीं॥
दे दिया साइंस ने तरीका,
आई0 वी0 एफ0 की तकनीकी का।
अब रोना न हो पाएगा,
अपनी अभागी किस्मत का॥
'इन विट्रो फर्टिलाइजेशन',
इलाज बाँझ दम्पत्ति का।
यह विज्ञान का चमत्कार,
संधान यह नए युग का॥
लेकिन इसका यह अर्थ नहीं,
बच्चा गर्भ में न पलता।
सब कुछ होता स्वाभाविक ही,
प्रयोग प्रथम लैब होता॥

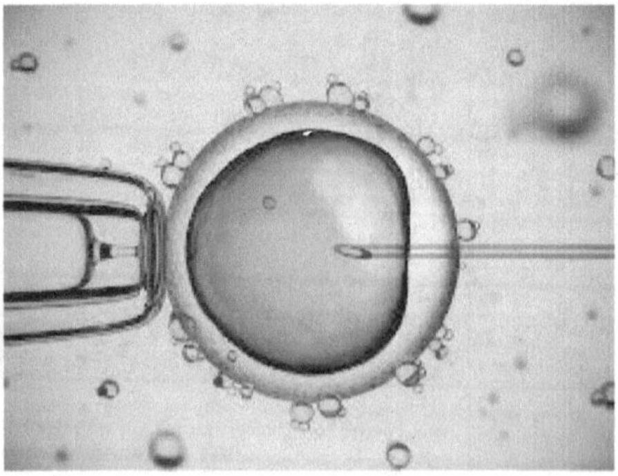

पार्क के कबूतर

जन मोटे-ताजे ; पार्क में,
बस पेट घटाने आते हैं।
भोजन पच जाए सही-सही,
यह व्यवस्था कर जाते हैं॥
और पक्षी भूखे-प्यासे सब,
उड़-उड़ इधर को आ जाते।
भर जाए पेट बस किसी तरह,
इसका यहाँ जुगाड़ करते॥
इन पंछी में और मानव में,
भू और गगन का अन्तर है।
एक भूख मिटाने को आता,
दूजा रुग्णमय उदर है॥
जीवन की कैसी विसंगति,
दोनों हैं प्राणी देहवान।
एक तो दर-दर भटकता है,
दूजा बन बैठा भगवान॥

यदि दिल्ली-मैट्रो न होती

हर दिन लाखों यात्रियों की,
व्यवस्था कैसे होती ?
कब तक सड़कें भार सहतीं ?
यदि दिल्ली मेट्रो न होती !!
दिल्ली को व्यवस्थित करने,
किसने दिमाग लगाया यह ?
यात्री गन्तव्य पहुँच जाता,
बिन कोई कष्ट या मुश्किल सह ।।
कब तक डीजल और धुँएं की,
इस महानगर खपत होती ?
कब तक सड़कें भार सहतीं ?
यदि दिल्ली मेट्रो न होती !!

सारी दिल्ली में ही अब तो,
मैट्रो-ट्रेन का जाल बिछा।
दिल्ली को व्यवस्थित करने,
यह सारा ही विधान रचा ।।
बिन हलचल के सारी दिल्ली,
इस रेलगाड़ी सफर करती !
कब तक सड़कें भार सहतीं ?
यदि दिल्ली मेट्रो न होती !!

दिल्ली-मैट्रो

मैट्रो की यह सवारी है...
यह रेलगाड़ी है नव-युग की,
इसने दशा सुधारी है !
देहली की शानो-शौकत है,
मैट्रो की यह सवारी है !!
मैं यही सोचता था पहले,
'आबादी जब बढ़ जाएगी ।
कैसे फिर दिल्ली की जनता,
सुखपूर्ण सफर कर पाएगी ?'

दिल्ली को साफ-स्वच्छ रखना,
यहाँ सबकी जिम्मेदारी है !
देहली की शानो-शौकत है,
मैट्रो की यह सवारी है !!
दिल्ली ने नव-तकनीकी का,
अपने विकास में योग लिया ।
सुविधाएँ जनता को देकर,
जनता से सब सहयोग लिया ॥
दिल्ली विकास प्राधिकरण,
सबके लिए उपकारी है !
देहली की शानो-शौकत है,
मैट्रो की यह सवारी है !!

सेवा का मण्डप

उत्तम नगर में सेवा का,
तैयार हो चुका है मण्डप।
सब सेवाधारी तत्पर हैं,
त्यागकर अपना निज दर्प॥
सज गया मंच शिव-दर्शन का,
सज गईं इधर-उधर झाँकी।
कुछ और अतिथि के आने की,
हो रही प्रतीक्षा बस बाकी॥
मैं उत्तम नगर आया ; 'शिव
-बजरंग-प्रकाशन' से मिलने।
कुछ वहाँ भेजनी पाण्डुलिपि,
बस इसी सिलसिले में मिलने॥
लेकिन देखा तो मिला वहाँ,
आश्चर्यमय एक आयोजन।
ब्रह्माकुमारी संस्था का,
सुन्दर एक नव-कार्यक्रम॥

शिव-दर्शन-झाँकियाँ

पुस्तक-मेले में दिखी नहीं,
कोई स्टॉल निज आश्रम की।
दूकान किराया भारी था,
कैसे लगती पुस्तक-झाँकी ?
आश्रम में तो सारे जन ही,
बस प्रभु-समर्पित होते हैं।
वे झूँठ और कमीशन का,
गोरखधन्धा न करते हैं ॥
शिव-दर्शन की झाँकी में था,
शिवलिंग बड़ा एक मध्यस्थ।
द्वादश थे सुन्दर ज्योतिर्लिंग,
मण्डप विराजते ध्यानस्थ ॥
सेवाधारी थे समझाते,
आने वाले हर एक जन को।
वे देते सबको सन्तुष्टि,
वे देते थे शान्ति सबको ॥

दाल-रोटी

जबसे हुआ स्नातक मैं,
तबसे पकाता खुद खाना।
कभी दाल-रोटी ; कभी सब्जी,
पकवान बनाता मैं नाना ।।
यहाँ बुआ की रसोई है,
दिल्ली शहर ; अशोक नगर।
सुबह भोजन अपना बना,
पहुँचता हूँ मैं मेले के अंदर ।।

यही होता भाई 'शुद्ध अन्न',
जो प्रभु-याद मे पकता है।
निज हाथों पका भोजन,
कोई मन में मैल न आता है ।।
सात्त्विक यह भारत का भोजन,
जो 'शुद्ध अन्न' है कहलाता।
इससे तन-मन बेहतर बनता,
कोई कष्ट नहीं मानव पाता है ।।
साधो ! मैं लेखक सूक्ष्म जीव,
पर अन्न मोटा ही खाता हूँ।
सुख से खाकर दाल-रोटी,
परमेश्वर के गुण गाता हूँ ।।

स्नानगृह के हंस

बुआ के घर का बाथरूम भी,
उज्ज्वल आभा वाला है।
यहाँ हंस तैरते सरिता में,
जल श्वेत कमलों वाला है ॥
स्नान-कक्ष में ऐसे ही,
होते दृश्य हैं आवश्यक।
प्राकृतिक दृश्य जहाँ मनहर हों,
उल्लासमय-स्फूर्तिदायक।
जहाँ लगे कि हम सरोवर में,
बस अनायास पहुँचे जाकर।
हर्षित हो जाता है अन्तर,
ऐसा स्नानगृह पाकर ॥
साथी ! ले जाओ वहाँ मुझे,
जहाँ शुभ्र-कमल शोभायमान।
हों तैर रहे सफेद हंस,
भरते इठलाकर नभ-उड़ान ॥

दिल्ली-बिस्तर

मैं पुस्तक-मेले से आकर,
छह रोटी मोटी-सी खाता।
फिर बिस्तर-तकिए के ऊपर,
सीधी अपनी कमर करता॥
रात्रि को सोने से पहले
सब दिन घूमकर मेले में।
लिखता पाठकों को कविता,
एकांत और अकेले में॥
यही चारपाई ; सही बिस्तर है,
जिस पर शयन मैं करता हूँ।
फिर ब्रह्ममुहूर्त में जगकर,
प्रभु का स्मरण करता हूँ॥
हो गए साल पच्चीस मुझको,
दिल्ली नगर आते-जाते।
ऐसा ही बिस्तर मिला मुझे,
अशोक नगर शयन करते॥

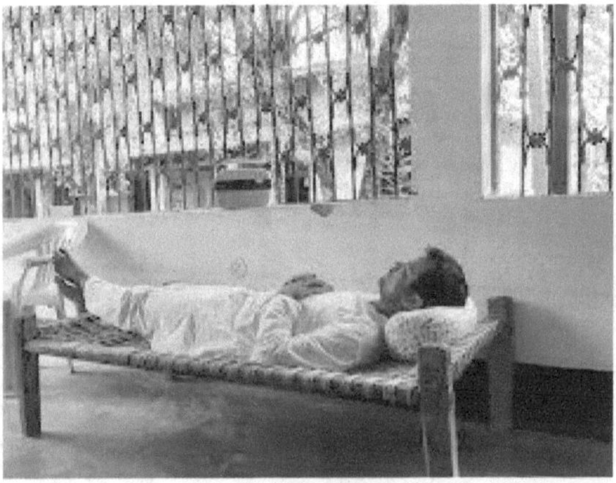

दस रुपये जुर्माना

मैट्रो-ट्रेन की टिकट, गोल-टोकन का है नवरूप लिए ।
उसमें आकड़े सब अंकित, कम्प्यूटर से वह लिंक किए ।।
जब टोकन कोई लेता है, उसे पैड छुआया जाता है ।
दिन-समय-शुल्क कम्प्यूटर में, समस्त फीड हो जाता है ।।
लेकिन मुझको था पता न ये, सोचा प्लास्टिक का सिक्का ।
बस डाल निकलना मशीन में, स्टेशन जब मैं घूम सका ।।
कल शाम शाहदरा-स्टेशन, सोचा -- ' बैठकर काव्य लिखूँ ।
कविता सृजन कर चार-पाँच, स्टेशन का मैं स्वाद चखूँ ।।

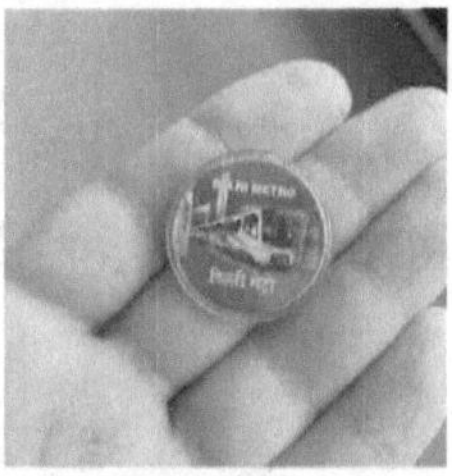

दो घण्टे बाद निकलूँगा, स्टेशन से मैं जब घर को ।
टोकन यहीं डाल दूँगा, दूँगा दान मैं मशीन को ।।
मैं बैठा-बैठा लिखा किया, कविताएँ एक-एक करके ।
न वहाँ था कोई जन ऐसा, जो घूमता हो वहाँ डरके ।।
दो-ढाई घण्टे गए बीत गए जब, सोचा -- 'अब बाहर जाऊँ ।
हो गई रात ; बुआ के घर, मैं अशोक नगर को जाऊँ ।।'
टोकन हाथ में पकड़े मैं, टोकन मशीन की और गया ।
पर मेरे टोकन को मशीन ने, किंचित न स्वीकार किया ।।
मैं सिर के छेद डालता था, जब गोल प्लास्टिक का टोकन ।
मशीन उगल देती मुँह से, था हैरान अति मेरा मन ।।
फिर मैंने 'ग्राहक-सेवा' की, खिड़की पर जब की पूछताछ --
" क्यों खुलता न निकास-द्वार, दो भाई उत्तर मुझे साँच ।। "
तब टोकन-जाँच कर बोला व्यक्ति -- " निकालो दस रुपया ।
तुम समय लाँघ गए बन्धु ! जो टोकन द्वारा तुम्हें दिया ।। "

मंच पर कथावाचन

लेखिका 'वन्दना राग', सुनातीं,
निज पुस्तक से कथा एक।
माथुर-तान्या की कहानी,
अविराम और बिना टेक॥
यह प्रेम-कथा ; जो पढ़ रहीं थीं ,
वे श्रोताओं के सम्मुख।
सब दत्तचित्त हो सुनते थे,
जिज्ञासा लिए सब अभिमुख॥
इस 'थीम-मण्डप' में प्राय:,
रचनाएँ उदबोधित होतीं।
नए और पुराने लेखक की,
आत्माएँ उत्साहित होतीं॥
लेखिका बड़े ही संयम से,
अपनी वह कथा सुनाती थी।
आपसी प्रेम ; रिश्तों की गाथा,
उल्लासित बताती थी॥

बेस्टसेलर-लेखक पुरस्कार

अन्तत: आज मिल ही गया,
मुझे मेरे श्रम का सत्कार।
हर्षित है मन-मयूर ; मिला,
बेस्टसेलर-लेखक-पुरस्कार ॥
अपने प्रकाशक चन्द्रहास,
उनकी उदारमन धर्मपत्नी।
दोनों ही वहाँ उपस्थित थे,
जहाँ मनाई गई सेरेमनी ॥
कितना खुशी का दिन यह था,
लेखक सब वहाँ उपस्थित थे।
सब समारोह में गौरव से,
मेरी ओर देखते थे ॥
है गर्व मुझे मेरी कृतियाँ,
बेस्टसेलर-श्रेणी में आई।
अब मुझे न छू पाएगी कभी,
हताश हार की परछाईं ॥

पुरस्कार-राशि

बेस्टसेलर-लेखक पुरस्कार की,
राशि का जो मिला चैक।
यह सम्मान मुझ लेखक का,
पुरुषार्थ-सुख को विरल टेक॥
इस मान-प्रतिष्ठा से मेरी,
छाती हो गई दूनी है।
है धन्य प्रभु तेरी महिमा,
तूने पुकार अब सुनी है॥
यह सोचा न था ; कोई प्रकाशक,
भी देवेगा पुरस्कार।
स्मृति-चिन्ह, सक्षमता का,
देगा प्रमाण-पत्र साकार॥
यह धन जो मिला ईनाम में,
दुनिया की बहुत बड़ी दौलत।
जितनी प्राचीन संस्कृति,
उतनी बड़ी मेरी किस्मत॥

पुरस्कार : प्रमाण-पत्र

यह वर्ष : दो हजार तेईस,
मेरा सौभाग्य लेकर आया।
इस साल मेरी दीन-झोली में,
पुरस्कार बड़ा आया॥
रवीना-प्रकाशन ने दिया,
बेस्टसेलर-लेखक-पुरस्कार।
मुझ मसिजीवी पर किया,
उदार-हृदय से उपकार॥
एक लेखक को इससे बढ़कर,
कोई सम्मान की बात नहीं।
इससे बड़ी इस जगती में,
उसके लिए सौगात नहीं॥
इस पुरस्कार से गया है बढ़,
मेरे जीवन का उत्साह।
मेरे सृजन को मिला है बल,
मिल गई हैं खुशियाँ अथाह॥

पुरस्कार : स्मृति-चिन्ह

यह स्मृति-चिन्ह ; कलम मुझे,
जो पुरस्कार-रूप दी है।
यह मुझको मेरे कर्त्तव्य की,
हरपल याद दिलाती है ॥
हाँ ; साथ अभी भी कलम मेरे,
यही तो मेरा है अस्तित्व।
जैसे नारी का सुहाग,
एकमात्र उसका सतीत्त्व ॥
उस तरह कलम भी हे साथी !
मेरे जीवन का सुहाग।
यह मेरी मान-प्रतिष्ठा है,
मेरे जीवन का अहोभाग !!
स्मृति कलम की मुझको मेरे,
ध्येय तलक है ले जाती।
यह जीवनभर का सारा सुख,
एक ही पल में है दे जाती ॥

कलम को पुरस्कार

जब भी कलम-साधक-जन को,
मिलता है कोई पुरस्कार।

वह धन्यवाद देता सबको,
दाता का करता आभार॥

निज श्रम-स्वेद की बूँदों को,
इस जगती में सम्मान मिले।

यही कलमकार की पूँजी है,
उसको नया आसमान मिले॥

जब मसिजीवियों को कोई,
ईनाम सहज मिल जाता है।

वह हंसवाहिनी माँ के गुण,
उत्फुल्ल-हृदय से गाता है॥

ओ साधक ! खुशी मनाओ तुम,
सत्कार कर रही है जनता।

सब दयामय का चमत्कार,
लेखकों का इसमें क्या घिसता ?

पुस्तक-विमोचन

आदरणीय बाबूजी सुशील,
प्रोफेसर श्री राकेश जी।
मूर्धन्य ; हिन्दी के विद्वान,
फैला उनका है सुयश जी ॥
वे आए विश्व-पुस्तक-मेले,
मैंने पग छू आशीष लिया।
फिर हम दोनों ने एक-दूजे की,
कृतियों का सम्मान किया ॥
बाबूजी ने मेरी पुस्तक,
मैंने भी बाबूजी की कृति।
लोकार्पित की उस मण्डप में,
जहाँ 'दीक्षा दीदी', 'माँ' प्रभृति ॥
न्यूज-ट्वन्टी फोर के थे ऐंकर,
प्रकाशक श्री चन्द्रहास।
इन सबकी आभा ने मिलकर,
फैलाया मेले में प्रकाश ॥

पितृ-काव्य का विमोचन

थे पिता के जीवन के अन्तिम,
वे वर्ष कष्टदायक अपार।
जब पिता हमारे सहते थे,
भौतिक-तन-दुविधा लगातार॥
' साकेत ' अस्पताल में जब,
त्रि-शल्य-क्रिया सम्पन्न हुईं।
कुछ दिवस साथ रहा उनके,
पिता मजबूत थे, न छुई-मुई॥
तब ही मैंने वहाँ लगातार,
'साकेत' काव्य का किया सृजन।
उसका ही पुस्तक-मेले में,
हुआ मनोहर विमोचन॥
साकेत-धाम वह स्थल है,
जहाँ रोगी नव-जीवन पाते।
वे रोते-रोते आते हैं,
और मुस्काते हुए जाते॥

सैलून का पोस्टर

यहाँ पास ही नाई की दूकान,
जिसका पोस्टर खतरनाक।
ग्राहक को समझा जाता यहाँ,
अपनी दूकान की बड़ी नाक ॥
लिखा है -- " ग्राहक राजा है,
हम नाई हैं उसके सेवक।
पालन करेंगे हम सदैव,
आदेश देगा हमें जब तक ॥ "
पर यह समझ न आया है,
ग्राहक-नाई क्यों भूत बने ?
अस्थियों का ढाँचा यह कैसा ?
किस तरह प्रेत-सपूत बने ?
कल जाऊँगा पुस्तक-मेले,
तब सुबह नाई से पूछूंगा।
क्या अस्थि-पंजर बस मानव,
उसके तर्क अवश्य लूँगा ॥

लेखिका सुजाता से संवाद

साहित्यकार सुजाता जी,
पुस्तक-मेले में आईं थीं।
'राजपाल-प्रकाशन' मण्डप में,
पाठकों के संग बतियाई थीं॥
परिचर्चा में उपस्थित थे,
दिल्ली शहर के विद्वान।
श्रोतागण सारे जिज्ञासु,
सुनते थे देकर कान ध्यान॥
'दुनिया में औरत' पुस्तक की,
बतलाई सारी सार्थकता।
वर्तमान समय के संदर्भ दिए,
बताई नारी-महत्ता॥
हर दिन ही वे सृजन करतीं,
किसी उपन्यास ; कहानी का।
वे सदा ही उत्साहित रहतीं,
आनन्द लेतीं निज जीवन का॥

कन्नौज का इत्र

वयोवृद्ध हैं लेखक कन्नौज के,
प्रोफेसर सुशील राकेश।
जिनपर लिखा था वृहद ग्रंथ,
व्यक्तित्व-कृतित्व वाला अशेष ॥
वे आए पुस्तक-मेले में,
मन में छा गया चिर-हर्षण।
मेरी कुछ प्रमुख किताबों का,
किया उन्होंने लोकार्पण ॥
फिर मुझे अपनी इत्र-नगरी का,
इत्र सुगन्धित भेंट किया।
मैं नत-मस्तक हो गया ;
बाबूजी ने ऐसा दुलार दिया ॥
हैं धन्य वहाँ के लोग ; जहाँ,
चहुँदिश सुगन्ध बसा करती।
खुशबुएँ फैलतीं दिग-दिगन्त,
जहाँ प्रजा सकल हर्षित रहती ॥

रवीना प्रकाशन

पच्चीस साल पहले दिल्ली में,
पाण्डुलिपि-गट्ठर शीश धरे।
मैं यहाँ-वहाँ फिरता था मारा,
महानगर से बहुत डरे ॥
फिर 'शिलालेख-प्रकाशन' से,
मैं बँधा रचनाएँ लेकर।
चालीस किताबें छाप ;
सतीश जी हो गए इधर-उधर ॥

दर्जन किताबें 'बजरंग' के,
संजय गुप्ता ने छापीं।
फिर 'आत्माराम' मिले,
जिन्होंने सवा सौ कृतियाँ छापीं।
'प्रवीण', 'राजा पॉकेट', 'पुस्तक
महल', 'जनवाणी' ; 'सन्मार्ग'।

'कादम्बरी' आदि कई से,
मिला प्रकाशन -सदमार्ग ॥
फिर कोरोना में आकर,
सारे ही प्रकाशन ठप्प हुए ।
लेकिन रवीना प्रकाशन के,
चन्द्रहास न त्रस्त हुए ॥
मैं पूछा करता भगवन से --
" अब और कौन मुझे छापेगा ?
क्या मेरा भाग्य अप्रकाशन के,
दुर्दिन मुझे दिखाएगा ?
तब चन्द्रहास जी मिले मुझे,
छापी पचास पाण्डुलिपियाँ ।
कोरोना में सब रोते थे,
मेरी हर्षाती थी दुनिया ॥
ये कविताएँ जो लिखता हूँ ,
कुछ समय बाद छप जाएँगी ।
आभार रवीना प्रकाशन !
जीवन-कलियाँ मुस्काएँगी ॥

कार-चोर की ऐसी-तैसी

दिल्ली में कुछ नव-अनुसंधान,
नए अजूबे मिल जाते।
हम छोटी नगरी वाले जन,
जिनपर अचरज किया करते ॥
एक कार रातभर रखी रही,
निज मालिक के घर के सम्मुख।
न कोई उसको चुरा सका,
न हुआ तनिक उसके अभिमुख ॥
यहाँ दिल्ली वाले लोग,
सुरक्षा तीन तरह की करते हैं।
पहले कार का दरवाजा,
फिर पहिया लॉक करते हैं ॥

इसके बाद भी आँख तीसरी,
सी0 सी0 टी0 वी0 की होती।
जो सारी रात घर के सम्मुख,
वाहन को देखा करती ॥
अब कौन चोर ऐसी-तैसी,
अपनी वहाँ कराएगा ?
वह वाहन-चोरी के प्रयास में,
निश्चित पकड़ा जाएगा ॥

फुटपाथ का बुकसेलर

जो हैं गरीब पुस्तक-विक्रेता,
परिस्थितियों के मारे।
जिनको न मिलती जगह कहीं,
पुस्तक-मेले के चौबारे ॥
वे ऐसे ही बस फुटपाथों पर,
निज दूकान लगाते हैं।
बस किसी तरह पुस्तक बेच,
अपनी गृहस्थी चलाते हैं ॥
पुस्तक-मेले के हॉलों में,
उनको जगह न मिल पाती।
पचास हजार किराए की,
कुछ व्यवस्था न हो पाती ॥
एक इसी तरह का बुकसेलर,
अपनी लिखी पुस्तकों को।
चाय की दूकान बेचा करता,
निज उपन्यास के ग्रंथों को ॥

प्रधानमंत्री जी का सन्देश

प्रधानमंत्री मोदी जी का,
सारे भारत को कहना है --
" है ज्ञान बड़ी जग में ताकत,
सबको पढ़ते ही रहना है ।। "
जब पढ़ते राष्ट्र-नागरिक हैं,
तब देश तरक्की है करता ।
उन्नति-दिशा को ओर वह,
आलोक-मार्ग गमन करता ।। "
पुस्तक पढ़ने से जगती है,
मानव की सोई-सी किस्मत ।
उसमें जीवन के संघर्ष की,
आ जाती बड़ी हिम्मत ।।
जग के रहस्यों के ताले,
सब पुस्तक से खुल जाते हैं ।
पुस्तक-प्रेमी न किसी तरह से,
बन्धन में रह पाते हैं ।।

कैलीग्राफी का हुनर

वह कला अक्षरांकन की,
जो 'कैलीग्राफी' कहलाती है।
फाउन्टेन पैन या निब के जरिए,
सुन्दर आकृति बनाती है॥

ऐसे भी हुनरमंद आदमी,
पुस्तक-मेले में आए।
कैलीग्राफी की कला के जरिए,
लोगों के मन लुभाए॥

भाषा हो कोई किन्तु पृष्ठ जब,
अक्षर से सज जाता है।
हर बार उसे देख जन का मन,
अत्यन्त हर्षाता है॥

यह कला पुरानी सदियों की,
इस बार निखरकर आई है।
कैलीग्राफी की कला देख,
सारी दुनिया मुस्काई है॥

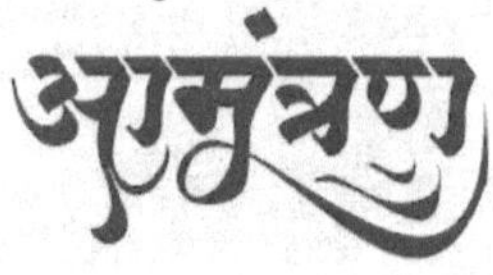

पुस्तक-मेला-काव्य

मेला-काव्य लिखने का मुझको,
छात्र-जीवन से शौक रहा।
छह काव्य लिखे बड़ी रुचि से,
मन इसीलिए अशोक रहा ॥
कई वर्ष धौलपुर-शरद-मेले में,
हमने शिविर लगाए हैं।
मचकुण्ड तीर्थ जाकर के हमने,
ज्ञान-कैम्प लगाए हैं ॥

सेवा से जो समय बचता,
मैं काव्य उसी में लिखता था।
हर मेले के अन्तिम दिन तक,
एक नया काव्य रच देता था ॥
चन्द्रहास भाई जी छाप चुके,
मेरी शरद-मेला पुस्तक।
कुछ अप्रकाशित मेला-काव्य,
क्रमशः छपेंगे भविष्य तक ॥
पर यह काव्य पुस्तक-मेला का,
जल्दी ही छप जाएगा।
यह कहा रवीना प्रकाशन ने --
" यादगार बन जाएगा। "

विदा ! मेला-भूमि .....

मानव-प्रगति का तुम प्रतीक,
प्रगति-मैदान-मेला-भूमि !
नौ दिन पुस्तक-प्रेमियों ने,
रज तुम्हारी श्रद्धानत चूमी ॥
नौ दिन तक पुस्तक-कुम्भ-पर्व,
तेरे अँगना में लगा रहा ।
मैं आठ दिवस तक भू-माता !
तेरे आँचल से लगा रहा ॥

लेखन का कार्य जरूरी था,
इसलिए एक दिन बाद आया ।
फिर छब्बीस से ले पाँच मार्च,
हर दिन ही तुझमें नहाया ॥
मैंने तो इस जगती के तीर्थ,
माता ! ज्यादा किए नहीं ॥
पर जहाँ बही पुस्तक-धारा,
मम पग वहाँ से हठे नहीं ॥
हे मेला-भूमि ! मैंने तो,
पुस्तक से नाता जोड़ा है ।
दो विदा ! कल होली आती,
अब समय रह गया थोड़ा है ॥

दिल्ली की इमारत

छूती आकाश को दिल्ली की,
ये गगनचुम्बी इमारतें।
बतियाती हैं नीले नभ से,
करती है प्यार भरी बातें॥
तरुवर विशाल-सी जड़ पकड़े,
निज भूमि में श्रद्धा रखतीं।
दिल्ली के सैंकड़ों लोगों को,
अपने यहाँ शरण देतीं॥
ये महानगर की जनसंख्या,
हँसकर संभालतीं गोदी में।
यह एक इमारत एक राष्ट्र,
धारे विविधता को निज में॥
दिल्ली का राष्ट्रीय-राजमार्ग,
जो जन को मंजिल पहुँचाता।
इन भवनों के गौरव को वह,
सतृष्ण नयन देखा करता॥

दिल्ली गेट से दिल्ली को विदाई

कितने वर्ष दिल्ली आया,
इस तरह विदाई न दी थी।
पच्चीस सालों से दिल्ली की,
कोई तस्वीर भी न ली थी
जबसे आया स्मार्ट-फोन,
तबसे आया उजियारा है।
अब इस दुनिया का हर रंग,
मुझको लगता अति प्यारा है॥
शाहजहाँ ने बनवाया इसको,
लगभग चार सौ साल पूर्व।
यह मुगलों की धरोहर है,
वास्तुकला सुन्दर अपूर्व॥
मैं अपनी पाण्डुलिपियाँ लेकर,
कई बार आया देहली-गेट।
कई बार यहाँ चहुँदिश घूमा,
कई-कई बार खाई चपेट॥

बस के बिस्कुट

यह बस ; जो धौलपुर से सीधी,
दिल्ली शहर को जाती है।
स्पेशल कोच वाली है,
घर-सा आराम दिलाती है॥
इसमें तकिया है ; बिस्तर है,
पूरी तरह ए0 सी0 वाली।
बाहर घूमती सड़कें हैं,
अन्दर मकान जैसे खाली॥
अपने जीवन में प्रथम बार,
मैं ऐसी बस में बैठा हूँ।
जैसे बिस्तर पर घर बैठा,
दीवार-सहारे लेटा हूँ॥
सूर्योदय के पश्चात आज,
मैं दिल्ली से निकल आया।
फिर सराय काले खाँ आकर
पानी-बिस्कुट-पैकेट पाया॥

दिल्ली-सिटी-बस

यह प्रथम बार था ; जब दिल्ली की,
सिटी-बस में अड़ा रहा।

लेकर पुस्तकों का बोरा,
सामान को साधे खड़ा रहा ॥

दिल्ली-शहर में थी मेरी,
यह पहली और आखिरी बस।

दिन आठ मैट्रो चढ़ा रहा,
देकर किराया मैं बरबस ॥

वर्ना इतने साल तो मैंने,
धूल बसों में यहाँ फाँकी।

तब कहीं-कहीं दिल्ली में दिखती,
मैट्रो-ट्रेन की थी झाँकी ॥

मैं हिचक-हिचककर दिल्ली में,
मैट्रो-यात्रा करता था।

कोई काट न ले वहाँ जेब मेरी,
बस इसी बात से डरता था ॥

पग-चिन्ह

ये मार्ग-प्रदर्शक चरण-चिन्ह,
मेट्रो-स्टेशन पर अंकित।
पथिकों को दिशा बताते हैं,
जब हो उठता है वह भ्रमित ॥
एक रात देख पुस्तक-मेला,
मैं जब राजीव चौक पहुँचा।
कश्मीरी गेट मुझे जाना था,
मैंने एक सज्जन से पूछा --
" किस ओर जाऊँ ; भैया, मुझको,
प्लेटफॉर्म दिशा दिखला दो।
कश्मीरी-गेट मुझे जाना है,
इसका मुझे पता दे दो ॥ "
वह बोला -- " पीले चरण-चिन्ह,
तुम पकड़े हुए चले जाओ।
येलो लाईन की मेट्रो ले,
कश्मीरी गेट पहुँच जाओ ॥ "

कविता लिखते कट गया सफर

आपस में हँसते-बतियाते,
एक-दूजे से विनोद करते।
धौलपुर से दिल्ली की डगर !
कविता लिखते कट गया सफर !!
इस बस में एक युवा दल था।
अपनी वय से कुछ चंचल था॥
जब अपनी बस आगरा आई।
न शहर के अन्दर घुस पाई॥

वह दक्षिण-पश्चिम बाई पास।
होकर के निकली, हो हताश॥
तब आए हम अपने नगर !
कविता लिखते कट गया सफर !!
बस में मिला एक सौम्य कक्ष।
मैं बैठा यात्री के समक्ष॥
उससे भी हँसी-मजाक रही।
हमने आपस की बात कही॥
मैं बैठा लिखता रहा सतत।
उत्साह धरे मन में अविरत॥
वाहन हो गया लेखन-घर !
कविता लिखते कट गया सफर !!

अन्तर्राष्ट्रीय महिला दिवस

नारी ने सिखलाया जग को,
सदभाव-दया-क्षमा-करुणा।
उसने सौम्यता सिखलाई,
जग को दिया आनन्द घणा॥
यदि वह न होती तो घर को,
सुन्दर बना सजाता कौन ?
मानवता सुरभित करके,
मुस्काता प्रभु के जैसा कौन ?

सौन्दर्य-सुख क्या होता है,
यह नारी ने ही समझाया॥
ईश्वर ने अपना अधिकांश,
नारी-हृदय में बसाया॥
लेकिन जो उसकी कोमलता को,
कायरता समझता है।
सुन्दरता भोग समझता जो,
वह बड़े ही भ्रम में रहता है॥
नारी श्रद्धा है ; देवी है,
प्रसन्न यदि वह रह पाए।
तो बिन माँगे सारी जगती,
अपार स्वर्ग-सा सुख पाए॥

होली का उपहार

इस बार जो पुस्तक-मेले में,
मुझ लेखक को सम्मान मिला।
यह होली का नव-उपहार,
उत्फुल्ल ; खुशी से हृदय खिला॥
धन्यवाद रवीना-प्रकाशन को,
धन्यवाद चन्द्रहास भाई जी को।
जो मुझे किया गौरवान्वित,
धन्यवाद निभा ; दीक्षा जी को॥
मैं तो ऐसे ही दिल्ली में,
आनन्दमग्न हो चला गया।
भर लाया ग्रंथ कई रुचि के,
पारितोषिक अनुपम ले आया॥
जीवन से माँगो तुम यदि कुछ,
तो वह तुम्हें न दे पाए।
और बिन माँगे झोली ; उसकी
करुणा-दया से भर जाए॥

होली : ढोलक की थाप

होली-उत्सव में रंगों की,
बौछार चहुँदिश खिलती है।
ढोलक पर संग-संग स्वर-लहरी,
त्रिताल मधुरतम बजती है।
धीं-धा-धा ; तीं-ता-ता बजातीं,
मुदित नारियाँ हर्षित हो।
नन्हीं बिटिया सिद्धि खेलती,
एकान्त में मुदित अहो !
महिला-दिवस सलाम ! नारियाँ !!
तुमको नमन कवि करता।
तुम निभा रही हो परम्परा,
वर्ना संसार किधर जाता ?

इस मोबाइल-युग में सभी,
रस्मों को मानव भूल रहे।
पहले हटे झूले-साँझी,
अब ढोलक-स्वर सब भूल रहे॥
एक दिन घर की चाकी-
ओखली-सा अस्तित्व खत्म होगा।
ढोलक फिर अश्रु बहाएगी,
क्या उसको न कोई पूछेगा।

प्रवचन का अधिकार

धन्यवाद हे प्रभु ! तुम्हारा,
मुझको वह अधिकार दिया !
सबको मैं सदज्ञान सुनाऊँ,
ऐसा जीवन बना दिया !!
प्रातः काल माताएँ आकर,
ज्ञान-सुधा-रस पीती हैं।
प्रभु-ज्ञान जीवन में धारण
करके, सुखमय जीती हैं ॥
किन जन्मों का भाग्य है दाता !
मुझको तूने दिला दिया !
सबको मैं सदज्ञान सुनाऊँ,
ऐसा जीवन बना दिया !!

तीस वर्ष तक मेरी माता,
सबको ज्ञान सुनाती थीं।
इधर-उधर जाकर जगदम्बा,
ईश्वरीय सेवा करती थीं ॥
अब सेवा का माँ ने मुझको,

वह अधिकार दिला दिया !
सबको मैं सदज्ञान सुनाऊँ,
ऐसा जीवन बना दिया !!
करुणा सागर सदा ही हम पर,
दया भाव तुम रखना जी।
गलती-भूले जो भी होवें
हमसे, माफ करना जी ।।
कौड़ी जैसा जीवन स्वामी,
हीरे जैसा बना दिया !
सबको मैं सदज्ञान सुनाऊँ,
ऐसा जीवन बना दिया !!

ईश्वरीय सौगात

जीवन में जो खुशी मिली हो,
सबको उसे बाँटना जी !
हर हाल में सबसे मिलकर,
सुखमय जीवन जीना जी !!
उपहार जो भी मिलते हैं,
स्वीकारो तुम श्रद्धा से।
धन्यवाद दो प्रभु पिता को,
वैर न रखो इंसा से ।।

तोहफे देना सीखो भाई,
सदा आनंद मनाना जी !
हर हाल में सब से मिलकर,
सुखमय जीवन जीना जी !!
सबके चेहरे देश के अंदर,
इसी तरह मुस्काएँ-हँसें।
स्वार्थ-ईर्ष्या-द्वेष में पड़कर,
माया दलदल नहीं फँसें ।।

खुद प्रसन्न रह सबको साथी,
हर पल तुम हँसाना जी !
हर हाल में सब से मिलकर,
सुखमय जीवन जीना जी !!
जीवन कितना लम्बा जिया,
उससे फर्क नहीं पड़ता।
जीवन उसका कामयाब है,
हर पल जो सार्थक जीता ॥
चहुँओर तुम प्रेमभाव का,
वातावरण बनाना जी !
हर हाल में सब से मिलकर,
सुखमय जीवन जीना जी !!

बिछुड़ा हुआ मित्र

बचपन का बिछुड़ा सखा भीड़ में,
जब यकायक मिल जाता।
तो खिल उठता है हृदय-सुमन,
शक्ति-स्रोत सुरभित होता ॥
एक दिन ऐसे ही संयोग से,
कृष्ण-सुदामा मिलन हुआ।
एक-दूजे के अश्रु पौंछे ;
दोनों का जीवन सफल हुआ ॥
बचपन का निश्छल प्रेम भला,
कैसे कोई बिसरा सकता ?
बचपन का साथी जीवन भर,
उर के भीतर है मुस्काता ॥
इस जगती का एकमात्र सत्य,
बचपन का निर्मल प्रेम ही है।
निज मित्र रहे हँसता-खिलता,
जीवन का बड़ा सुख यही है ॥

फूटी किस्मत

जिस दिन होती छुट्टी,
मियाँजी घर पर बैठे रहते।
बीबीजी की आँखों में वे,
सारा दिन खटका करते॥
मानो ठेकेदार की लेबर,
बैठ बीड़ी का दम लेती।
प्रश्न यही उठता है मन में,
क्यों न वह काम करती ?
इसका मतलब मजदूर हैं
मियाँजी ; फूटी किस्मत।
घर की लक्ष्मी ठेकेदार है,
उनके ही हाथ अस्मत॥

शहीद भगत सिंह

है आज वही दिन फिर आया,
आँखों में भर लो तुम पानी
तुम भूल चुके शहीदों को,
फिर याद करो वह कुर्बानी ॥
सरदार भगत सिंह ; सुखदेव,
और राजगुरु दीवाने थे।
भारत माता की आजादी के,
लिए हुए परवाने थे ॥
अपने प्राणों का मोह त्याग,
गोरों से ली सीधी टक्कर।
बम और बंदूकें कर में ले,
वे दहाड़े थे सिंह बनकर ॥

संसार की बड़ी शक्ति उनसे,
रह-रह थरथर काँपा करती।
नवयुवक भगत सिंह को देख,
अंग्रेजों की फटती थी छाती ॥
हाँ ; 'इंकलाब' का नारा जो,

फिर गूँज उठा था अंबर में।
भारत मां कहकर चूम लिया,
फाँसी का फंदा पल भर में ।।
फिर देश की आजादी-खातिर,
हो गए अमर वे बलिदानी।
तुम भूल जाना सारी बातें,
ना बिसराना यह कहानी ।।

कहानी भगत सिंह की

बंगा गाँव ; लायलपुर में,
पंजाब प्रान्त के आँचल में।
सरदार किशन सिंह रहते थे,
मन रखते अपने खेतों में ॥
माँ विद्यावती कौर ने एक दिन,
सिंह-पुत्र को जन्म दिया।
था निडर-साहसी वीर-पुत्र,
उसको 'भगत सिंह' नाम दिया ॥
दादा अर्जुन सिंह ने नींव,
क्रांति की गृह में डाली थी।
चाचा स्वर्ण सिंह ; अजीत सिंह,
ने परंपरा वह पाली थी ॥

सारा ही था परिवार वह,
बस आजादी का दीवाना ॥
ना हुकुम किसी ने गोरों का,
अपने सम्मुख कभी माना ॥
डी0 ए0 वी0 स्कूल में पढ़े,
संस्कार आर्य-समाजी थे।
फिर नेशनल कॉलेज में आकर,
हो गए भगत सुराजी थे ॥
जब जलियावालां कांड हुआ,

डायर ने दागी थी गोली।
शहीद हो गए कई जन,
भारत माता हाय ! रो ली ॥

तब नन्हें भगत सिंह घर से,
पैदल चल बाग में पहुँचे।
मिट्टी बाग की लेकर के,
वे खड़े रहे थे यह सोचे --
" इन गोरों का आतंक एक दिन,
मैं जड़ से मिटाऊँगा।
मैं भारत माँ का पुत्र हूँ ; मैं,
गोरो को मार भगाऊँगा ॥ "
उस बाग की माटी का भगत,
करते रोज पूजन-वंदन।
श्रद्धा से पुष्प चढ़ाते थे,
करते थे भक्तिसहित अर्चन ॥

फिर असहयोग आंदोलन में,
वे भक्त बन गए गाँधी के।
चौरी-चौरा का कांड हुआ,
दल बने हिंसा की आंधी के ॥
गाँधी जी ने था रोक दिया,
अपना अहिंसक-आंदोलन।
तब भगत सिंह का शुरू हुआ,
क्रांति धारा की ओर मन ॥
साइमन कमीशन जब आया,
लाहौर वासी सब जाग उठे।
लाला लाजपतराय अधिक,
विरोध करने के लिए डटे।
स्कॉट एस0 पी0 की लाठी से,
होकर अचेत गिरे लाला।
कुछ समय बाद ही छूट गया,

लालाजी का वृद्ध चोला ॥

तब भगत सिंह ने खाई कसम --
" इस मृत्यु का बदला लेंगे ।
लालाजी के हत्यारे को,
ना किसी तरह हम छोड़ेंगे ॥ "
लाहौर पुलिस के मुख्यालय,
पहुँचे भगत लेकर निज दल ।
स्कॉट के बजाय साण्डर्स को,
वे मार आए बस पल-दो-पल ।
लाहौर पुलिस ढूँढती थी,
पर कैसे सिंह पकड़ा जाता ?
जेंटलमैन का वेश धरे,
वह कलकत्ता निकल जाता ॥
कुछ दिन बाद आगरा आकर,
बनाई क्रांति की योजना ।
दिल्ली-असेंबली बम पटक,
उन्हें घोर धमाका था करना ॥

बम फोड़ असेंबली के अंदर,
वे गिरफ्तार स्वयं हुए ।
खुद ही जा पहुँचे कारागृह,
भारत माता के चरण छुए ॥
जब पिता आए उनसे मिलने,
कह दिया -- " माँ को तुम मत लाना ।
वह रोएगी फाँसी के दिन,
मेरी आत्मा को न लजाना ॥
" सब कहेंगे दुनिया वाले यह,
रोती भगत सिंह की माता ।
जो स्वयं सिंह की जननी है,
उसका अब क्यों हृदय फटता ? "
वह दिन भी एक दिन आ पहुँचा,

जब उनको फाँसी लगनी थी।
यही 23 मार्च का दिन साथी !
यात्रा अनंत की करनी थी ॥

पढ़ रहे थे लेनिन-जीवनी को,
अफसर बोला -- " अब चलना है।
तैयार हो जाओ क्रांतिवीर !
अंतिम प्रयाण अब करना है ॥ "
बोले भगत -- " जरा ठहरो !
एक क्रांतिवीर अब करता है।
बातें क्रांति के सेवक से,
दिल की बातें कुछ कहता है। "
फिर लेनिन-जीवनी को उछाल,
बोले भगत -- " चलो भाई !
भारत माँ पर अर्पित होने,
की सुंदर घड़ी आज आई ॥ "

वह तेईस मार्च का ही दिन था,
सायं काल साढ़े सात बजे।
जब चढ़े फाँसी के तख्त भगत,
अर्पित होने के लिए सजे ॥
कह 'वंदे मातरम' चूम लिया,
फाँसी का फंदा कंठ हार।
उसको गले में सजा लिया,
जैसे होवे वह विजय-हार ॥
और 'इंकलाब जिंदाबाद' कह,
खुद ही फाँसी पर झूल गए।
सुखदेव-राजगुरु को संग ले,
वे सकल जगत को भूल गए ॥

॥ जय हिन्द ॥

भगत सिंह की माँ

कारागृह में बन्दी होकर,
बोले भगत सिंह पिता से --
" तुम माँ को साथ नहीं लाना,
वह रोएगी भर आँसू से ॥
मेरी फाँसी को देख पिता !
जब मेरी माता रो देगी।
तो सकल जगत में यह बात
भारी हँसी की होवेगी ॥ "
" सब यही कहेंगे -- ' सिंह-पुत्र,
भगत की माता रोती है।
अपने आँचल का दूध पिला,
उस पुत्र हेतु तड़पती है ? "
" हे जनक ! मैं अपनी माता के,
आँसू को देख ना पाऊँगा।
फाँसी के लगने पहले से,
मैं लाज सहित मर जाऊँगा ॥ "

दादी जानकी

ईश्वर के प्रति समर्पित थीं,
शिव की सच्ची साथी दादी।
पाई एक सौ पाँच वर्ष उम्र ;
रहीं तुम सीधी-सादी ॥
हर समय ही रहतीं योग-मग्न,
सोचा करतीं जग-कल्याण।
अंग-संग प्रभु के रहती थीं,
निर-अहंकारी-निमित्त-निर्माण ॥

अखंड साधना करके दादी,
तुमने दिव्य-देह रची।
तुम सदा सुनाया करती थीं,
बातें ज्ञान की ही सच्ची ॥
दादी ! वह प्रेम अलौकिक जो,

तुमने हम सबको दिया यहाँ।
हम भुला कैसे उसको सकते,
जो प्यार तुम्हारा मिला यहाँ ?
अब तो दादी तुम सूक्ष्म देह,
धारण कर नभ से आती हो।
दुलार-प्यार और शक्ति भी,
हम सब बच्चों को देती हो॥
तुम रूद्र-यज्ञ की नींव दादी,
अब भी तो सेवारत रहतीं।
सम्पूर्ण बन चुकी हो तुम माँ,
वरदान लुटाया ही करतीं॥
--- (27 मार्च, 2023)
दादी जानकी स्मृति-दिवस

दादी जानकी : जीवन परिचय

सन् उन्नीस सौ सोलह में,
दादी ने सिंध में जन्म लिया।
बचपन से ही उनके मन में,
रहती करुणा, उपकार, दया॥
थे पिता बड़े ही हितकारी,
बीमार-वृद्ध की सेवा कर।
लेते दुआएँ वे सबकी,
जन के दिल का कष्ट हर कर॥
कृपलानी-कुल में जन्मीं वे,
शाकाहारी परिवार रहा।
हुईं ओम मंडली में शामिल,
जो कराची-सत्संग रहा॥

बचपन से धार्मिक थीं कन्या,
रामायण-सुखमनी सुनती थीं।
ओम मंडली में जब आई वे,
तब योग साधना करती थीं॥
सन् सैंतीस में दादी जी ने,

कर दिया यज्ञ में समर्पण।
तन-मन अपना कुर्बान किया,
हो गईं प्रभु को वे अर्पण ॥
सन पचास में जब ब्रह्मा बाबा,
आए करांची से आबू।
तो साथ आईं उनके दादी,
मन किया जिन्होंने था काबू ॥
भारत में दादी जी ने कई,
शहर-गाँव की यात्रा की।
जन-जन को दिया सदज्ञान,
शक्तियाँ बाटीं योग-मात्रा की ॥
सन् चौहत्तर में प्रथम बार,
दादी जी पहुँची थीं लंदन।
वहाँ सेवा केंद्र खोलना था,
ईश्वर की सेवा में था मन ॥
फिर कई वर्ष तक दादी जी,
वहीं लंदन के अंदर रहकर।
करती रहीं यज्ञ विकसित,
रहकर अचल-निर्माण-निडर ॥
सन अठहत्तर में टैक्सास,
विश्वविद्यालय ने यह शोध किया।
दादी को सारी दुनिया में,
'स्थिर दिमाग' घोषित किया ॥
सन दो हजार सात में जब,
दादी प्रकाशमणि अव्यक्त हुईं।
तो जानकी दादी भारत आ,
उनकी सेवा-प्रतिकृति हुईं ॥
फिर तेरह साल तक भारत की,
वे रहीं तीसरी प्रशासिका।

हर कोई दादी से लेकर,
सदज्ञान-प्रेम था खूब छका ॥
सत्ताईस मार्च दो हजार बीस का,
वह दिवस ऐसा आया।
जब अपनी नश्वर देह त्याग,
दादी ने ली प्रकाश-काया ॥
अव्यक्त फरिश्ता बन दादी,
नभतल पर सूक्ष्म रहती हैं।
जग की सेवा अब भी करतीं,
सबको सुख-शांति देती हैं ॥
वे प्रकाशमान बनकर सबको,
लुटातीं जग में सदा प्यार।
धीरज देतीं सबके मन को,
हर समय दिया करतीं दुलार ॥

चैत्र नवरात्रि : महत्त्व

नवरात्रि-व्रत हर एक मानव को,
इन्द्रिय-संयम सिखलाता।
'अध्यात्म-शक्ति करें संचित',
यह बार-बार हमें बतलाता॥
अंत:शुद्धि का महापर्व,
नवरात्रि का उत्सव प्यारा।
यह बनाता है वातावरण,
धरती का पावन और न्यारा॥
जन के भीतर जो शक्तिरूप,
देवत्व-मार्ग का छिपा हुआ।
हम उसे जगाएँ अन्तर में,
और पाएँ देवी माँ की दुआ॥
जब हर भारतवासी जन,
धारण करेगा दिव्य शक्ति,
तब रामराज्य वह लाएगा,
टूटेगी सारी आसक्ति॥

नवरात्रि : नव-देवियाँ -- 1

देवी माँ 'शैलपुत्री' हैं,
जो प्रथम दिवस पूजी जातीं।
ये माता 'हेमावती देवी',
और 'पर्वती' भी कहलातीं॥
वाहन इनका वृष-बैल रहा,
त्रिशूल ; कमल का फूल लिए।
देवी मन्द मुस्काती हैं,
आनन्द का दुकूल लिए॥
पूर्व जन्म में दक्ष प्रजापति,
के घर देवी जन्मीं थीं।
जब किया यज्ञ दक्ष ने तब,
सती देवी कुपित हुई थीं॥

क्योंकि उनके पति का किया,
पिता-बहिनों ने था अपमान।
न बुलाया गया शंकर को,
सती ने दे दी यज्ञ में जान॥
देवी को खोकर शंकर ने,
यज्ञ सारा ही विध्वंस किया।
फिर अगली बार देवी माँ ने,
'शैलपुत्री' नाम से जन्म लिया।

वे शैलराज हिमालय की,
बेटी बनी पावन-अनूप।
देवी सौभाग्य-विधाता हैं,
नारी-शक्ति का शुभ्र-रूप।

नवरात्रि : नव-देवियाँ -- 2

पतिरूप में शिव को पाने की ,
सघन साधना करतीं थीं ।
हिमालय-पुत्री देवी माँ,
ब्रह्मचर्य धारण करतीं थीं ।।
'ब्रह्मचारिणी' तब वे कहलाईं ,
तप किया शिव-प्राप्ति हेतु ।
कई वर्ष निराहार रहीं,
बिल्व-पत्र खाए साधना हेतु ।।
नीले गगन के नीचे माँ,
वर्षा-शीत-ताप सहतीं ।
उपवास रखे घोर-वन के,
सारे असह्य कष्ट सहतीं ।

फिर पत्ते खाने छोड़ दिए,
माता 'अपर्णा ' कहलाईं।
हो गया क्षीण सारा शरीर,
वे प्रसन्न शिव को कर पाईं ।।
दाहिने हाथ ले जप-माला,
बांए हाथ ले कमण्डल ।
धारण करके माँ श्वेत वसन,
करती हैं जन-जन का मंगल ।।

नवरात्रि : नव-देवियाँ -- 3

माता पार्वती ने पाया,
पति रूप में जिस दिन शिवजी को।
उस दिन माथे पर सजा लिया,
नवोज्ज्वल-धवल अर्द्धचन्द्र को ॥
वह अर्द्ध चाँद माँ के मस्तक पर,
घण्टे जैसा लगता था।
इसलिए जगत सारा देवी को,
'चन्द्रघण्टा माँ ' कहता था ॥
माँ करतीं बाघ की सवारी,
त्रिशूल-गदा कर में लेतीं।
भक्तों को देतीं अभयता,
वे दस भुजा धारण करतीं ॥

तलवार-कमण्डल-धनुष-तीर,
जपमाला और कमल-सुमन।
देवी अभयता-वर देतीं,
हर्षित करतीं भक्तों का मन ॥
" नारियों बनो शक्तिरूपा "
-- हर क्षण देवी यह कहतीं हैं।
वह देवी माँ कहीं और नहीं,
नारी के भीतर रहती हैं ॥

नवरात्रि : नव-देवियाँ -- 4

आदिस्वरूपा देवी ने,
पुनीत सृष्टि का सृजन किया।
ब्रह्माण्ड के सारे जीवों ने,
तब उनसे अपना तेज लिया॥
देवी ने अपने लघु हास्य से,
ब्रह्माण्ड का किया सृजन।
इसलिए 'कूष्माण्डा देवी',
कहने लगा इनको जन-जन॥
देवी की अष्ट भुजाएँ हैं,
अमृत कलश वे लिए हुए।
सिद्धि-निधि देने वाली,
जपमाला एक कर लिए हुए॥

कुम्हड़े की बलि प्रिय देवी को,
सिंह-सवारी करतीं हैं।
आयु-बल-यश-आरोग्य आदि,
अपने भक्तों को देती हैं॥
ये देवी शक्ति-प्रदाता हैं,
नारी-शक्ति का दिव्य रूप।
जो इनका आवाहन करता,
सह लेता समय की शीत-धूप।

नवरात्रि : नव-देवियाँ -- 5

जब देवी माता पार्वती,
बनीं स्कन्द की माता।
तब ऋषियों का समुदाय उन्हें,
'स्कन्दमाता' कहता॥
तारकासुर दैत्य अधर्मी था,
उसका अन्त ही करना था।
स्कन्द रूप में कार्तिकेय को,
धरती पर जन्मना था॥

कृतिकाओं ने उस बालक का,
किया सहज ही लालन-पालन।
इसलिए 'कार्तिकेय' कहलाए,
स्कन्द-वीर सुस्थिर मन॥
देवी माता निज भक्तों को,
अलौकिक कान्ति-तेज देतीं।
दर्शातीं मुक्ति का द्वार,
चेतना दिव्य दान करतीं॥
मन को रख पावन-एकाग्र,
जब देवी-आराधन होता।
तब ही स्कन्द-माँ देवी से,
शक्ति और सुख का वर मिलता॥

नवरात्रि : नव-देवियाँ -- 6

थे कात्य गोत्र के महर्षि,
'कात्यायन' देवी-उपासक।
भगवती पराम्बा की उपासना,
करने वाले दृढ़ साधक॥
उनके मन में थी अभिलाषा,
गुणवती पुत्री पाने की।
भगवती माँ ने जन्म लेकर,
उनकी वह इच्छा पूरण की।
देवी कात्यायनी भव्य-दिव्य,
शक्ति-सामर्थ्य से पूरित।
महिषासुर लेकर आया तब,
दानवी-शक्ति करके संचित॥

तब माता कात्यायनी ने,
उस दानव का था अन्त किया।
धरती को दुःखमुक्त करके,
सारा ही भार उतार दिया॥
ये ब्रजमण्डल की अधिष्ठात्री,
देवी माता थीं कहलाईं,
गोपियों ने पाए श्रीकृष्ण,

जब इनकी भक्ति कर पाईं ।।
माता की चार भुजाएँ हैं,
वे सिंह-वाहन पर चलतीं ।
एक हाथ से देतीं अभयता,
दूजे से वर दिया करतीं ।।

नवरात्रि : नव-देवियाँ -- 7

है 'कालरात्रि' माँ दुर्गा की,
पावन श्रेष्ठ सातवीं शक्ति।
'काला' रंग 'रात्रि' के जैसा,
देवी माता धारण करती।
बिखरे बालों का रुप भयानक,
माता ने धारण किया।
पहनी कण्ठ विद्युत माला,
भक्त-रक्षार्थ अवतार लिया॥
देवी माता त्रिनेत्री हैं,
श्वॉसों से अग्नि छोड़तीं हैं।
गर्दभ-सवारी कर माता,
वरदान भक्तों को देती हैं॥

जब शुंभ-निशुंभ का वध करके,
दुर्गा ने मारा रक्तबीज।
तब रक्तबीज की बूँदों से,
बनने लगे कई रक्तबीज॥
तब निज तेज से 'कालरात्रि' को,
दुर्गा ने उत्पन्न किया।

और रक्तबीज का रुधिर पान कर,
उस राक्षस का अन्त किया
एक हाथ खड़ग धारण करतीं,
दूजे में लोहे का काँटा।
वही कालरात्रि देवी माँ हैं,
जिसने दानव-रक्त चाटा॥

नवरात्रि : नव-देवियाँ -- 8

है आज अष्टमी-दुर्गा का,
'महागौरी देवी' का पूजन।
वे आठ वर्ष की देवी माँ,
करतीं साधना अति सघन ॥
शिव-तप करते-करते देवी की,
देह पड़ी जब काली थी।
तब शिव ने होकर के प्रसन्न,
वह देह बदल ही डाली थी ॥
पावन-गंगा-जल से धोकर,
देवी को दिया गौर वर्ण।
वे कहलाईं "महागौरी",
तन हुआ कान्तिमय श्वेत वर्ण ॥

देवी सारे कल्मष धोतीं,
सब पाप-ताप मिटातीं हैं।
वे देतीं सिद्धि अलौकिक,
भक्तों पर प्यार लुटातीं हैं ॥
होकर के वृषभ पर सवार,
त्रिशूल-डमरू धारण करतीं।
एक हाथ से देतीं अभयता,
दूजे से माता वर देतीं ॥

नवरात्रि : नव-देवियाँ -- 9

देवी दुर्गा का नवां रूप,
'सिद्धिदात्री' कहलाता है।
जो देवी-आराधन करता,
वह अष्टसिद्धियाँ पाता है॥
'अणिमा'-'लघिमा'-'प्राप्ति'-'प्राकाम्य',
'महिमा'-'गरिमा' और 'ईशित्व'।
आठवीं शक्ति 'वशित्व' रही,
नारी का अनुपम देवीत्व॥
एक दिवस तपस्या करते थे,
शंकर सिद्धिदात्री माँ की।
माँ ने तप से होकर प्रसन्न,
शंकर को अष्टशक्ति दे दीं॥

वरदान यह पाकर ; शिव का,
आधा तन देवी रूप हुआ।
वे 'अर्द्धनारीश्वर' कहलाए,
उज्ज्वल-मनोहर रूप हुआ॥
जब महिषासुर-उत्पात बढ़ा,
तब सब देवों का तेज-पुंज।
'सिद्धिदात्री' देवी बना,
हो गए असुर सब लुज-पुंज॥

वृद्धा माँ को सहारा

लाचार वद्ध एक माता को,
जो दिया आपने सहारा।
असहाय पराई स्त्री को,
कहकर माता ज्यों पुकारा॥
हो गए दयामय प्रभु प्रसन्न,
हुई सफल आपकी सेवा है।
ऐसा भक्ति-रस और कहाँ,
अमृत जैसी यह मेवा है॥

इस कलि-जगत में दृश्य ऐसा,
अनुपम अन्य नहीं देखा।
औरों के लिए अपनेपन की,
खींची आपने सेतु-रेखा॥
मैं नमन करूँ युवक ! तुमको,
शतायु आप वैसी पाएँ।
जैसी वृद्धा माँ को मिली,
सुयश जिंदगी में पाएँ॥

'भक्ति-रस' का यूट्यूबर

मैंने मोबाइल पर कई,
ऐसे यूट्यूबर देखे हैं।
पैसों की खातिर जनता से,
किए जिन्होंने धोखे हैं ।।
लेकिन 'भक्ति-रस' का युवक,
जो परोपकार का दीवाना।
दीनों पर धन लुटा देता,
जिसने परहित धर्म जाना ।।
दो साल पूर्व बूढ़ी माँ को,
जिसने देखा था असहाय।
वह सौ वर्ष की वृद्धा थी,
लाचार ; और थी निरूपाय ।।

कई बार वस्त्र औ' धन देकर,
वृद्धा की सहायता की थी।
उस बूढ़ी माँ ने खुश होकर,
युवक को लाख दुआ दीं थीं ।।
अब कल वही परोपकारी,
वृद्धा को निज घर ले आया।
और मात-पिता-भाई-बहनों से,
उस बुढ़िया को मिलाया ।।

अपने गृह में एक कक्ष दिया,
बूढ़ी माता के रहने को।
सारी सुविधाएँ उसको दीं ,
जीवन सुख से बिताने को॥
हैं धन्य सपूत ऐसे युवक,
जो काम औरों के आते हैं।
असहाय-दु:खी-गरीबों के,
जो सबल सहारा बनते हैं॥

रामनवमी

है आज वही शुभ दिन विशेष,
जब श्रीराम का जन्म हुआ।
माता कौशल्या के अंगना,
योग-शक्ति का प्रकाश हुआ॥
हर्षित हुए पिता दशरथ,
मैया फूली न समातीं थीं।
नारी-टोलियाँ सकल नगर,
मंगल बधाए गाती थीं॥
थे मुदित नागरिक निज मन में,
क्योंकि जन्मे थे राजकुँवर।
त्रेतायुग के उस सुखीकाल,
हर एक जन था निश्चिंत-निडर॥
था चैत्र माह का शुक्ल पक्ष,
सूरज सिर पर चढ़ आया था।
तब अन्त:पुर की दासी ने,
शिशु-जन्म-सन्देश सुनाया था॥

श्रीराम का जन्म : बधाई गीत

मंगल बधाए गाओ री,
कौशल्या के राम जन्मे !
मिलकर सब खुशी मनाओ री,
दशरथ के घर राम जन्मे !!
ऐसा मंगल दिन आया है,
हर्षित हो गई दिशा-दिशा।
बागों के सुमन-लता-तरू में,
चढ़ गया मनोहर एक नशा ।।
छा गया है आनन्द का उत्सव,
अयोध्या के हर एक कण में !
मंगल बधाए गाओ री,
कौशल्या के राम जन्मे !!

जन्में वे पुरूषोत्तम देव,
जो योगशक्ति से सम्पन्न।
जिनके राज्य में एक दिवस भी,
रहा न कोई विपन्न ।।
सुख-शान्ति-पुरूषार्थ-विकास,
सब अवधपुरी एक साथ जमे !
मंगल बधाए गाओ री,
कौशल्या के राम जन्मे !!

सादाबाद आश्रम

है विमल-भव्य और आलोकित,
सदज्ञान-भरा उपवन सुन्दर।
ऐसा महान स्थान एक,
उत्तर-प्रदेश की धरती पर॥

ब्रह्ममुहूर्त का समय,
क्षितिज-पट से रवि न उग पाए हैं।
हम चले काव्य-निमंत्रण पर,
अब पहुँच आगरा आए हैं॥

शुक्रिया

प्रथम बार ही आया हूँ,
इस विश्व-फलक यू-ट्यूब पर।
खोल दिया नव-द्वार,
सरस्वती माता ने यह करुणा कर॥

किन शब्दों में करूँ आपका,
शुक्रिया अदा भाई।
मेरी प्रतिभा को आपने,
दिशा नई एक दिखलाई॥

किन शब्दों में करूँ शुक्रिया,
शब्द नहीं बन पाते हैं।
'धन्यवाद हे मीत सुमित !! ,
बस यही अधर कह पाते हैं।

'विश्व पुस्तक मेला' किताब छप रही है ....

पुस्तक-प्रेमियों के लिए,
बड़ी खुशी की बात यह।
लिखी जो हमने पुस्तक मधुर,
कविताओं का नूतन संग्रह ॥
दिवस जो दिल्ली में कतिपय,
हमने रहे बिताए थे।
पुस्तक मेले में रहकर,
कई छन्द रचे और गाए थे।
वही तीन सौ पृष्ठीय ग्रंथ,
कविताओं का सुंदरतम।
होने जा रहा प्रकाशित,
चित्र-सुसज्जित-सर्वोत्तम ॥

जिसके छन्द कई दिनों तक,
पुस्तक मेले में गूँजे।
लिख-लिख जिन्हें मोबाइल पर,
मेरे दोनों हाथ सूजे ॥
आदरणीय प्रकाशक महोदय,

चंद्रहास जी लाते हैं।
रवीना प्रकाशन के तहत,
यह सुंदर कृति बनाते हैं ॥
अबकी बार पुस्तक मेले में,
ग्रंथ यह अनूप होगा।
पुस्तक मेले का आकर्षण,
छन्दबद्ध-स्वरूप होगा ॥

ध्वजा-वाहक

हम सुख-शान्ति-पवित्रता,
और प्रेम के संवाहक हैं !
है नाम 'ब्रह्माकुमार' हमारा,
शिव के ध्वजा-वाहक हैं !!
सदज्ञान सुनाना जन-जन को,
यह अपना सच्चा कर्म है।
सदगुण-सत्यता अपनाना,
एकमात्र हमारा धर्म है ।।
हम किसी और के नहीं,
स्वयं के ही मन के प्रशासक हैं !
है नाम 'ब्रह्माकुमार' हमारा,
शिव के ध्वजा-वाहक हैं !!

हम वहाँ पहुँचते ; जहाँ ज्ञान की,
सुन्दर बातें हैं होतीं।
आध्यात्म-ज्ञान-अमृत पीने,
जहाँ सारी भीड़ उमड़ पड़ती ।।
स्वर्णिम-सतयुग का ज्ञान सुनाने,
देते घर-घर दस्तक हैं !
है नाम 'ब्रह्माकुमार' हमारा,
शिव के ध्वजा-वाहक हैं !!

मंगल-तिलक

यह तिलक भारतीय माँओं का,
प्रतीक विजय का अविनाशी !
यह एकमात्र सकल जग में,
सच्ची एक है सुखराशि !!
हैं भाग्यशाली वे लोग जिन्हें,
आशीष देतीं इतनी माता।
वे नौजवान हैं धन्य जिन्हें,
इतनी माँ का प्यार मिलता।
वरदान लुटाया करते प्रभु,
जिनपर परमधामवासी !
यह तिलक भारतीय माँओं का,
प्रतीक विजय का अविनाशी !

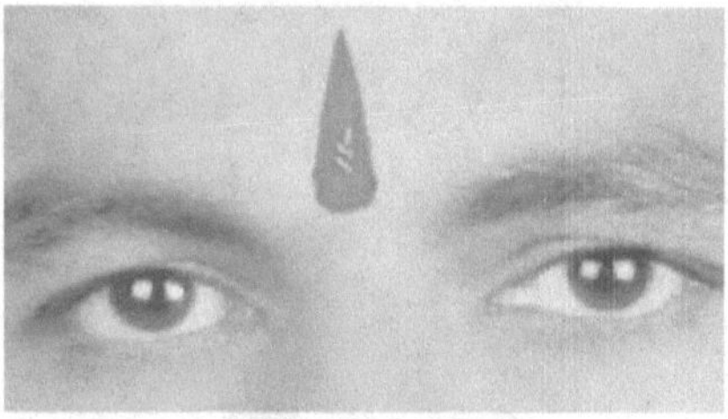

माताएँ तो सब होतीं हैं,
करुणा और ममता की मूरत।
अन्तर्जगत में मिलती है।
जिनकी भगवान से सूरत ।।
बस दया और दुआएँ ही,
देतीं करुणा-जगत-वासी !
यह तिलक भारतीय माँओं का,
प्रतीक विजय का अविनाशी !

श्रेष्ठ कृति सम्मान

बड़े हर्ष की बात है भाई,
गौरव का महान विषय।
निज-लेखन स्वीकार्यता में,
नहीं किसी को अब संशय॥
श्रेष्ठ कृति का सम्मान जो,
मिला मुझे प्रकाशन से।
कई बरस के बाद यह पाया,
सृजन के अनुशासन से॥
वेद काल की पुस्तक से,
मुझको गौरव सम्मान मिला।
श्रेष्ठ लेखकों की दुनिया में,
महत्वपूर्ण स्थान मिला॥

धन्यवाद रवीना प्रकाशन,
सम्मान जो यह दिया।
मुझ नाचीज़ कृतिकार के,
ऊपर यह एहसान किया॥
इस तरह के प्रोत्साहन से,
नई ऊर्जा पाता मैं।
पहले से दुगुनी शक्ति से,

सृजन करता जाता मैं ॥
खुशियों के दिन अब आए हैं,
पुस्तक होती सम्मानित
अब न रहेंगी उपेक्षित कृतियां,
कहीं ना होंगी अपमानित ॥

'पद्मावती गाथा' पुस्तक-अनावरण

ना मुझे पता था उपन्यास यह,
यश इतना कमाएगा।
'दीक्षा दीदी' के हाथों इसका,
अनावरण हो जाएगा॥
लेकिन यह सपना हुआ था सच,
जब दिल्ली-पुस्तक-मेले में।
मैं गया पुण्य उस ग्रंथ-कुंभ,
साहित्य-महोत्सव-मेले में॥
'दीक्षा' हमारी दिव्य बहिन,
श्री चंद्रहास जी की पुत्री।
वे प्रकाशिका थीं पुस्तक की,
विद्वान-मनीषी-सुपुत्री॥

थी द्वितीय-उपन्यास कृति,
पद्मावती महारानी की।
जौहर की ज्वाला आन बनी,
उस राजपूत कल्याणी की॥
माँ सरस्वती ने किया मुझे,
गद्य और पद्य में समभ्यस्त।

आशीष सदा छाया रहता,
वीणापाणि का वरदहस्त ॥
दीक्षा देवी ले कर किताब,
बैठीं जैसे शारदा माँ ।
वे दिव्य-प्रभा से मुस्कातीं,
वरदाई शुभ वागीश्वरी माँ ॥
हो गई कृति धन्य मेरी,
महाश्वेता देवी का वर ले ।
भारती का शुभ आशीष,
हर श्वाँस-जिन्दगी-मुक्त फले ॥

मातृ-कविता

माँ ! रीतिकाल-श्रंगार छोड़,
प्रेयसी-अलक ; बाहु-पाश छोड़।
कविता आई माँ के आँचल,
जग-तृष्णा की सब आस छोड़॥
कई युगों बाद ओ जगदम्बा !
कविता ने तुम्हें पुकारा है।
किसी और ने नहीं, बस तूने,
माँ ! इसको दिया किनारा है॥
कितने बसन्त ; कितने पतझड़,
साहित्य-काल में बीत गए।
कितने कवि आए प्राचीन-नव,
कविता गाकर चले गए॥

पर गान कोई भी माँ ! तेरा,
अब तक खुलकर न गा पाया।
माँ ! तेरी दुआ-आशीष-तले,
ऋतु-पर्व नहीं मना पाया॥
जग हुआ आज तम से पीड़ित,
जब लगा सूखने शान्ति-स्रोत।
तो कवि आज माँ ! लिखते हैं,
तेरी महिमा के दया-स्तोत्र॥

तुझपर सब कुछ वारूँ माँ !

पाऊँ मैं हर पल शक्ति अतुलित,
जब-जब तुझे पुकारूँ !
मेरे जीवन की एक आस माँ,
तुझपर सब कुछ वारूँ !!
दर-दर मन्दिर-तीर्थ भटका,
माँ ! नहीं मिले अन्तर्यामी।
कितने सारे उपवास रखे,
प्रसन्न हुए न प्रभु-स्वामी ॥
अब कहीं और न जा ; केवल,
आरती तेरी उतारूँ !
मेरे जीवन की एक आस माँ,
तुझपर सब कुछ वारूँ !!

पग-धूलि तेरी पाकर माता !
जीवन मेरा सुधन्य हुआ।
जननी ! तेरा पा आशीष,
सत्कर्म हेतु समर्थ हुआ ॥
प्रत्येक साँस में बस माता !
तेरा ही नाम उच्चारूँ !
मेरे जीवन की एक आस माँ,
तुझपर सब कुछ वारूँ !!

18 जून : फादर्स-डे पर - मेरे पिता

तुम चले गए पिता जबसे,
सब कुछ सूना-सा लगता है।
अब बिना तुम्हारे वह ताकत,
और वह धीरज न मिलता है ॥
जिस समय थे संग ; हम तुमसे कुछ,
सहमे-सहमे से रहते थे।
डर था तुम्हारा ; हम तुमसे,
कभी आँख मिला न पाते थे ॥
ओ पिता ! सिंह की निर्भयता से,
तुमने जीना सिखलाया।
'संकट जीवन के सभी खेल',
-- तुमने यह खुद से समझाया ॥

फिर वृद्धकाल वह दिन आया,
जब ले साईकिल तुम जाते थे।
मोटरसाइकिल से टकराकर,
कूल्हे के बल तुम गिरते थे ॥
उस दिन से तुम लाचार हुए,
फिर तन कहाँ संभल पाया ?
एक दिन चिता पर तुम लेटे,
हाय ! वह निष्ठुर दिन आया ॥

तुम चले गए हे जनक ! वहाँ,
जहाँ यान कोई न जा पाता ।
कितना कोई रो पुकारे ; पर,
स्वर लौट-लौट कर आ जाता ॥
अब कहो पिता किस युग-जन्म में,
तुमसे होगा फिर मिलना ?
निज जेबखर्च के लिए तुम्हारी,
पेंट की जेब टटोलना ॥

पिता तो भोले होते हैं

संतान पालने को सारा दिन,
वे श्रम करते हैं !
सब कुछ सौंपते बच्चों को,
कुछ आस न रखते हैं !!
पिता तो भोले होते हैं !!!
वे अपने सुख के लिए न जीते,
बच्चों को जीते।
बच्चों के सुखद भविष्य की खातिर,
कष्ट-दु:ख सहते ॥

दिन में मेहनत करते ; रात में,
चिन्ता करते हैं !
सब कुछ सौंपते बच्चों को,
कुछ आस न रखते हैं !!
पिता तो भोले होते हैं !!!
उनका सारा जीवन बच्चों के,
पालन में जाता।
और वृद्धकाल तक भी जीवन का,
सुख नहीं मिलता ॥
न रोते ; पलकों के आँसू,
छिप-छिपकर पीते हैं !

पिता का ऋण

जो लालन-पालन ; त्याग-साधना,
पिता बच्चों की करता।
वह हर सुख देता बच्चों को,
न कुछ उनसे लेता ॥
प्रात: से लेकर साँझ तलक,
श्रम करता बच्चों की खातिर।
जब वृद्ध स्वयं हो जाता तब,
उसको क्या मिलता है आखिर ?
वह अनुपयोगी वस्तु-सा,
कौने में बस पड़ जाता है।
तन के रोगों का हो शिकार,
मृत्यु के दिन को गिनता है ॥

संतान उसकी तो शादी कर,
पितृ-ऋण से मुक्ति पा जाती।
फिर कोई पूछता न उसको,
हाय ! उसकी दुर्गति होती ॥
फिर वही पुत्र फादर्स-डे पर,
पितृ-गान गाने लगते।
मोबाइल पर देकर बधाई,
पाप-शमन करने लगते ॥

पिता की अभिलाषा

यह पिता चाहता नहीं ; पुत्र,
करे पूजा उसकी निशदिन।
उसके यश का बखान करे,
आरती उतारे वह पल-छिन ॥
लेकिन यह पिता चाहता है,
कि पास मेरे बैठे बेटा।
वह कहे समस्या अपनी मुझसे,
जिसने उसको लपेटा ॥
पहले धन-वस्तु और बाद में,
दुआ पिता दे जाते हैं।
सब कुछ सौंप देते बच्चों को,
निज को कुछ न रखते हैं ॥

सबसे बड़ी आशा पिता की,
केवल मन में यह रहती --
'बेटा मुझको अपना माने',
इससे ही सन्तुष्टि मिलती ॥
उसके लिए दोनों समान,
बेटा होवें या कि बेटी।
वह बेटे को स्कूल छोड़ता,
बेटी की करता चोटी ॥

अन्तर्राष्ट्रीय योग दिवस

यह बड़े हर्ष की बात,
योग की विद्या जो प्राचीन रही।
भारत की अक्षय एक निधि,
शक्ति जो समीचीन रही॥
अब उसी योग की ताकत को,
सारे विश्व ने जाना है।
उसके गौरव को बन्धुवर !
सारे जग ने पहचाना है॥
अब गली-मौहल्ले ; नगर-द्वार,
होतीं योग की चर्चाएँ।
यह योग भगाता दूर मनुज के,
जीवन की सब समस्याएँ॥

इक्कीस जून का मंगल दिन,
जब भी करीब आने लगता।
भारतीयों के दिल में प्रेम ; योग,
तप-साधन का बढ़ने लगता॥
यह योग-साधना तन-मन के,
सब कलह-क्लेष मिटाती है।
मानव के मन को सुख-शान्ति,
सुस्वास्थ्य प्रदान करती है॥

आओ मिलकर सब योग करें

हम योगासन और प्रणायाम से,
अपने कष्ट आप हरें !
हर दिन योग का पर्व मना,
आओ मिलकर सब योग करें !!
इस दिव्य-कला में किंचित भी,
न धन कहीं खर्च होता ।
बिन दाम खर्च किए हमको,
मनमाना अक्षय सुख मिलता ।।
हम तोंद घटाएँ और मन से,
हल्केपन का आनन्द वरें !
हर दिन योग का पर्व मना,
आओ मिलकर सब योग करें !!

जो सुबह जागकर रोजाना,
रुचि से योग किया करता ।
वह प्रकृति और ईश्वर की,
बिन माँगे दुआ को पाता ।।
शतायु पाने को बन्धु ,
हम शुभ-कर्मों से नहीं टरें !
हर दिन योग का पर्व मना,
आओ मिलकर सब योग करें !!
हम योगासन और प्रणायाम से,
अपने कष्ट आप हरें !!!

नित उठकर करो प्रात: योग

इससे ही जीवन में होगा,
सुख और शान्ति का संयोग !
अपने भविष्य को सुधारो,
नित उठकर करो प्रात: योग !!
जितने भी आसन-प्राणायाम,
बन जाएँ जीवन का हिस्सा।
तन-मन स्वस्थ हो जाए ; नया,
हो शुरू जिन्दगी का किस्सा ॥
सब सुख प्राप्त हों ; किसी तरह का,
किंचित भी न हो वियोग !
अपने भविष्य को सुधारो,
नित उठकर करो प्रात: योग !!
यह योग जिन्दगी की पूँजी,
जो अन्तर को शक्ति देता।
तन और मन को नव-स्फूर्ति,
आनन्द सघन ; सुख-रस देता ॥
कट जाएँगे इससे सारे,
तन और मन के भव-ताप-रोग !
अपने भविष्य को सुधारो,
नित उठकर करो प्रात: योग !!
इससे ही जीवन में होगा,
सुख और शान्ति का संयोग !
अपने भविष्य को सुधारो,
नित उठकर करो प्रात: योग !!

आओ योग से शक्ति भर लें

हो स्थित सहज आसन में,
जीवन को आनन्दित कर लें !
अमर संजीवनी हम पाएँ,
आओ योग से शक्ति भर लें !!
सब सामर्थ्य और शक्तियाँ,
छिपी हमारे अंदर अनुपम।
आओ निखारें हम उन सबको,
योग-कला सीखें सर्वोत्तम ॥
मनोविकारों का योग से,
नित्यप्रति शमन हम कर लें !
अमर संजीवनी हम पाएँ,
आओ योग से शक्ति भर लें !!

योग-कला से भू का मानव,
फिर से देवतुल्य बनेगा।
उन्नत होगा स्वदेश निज,
भारत 'विश्व-गुरू' बनेगा ॥
अवगुण सारे दूर भगाकर,
सद्गुण से हम झोली भर लें !
अमर संजीवनी हम पाएँ,
आओ योग से शक्ति भर लें !!
हो स्थित सहज आसन में,
जीवन को आनन्दित कर लें !!!

बहे योग की धारा नूतन

इस प्राचीन योग-संस्कृति से,
अखिल विश्व में हो परिवर्तन !
उन्नत होवे मानव-जीवन,
बहे योग की धारा नूतन !!
तन-तन की सारी अशुचिता,
प्राणायाम से धुल जाए।
अभ्यास आसन का तन को,
स्वस्थ और मजबूत बनाए॥
समरसता-एकता का हम,
मिलकर लेवें सारे ही प्रण !
इस प्राचीन योग-संस्कृति से,
अखिल विश्व में हो परिवर्तन !!
उन्नत होवे मानव-जीवन,
बहे योग की धारा नूतन !!!
योग से जीवन के सारे ही,
कष्ट-ताप हम दूर करेंगे।
बन समर्थ हम औरों की भी,
चिन्ता और पीर हरेंगे॥
योग-साधना से हम भू पर,
खिलाएँ स्वर्णिम युग के सुमन !
इस प्राचीन योग-संस्कृति से,
अखिल विश्व में हो परिवर्तन !
उन्नत होवे मानव-जीवन,
बहे योग की धारा नूतन !!!

मिल करें योग (अन्तर्राष्ट्रीय योग दिवस)

जीवन से, जग से ; मिटें रोग,
सुख और शान्ति का बने योग !
मन और काया होवे निरोग,
आओ मिलकर सब करें योग !!
फैले जगत में खुशहाली,
फल-फूल-भरी हो हर डाली।
कोई घर न खुशी से हो खाली,
सब लोग बजाएँ मिल ताली ॥
जीवन रहे न मात्र भोग,
न किसी भाँति का हो वियोग !
जीवन से, जग से ; मिटें रोग,
सुख और शान्ति का बने योग !!
मन और काया होवे निरोग,
आओ मिलकर सब करें योग !!!
हम करें योग के नवासन,
प्राणायाम का हम करें यत्न।
साँसों को देवें नवजीवन,
संयम का हम सब लेवें प्रण।
खुश हो समाज और सभी लोग,
न कहीं रहे दु:ख-कष्ट-सोग !
जीवन से, जग से ; मिटें रोग,
सुख और शान्ति का बने योग !
मन और काया होवे निरोग,
आओ मिलकर सब करें योग !!

योग-संध्या

केवल प्रात: ही नहीं ; योग की,
धार साँझ भी बहती रहे।
आरोग्य-कथा मानव-जीवन की,
अविराम यों चलती रहे ॥
इक्कीस जून ; बस एक दिन न,
हो योग तीन सौ पैंसठ दिन।
बन जाएँ योग-दीवाने हम,
खुशियों में बीतें हर पल-छिन ॥
यह योग-मित्रता खुद के ही,
जीवन को दोस्त बनाना है।
अपने जीवन-पथ फूल बिछाना,
और अमृत बरसाना है ॥
ऋषियों का है वरदान योग,
यह परम्परा सनातन है।
इससे होतीं इन्द्रियाँ नियंत्रित,
वश रहता मानव-मन है ॥

सिद्धि का उल्टा चश्मा

जब मैंने सिद्धि बिटिया को,
अपनी गोदी बिठा लिया।

तब पड़ा टेबिल का चश्मा,
उसने उल्टा लगा लिया॥

मैंने बहुत कहा उससे --

" ला लगा दूँ मैं सीधा चश्मा ? "

सिद्धि बोली -- " यही ठीक है ",
उसका था मीठा ड्रामा॥

नन्हें बच्चे पास हमारे,

जब-जब भी आ जाते हैं।

अपने हल्केपन से हमको,
भी हल्का कर देते हैं॥

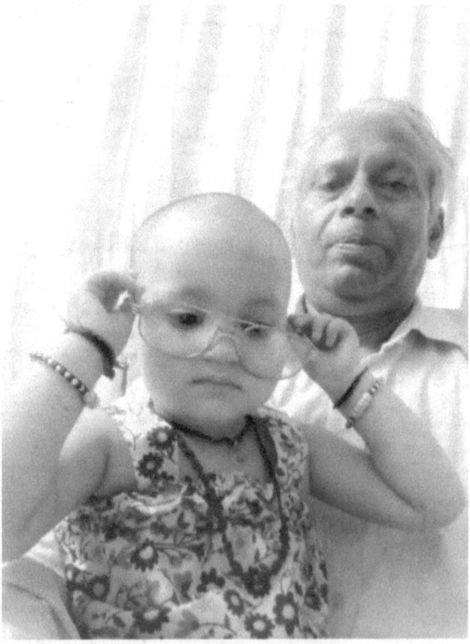

उनकी भोली मुस्कान,

जीवन-संगीत सुनाती है।

चितवन उनकी निर्विकार,

जीवन का राज बताती है॥

भोले बच्चे हमको अपना,
बचपन लौटाने आते।
लेकिन हम मूरख अज्ञानी,
उनकी प्रार्थना ठुकराते ॥
सिद्धि तो उल्टे चश्मे से,
देख रही उल्टी दुनिया।
सोच रही ; 'कब सुधरेंगे जन,
कब होगी सुल्टी दुनिया ?'

तुम भूल योग को न जाना

कल योग-दिवस पर हुआ जो जागृत,
मन ; उसको न खो देना !
यह जीवन की साधना अमर,
तुम भूल योग को न जाना !!
इक्कीस जून है याद दिलाता,
उस प्राचीन संस्कृति की ।
ऋषि-मुनियों की वह दिव्य धरोहर,
जन-नैसर्गिक-प्रकृति की ॥
प्रतिदिन योग के बीज,
जिन्दगी में धीरे-धीरे बोना !
यह जीवन की साधना अमर,
तुम भूल योग को न जाना !!

सारे आसन और प्राणायाम,
बन मीत अमरता लुटाते ।
यह जीवन का आनन्द-सघन-रस,
अन्तर्मन में बरसाते ॥
तन-मन के रोग भगाने को,
न कभी योग के क्षण खोना !

यह जीवन की साधना अमर,
तुम भूल योग को न जाना !!
योग-दिवस याद दिलाता कि,
हम करें व्यवस्थित जीवन को।
हो जाएँ हम सकारात्मक,
स्थिर करें अपने मन को ।।
यदि रोग-भोग सताएँगे तो,
व्यर्थ पड़ेगा फिर रोना !
यह जीवन की साधना अमर,
तुम भूल योग को न जाना !!

मेरी अनुवादित कृति

बहारो फूल बरसाओ,
प्रकाशित हो रहा है कार्य।
कहानी की मेरी कृति,
अनूदित रूप में स्वीकार्य॥
लिखीं जो सात सौ कथा,
कई एक खो ; गईं बिछुड़।
नहीं मिल पाईं वे संतान,
नहीं हो पाईं मुझसे जुड़॥
मैं अब भी राह तकता हूँ,
कहानी लौट आएँ वे।
भला क्यों रूँठी हैं मुझसे,
झलक अपनी दिखाएँ वे॥

कृति का अद्यतन अनुवाद,
प्रकाशक का ही सारा श्रम।
विमल यह अंग्रेजी का ग्रंथ,
मिटाएगा मनुज के भ्रम॥
चुनिंदा ये कथाएँ बन्धु !
हृदय की योजना मोहक।
सभी आनन्द-रस में डूब,
खिलातीं सुख के मोदक॥

आगरा-आकाशवाणी में कहानी-पाठ

इस वर्ष मिला फिर से दुबारा,
मौका आगरा जाने का।
आकाशवाणी-आगरा में पुनः,
कथा-पाठ नव करने का॥
जबसे कोरोना हुआ ; प्रकाशक,
पुराने सब सुस्त हुए।
हो गए संस्थान गठित अब,
प्रकाशन के नए-नए॥
फेसबुक-वाट्स-अप के जरिए,
कारोबार नया एक शुरू हुआ।
कविताएँ छपने लगीं ; पुस्तकों,
का नव-सिर उन्मेष हुआ॥

पाठको ! कई वर्ष बाद,
मैं साहित्य-पटरी आ बैठा।
कवि के संग एक कथाकार,
वर्षों से मानस में पैठा॥
इस बार कहानी 'जल-देवता' थी,

गर्मी की तपती रुत में।
जल-संरक्षण की थी जरूरत,
पाठक ! सारे ही जग में ॥
लिख गई कथा बहुत लम्बी,
फिर मैंने उसको शॉर्ट किया।
सदभावपूर्ण आकाशवाणी में,
सस्वर रचना-पाठ किया ॥

योग-प्रेरणा

सत्संग-स्वाध्याय-चित्र,
साधन हैं योग-प्रेरणा के !
इनका मूल्य समझो भाई,
ये यंत्र मानव-उन्नति के !!
अपने घर में तुम कभी चित्र,
ऐसे फूहड़ न लगाना।
जिसके कारण औरो के आगे,
शीश पड़े तुम्हें झुकाना ॥
तुम चित्र रखो वे ही सजीव,
जो होवें श्रेष्ठ धारणा के !
सत्संग-स्वाध्याय-चित्र,
साधन हैं योग-प्रेरणा के !

हम चित्र देखते जैसे,
वैसा ही अपना मन हो जाता।
चित्रों के जरिए ही चरित्र,
अपने अन्तर्जग का बनता ॥
जो करें मन को निर्मल ; वही,
चित्र रखो साधना के !
सत्संग-स्वाध्याय-चित्र,
साधन हैं योग-प्रेरणा के !

पेरिस का नजारा

नीरज जैन जी का हर्षित,
हुआ तन और मन सारा है !
पेरिस का यह नजारा है,
जग ने नव-रूप निखारा है !!
आगरा-आकाशवाणी में,
कितनी व्यस्तता रहती थी।
जिम्मेवारी सारी ही उनके,
सिर के ऊपर रहती थी ॥

अब विश्व-भ्रमण पर निकले तो,
घट गया तनाव ही सारा है !
पेरिस का यह नजारा है,
जग ने नव-रूप निखारा है !!
यह ठीक ; मनुज को कामों में,

इतना भी खपना न चाहिए।
जीवन बीत जाए सारा,
यों मशीन बनना न चाहिए ॥
जीवन का लो आनन्द ; यह,
समय की बहती धारा है !
पेरिस का यह नजारा है,
जग ने नव-रूप निखारा है !!

चलता-फिरता पुस्तकालय

पहियों पर चलता पुस्तकालय,
कितना बड़ा ज्ञान का घर !
यह नई सदी का चमत्कार है,
कितना अभिनव और सुन्दर !!
यह समाहित कर ग्रंथ,
नगर के द्वारे-द्वारे जाएगा।
यह फिर पुस्तक से प्रेम और,
मित्रता करवाएगा ॥
देखो ! बिखरा माँ सरस्वती का,
अनुपमेय वैभव इधर !
पहियों पर चलता पुस्तकालय,
कितना बड़ा ज्ञान का घर !!
यह नई सदी का चमत्कार है,
कितना अभिनव और सुन्दर !!!

सद्ग्रंथ हाथ बढ़ाए देखो,
द्वार तुम्हारे आते।
" पढ़ लो हमारा भी अनुभव ",

यह करुण टेर लगाते ॥
" बस ज्ञान की पूँजी सर्वश्रेष्ठ ",
युग यही गाता सस्वर !
पहियों पर चलता पुस्तकालय,
कितना बड़ा ज्ञान का घर !!
यह नई सदी का चमत्कार है,
कितना अभिनव और सुन्दर !!!

मेरा जन्म-दिन (30 जून)

(तर्ज -- आज हम नहाले बानी शैम्पू से ....)

आज जन्म-दिन आया,
.... खुशियों से !
कह दो दोस्त और,
...... सखियों से !!
प्रभु ने पटके आज के दिन ही,
हे भैया ! हम धरती पर ।
माँ को कष्ट हुआ प्रसव में,
हम भी रोए जी-भर कर ॥

बापू हर्षाए बहुत,
..... अंखियों से !
आज जन्म-दिन आया,
.... खुशियों से !!
कह दो दोस्त और,
...... सखियों से !!!
हमको नहीं समझ में आया,
क्यों हम गला फाड़ रोते ?
हमको रोता देख सभी जन,
खूब ठहाके ले हँसते ?

पैदा होकर जगत देखते,
....हम कनखियों से !
आज जन्म-दिन आया,
.... खुशियों से !
कह दो दोस्त और,
...... सखियों से !!

बेटी की पुकार

माँ ! निज कर का मोबाइल छोड़,
मुझको अपनी गोदी ले ले !
तू मुझे खिलाकर बाहों में,
जीवन का सच्चा सुख पा ले !!
झूले तो कबके डालों के माँ,
उखड़ गए कई दिन पहले।
गुड्डे-गुड़िया भी चले गए,
रह गए बच्चे हम अकेले ॥
पकड़े बैठे सब मोबाइल,
हम किसके संग भला खेलें ?
माँ ! निज कर का मोबाइल छोड़,
मुझको अपनी गोदी ले ले !
तू वीडियो देखने में अपनी,
माता ! आँखें क्यों गँवाती ?
क्यों नहीं जिन्दगी की वीडियो,
मेरे नयनों से तू पढ़ती ?
मैं चली जाऊँगी माँ एक दिन,
तू साथ मेरे कुछ तो रह ले ?
माँ ! निज कर का मोबाइल छोड़,
मुझको अपनी गोदी ले ले !!
तू मुझे खिलाकर बाहों में,
जीवन का सच्चा सुख पा ले !!!

जन्म-दिवस की लाख बधाई !

यह तो साँझी खुशी है सबकी,
जो हर मन और हृदय समाई !
बर्थ-डे मुबारक सबको,
जन्म-दिवस की लाख बधाई !!
जब भी कोई प्राणी जग में,
ईश्वर के धाम से आता।
उसका जन्म देख सारा जग,
और परमेश्वर भी खुश होता ॥
केक काटते हिलमिल सारे,
और खाते हैं सरस मिठाई !
बर्थ-डे मुबारक सबको,
जन्म-दिवस की लाख बधाई !!

आकर के हर साल जन्मदिन,
उत्साह अन्तर में भरता।
बालक हो जाता जवान ज्यों,
और बूढ़ा बच्चा हो जाता ॥

जन्म-दिवस पर सुबह-शाम,
हर पल लगतीं घड़ियाँ सुखदाई !
बर्थ-डे मुबारक सबको,
जन्म-दिवस की लाख बधाई !!

--- 30 जून, 2023 ई0

कवि का जन्म-दिन

जन्म-दिवस आया कविश्री का,
मिलकर खूब बधाए गाओ।
केक आ गया, वह कटेगा,
सब जन मिलकर उसको खाओ ॥
एक टोपी भी लाई गई है,
उसको पहना जावेगा।
कविता का यह गान मनोहर,
सस्वर गाया जावेगा ॥
यह पुरानी परम्परा है,
जन्म-दिवस मनाने की।
यही रीत है भारत-भू की,
और सकल जमाने की ॥

युवा-काल तक जन्म-दिन पर,
पण्डित जी से कथा सुनी।
सत्यनारायण-व्रत-कथा की,
श्रद्धा और खुशी दुगनी ॥
हमें याद ; बचपन में इस दिन,
ज्यौनार बड़ी होती।

और पिता के मीठे पान से,
लाल लार मुँह से बहती ॥
अब न साथ मात-पिता हैं,
न वे बूढ़े पंडिज्जी ।
शादी करके विदा हुईं,
छोटी बहिन ; बड़ी जीजी ॥
नव-सम्बन्ध जुड़े मनोहर,
रिद्धि-सिद्धि बच्चों से ।
जन्म-दिन यह खूबसूरत,
निर्मल मन के सच्चों से ॥

गुरू-पूर्णिमा-पर्व

गुरू-ज्ञान को जीवन में,
आचरण-कर्म में हम अपनाएँ !
आओ सदगुरू-दिवस मनाएँ,
गुरू-ज्ञान का पर्व मनाएँ !!
गुरू हमें तिमिर-अवगुण से,
दूर प्रभा में ले जाते हैं।
सुख-शान्ति-आनन्द-सुधारस,
चतुर्दिक वे बरसाते हैं॥
भले कर्म करके गुरू का,
जीवन में शुभ आशीष पाएँ !
आओ सदगुरू-दिवस मनाएँ,
गुरू-ज्ञान का पर्व मनाएँ !!

सबका सद्गुरु जो परमेश्वर,
उसे न भूलें हम जीवन में।
सच्चाई-शुचिता-दया को,
धारण कर लें अपने मन में॥
गुरू-ज्ञान को धारण करके,
चहुँओर उसको फैलाएँ !
आओ सदगुरू-दिवस मनाएँ,
गुरू-ज्ञान का पर्व मनाएँ !!

आज पुण्य सदगुरू-दिवस है (गुरू-पूर्णिमा)

परमेश्वर सतगुरु सभी का,
उसका पावन महा-दिवस है !
परमगुरू को तुम न भूलो,
महाज्योति का दिव्य-दिवस है !!
आज पुण्य सदगुरू-दिवस है !!!
जिसने करके कृपा ; धरा पर,
जीवन नूतन हमें दिया है ।
जिसने दे जीवन की साँसें,
हम सब पर अहसान किया है ॥
ईश्वर, गॉड, खुदा वही ;
उस निराकार का श्रेष्ठ दिवस है !
परमेश्वर सतगुरु सभी का,
उसका पावन महा-दिवस है !!
परमगुरू को तुम न भूलो,
महाज्योति का दिव्य-दिवस है ;
आज पुण्य सदगुरू-दिवस है !!!
प्रभु हमारे बड़े कृपालु,
सारे जग के वही रचयिता ।
सबका करते हैं पालन वे,
वे ही सबके भाग्य विधाता ॥
अन्तर्यामी उन प्रभु जी का,
गुरू-पूर्णिमा कृपा-दिवस है !
परमेश्वर सतगुरु सभी का,
उसका पावन महा-दिवस है !
परमगुरू को तुम न भूलो,
महाज्योति का दिव्य-दिवस है !!
आज पुण्य सदगुरू-दिवस है !!!

गुरू-पूर्णिमा

गुरुओं ने सदा धरती से,
अज्ञान का तिमिर मिटाया !
युवको को सही राह दिखाई,
जीवन का सत्पथ दर्शाया !!
ब्रह्मचर्य का पाठ पढ़ाकर,
सत्य आचरण हमें सिखाए।
वेद-ज्ञान-उपनिषद देकर,
जीवन के सब मर्म बताए ॥
गुरूकुलों में शिक्षा देकर,
चरित्र को बलवान बनाया !
गुरुओं ने सदा धरती से,
अज्ञान का तिमिर मिटाया !!
युवको को सही राह दिखाई,
जीवन का सत्पथ दर्शाया !!!
त्याग-तपस्या-गहन-साधना,
ऋषियों के जीवन का धन था।
केवल परमेश्वर ही उनके,
जीवन का एकमात्र ही धन था ॥
गुरुओं के तप ने भारत का,
सदा-सदा ही मान बढ़ाया !
गुरुओं ने सदा धरती से,
अज्ञान का तिमिर मिटाया !!
युवको को सही राह दिखाई,
जीवन का सत्पथ दर्शाया !!!

दादी-नानी के गीत

दादी-नानी तो भूल गईं,
बच्चों के प्यारे गीतों को।
लोरी गाना वे भूल गईं,
भूलीं स्नेह-थपकियों को॥
पर मोबाइल फिर भी बच्चों के,
दिल को बहलाता है आज।
चन्दामामा के गीतों का,
वह छेड़ता देखो मधुर साज॥
कितने ही खेल-गीत बच्चों के,
मोबाइल पर आते हैं।
कार्टून-रुप में देख उन्हें,
बच्चे मन में खुश होते हैं॥

हाँ, इलेक्ट्रॉनिक-साधन होने से,
असर आँख पर पड़ता है।
और यह बात भी कि बच्चों को,
व्यसन भी इसका लगता है॥
पर माँ और दादी-नानी ने,
लोरी गाना कर दिया बन्द।
तब नन्हें बच्चे अपने हक के,
सुनें कहाँ से मधुर छन्द?

सिद्धि को भाते बालगीत

उस नन्हीं कन्या के सपनों को,
देते लय और संगीत !
वे उसके जीवन के साथी,
सिद्धि को भाते बालगीत !!
वह बेचारी नन्हीं बच्ची,
अभी बोल कहाँ ही पाती है ?
तुतली वाणी में भी बातें,
वह प्रकट नहीं कर पाती है ॥
मोबाइल के कार्टून-पात्र,
बन जाते उसके हृदय-मीत !
उस नन्हीं कन्या के सपनों को,
देते लय और संगीत !!
वे उसके जीवन के साथी,
सिद्धि को भाते बालगीत !!!

वह कथन-आशय बड़ों का अभी,
समझ न पाती है किंचित ।
जगती के क्रियाकलाप देख,
हो जाती बेचारी शंकित ॥
छोटी-छोटी बातों से करती,
वह बालिका अटल प्रीत !

उस नन्हीं कन्या के सपनों को,
देते लय और संगीत !!
वे उसके जीवन के साथी,
सिद्धि को भाते बालगीत !!

बच्चों का निर्मल जीवन

बच्चे नन्हीं कोमल कलियाँ,
निर्मल इनका प्यारा जीवन !
निर्दोष प्रभु का ये स्वरुप,
सदा सुखी रहे इनका बचपन !!
होकर बड़े फिर तो इनको,
कठोर परिश्रम करना है।
मुँह फैलाए खड़ी होंगी,
उन समस्याओं से लड़ना है ॥
तब तक खेलों से करें पूर्ण,
जीवन के सारे सुखद सपन !
बच्चे नन्हीं कोमल कलियाँ,
निर्मल इनका प्यारा जीवन !!
निर्दोष प्रभु का ये स्वरुप,
सदा सुखी रहे इनका बचपन !!!
बचपन जीवन का अक्षय धन,
यह कहाँ दुबारा मिल पाता ?
एक बार यह जब खो जाता,
जीवनभर मानव पछताता ॥
न दुःख की कोई लहर आए,
खुशियों से भरा रहे दामन !
बच्चे नन्हीं कोमल कलियाँ,
निर्मल इनका प्यारा जीवन !!
निर्दोष प्रभु का ये स्वरुप,
सदा सुखी रहे इनका बचपन !!!

सपनों-सा कोई सुन्दर जग

क्या न बस सकता धरती पर,
जिसे देख सदा मुस्काएँ दृग ?
शुचिपूर्ण-सरल-नयनाभिराम,
सपनों-सा कोई सुन्दर जग !!
जहाँ प्रेम पले सर्वत्र ; दिशाएँ,
आलोकित हों जगमग-सी।
हर मुखमण्डल पर छाई रहे,
अमृतधारा-सी सरस हँसी ॥
सप्त-आश्चर्यों से भी महान,
धरती का मुक्तामणि-सा नग !
शुचिपूर्ण-सरल-नयनाभिराम,
सपनों-सा कोई सुन्दर जग !!

जहाँ सुखद मरुत हो बासन्ती,
फल-फूल उगे हर डाली पर।
न कहीं दु:ख या शोक रहे,
सौन्दर्य प्राकृतिक उज्ज्वलतर ॥
हर कोई मनुज उत्तम होवे,
सब आत्मरूप से रहें सजग !
शुचिपूर्ण-सरल-नयनाभिराम,
सपनों-सा कोई सुन्दर जग !!
क्या न बस सकता धरती पर,
जिसे देख सदा मुस्काएँ दृग ?

क्या स्वर्ग धरा न बन सकती ?

विध्वंश-नाश से परे कोई,
सुन्दर कोशिश न हो सकती ?
पृथ्वी सिसकेगी इसी तरह,
क्या स्वर्ग धरा न बन सकती ?
हमने करोड़ों रुपयों को,
हथियारों में बर्बाद किया।
जनता के खून-पसीने से,
केवल युद्ध-हथियार लिया॥
क्या किसी तरह भी इस जग में,
सुख और शान्ति न आ सकती ?
पृथ्वी सिसकेगी इसी तरह,
क्या स्वर्ग धरा न बन सकती ?

हमने हृदय तोड़ने में,
समझी अपनी शूरवीरता।
अपनी वसुधा को नर्क बना,
अब रो-रो मानव पछताता॥
विनाश छोड़कर हथेली,
नव-सृजन को न उठ सकती ?
पृथ्वी सिसकेगी इसी तरह,
क्या स्वर्ग धरा न बन सकती ?

जहाँ उपवन कोई मनोहर हो

ले चल पथिक ! उस दिशा-ओर,
जहाँ संगीतमय निर्झर हो !
मुझको बैठा उस छाँव तले,
जहाँ उपवन कोई मनोहर हो !!
प्रकृति की मनभावन सुषमा,
मेरा अन्तर्मन हर्षाए।
कोकिल निज मीठा राग छेड़,
जीवन के सब दुःख भुलाए॥
हो सघन-कुंज की हरियाली,
सरिता का निर्मल जल-स्वर हो !
ले चल पथिक ! उस दिशा-ओर,
जहाँ उपवन कोई मनोहर हो !!

जहाँ कण-कण फैला उत्साह,
प्रतिपग ही सुन्दर सुमन खिलें।
न बिछुड़े कोई किसी से जन,
सब लोग खुशी से गले मिलें॥
हर कोई वहाँ पर जीव-जन्तु,
घूमता निश्चिन्त-निडर हो !
ले चल पथिक ! उस दिशा-ओर,
जहाँ उपवन कोई मनोहर हो !!

शिव से विवाह

कितनी पार्वतियाँ आज तलक भी,
सघन तपस्या करतीं हैं।
वे तन से, मन से और ह्रदय से,
केवल शिव को वरतीं हैं॥
शिव परमेश्वर को मान लिया,
उन कुमारियों ने निज साजन।
शिव-मर्यादाओं पर चलकर,
वे बनातीं हैं जीवन पावन॥

बचपन से ब्रह्मकुमारी आश्रम में रह रहीं

शिवानी BCA नॉन मेडिकल की स्टूडेंट, नीरू SD कॉलेज से BCA ग्रेजुएट

पिता जनरल स्टोर चलाते, भाई कम्पनी में कार्यरत, अंबाला में हुई शादी

आबू पर्वत पर निराकार,
शिव से विवाह उनका होता।
सदज्ञान-योग की श्रेष्ठ धारणा,
से जीवन-कमल खिलता॥
हैं धन्य राजयोगिनी वे,
जो भगवान को वरतीं हैं।
भौतिकता में जीवन बिताना,
बिल्कुल व्यर्थ समझतीं हैं॥
उन शिव-शक्तियों को वन्दन,
जो सब जग की सेवा करतीं।
माया-मोह में जकड़े मानव,
को बन्धन-मुक्त करतीं॥

अलौकिक परिणय

इक्कीसवीं सदी में इस विवाह-सा,
उत्सव कहीं नहीं देखा।
इतनी वधुओं का एक पति 'परमेश्वर',
जो है अनदेखा ॥
वह निराकार भगवान, ईश ;
जो सम्मुख नजर नहीं आता।
पर देता तन-मन को शक्ति,
जो अखिल जगत का है रचता ॥
उस अजन्मा को पति बनाने,
ब्रह्माकुमारियाँ निकलीं।
ये शक्तिस्वरूपा हैं पावन,
शिव से विवाह करने मचलीं ॥

ये सौंप चुकीं उस अव्यक्त को,
अपने जीवन की साँसें।
सब काट चुकीं हैं जगती में,
माया-मोह की फाँसें ॥
वासना-पंक से परे,
ब्रह्मचारिणी जगदम्बा स्वरूप।
शिव-परिणय-सूत्र में बंधने को,
धारण करतीं नव-वधू रूप ॥

विवाह-वचन

ब्रह्माकुमारियों का जब,
प्रभु से विवाह हो जाता है।
तब वही अलौकिक परमेश्वर,
उनका साथी हो जाता है ॥
उस जगदीश्वर से साथ निभाने,
का अटल प्रण वे लेतीं।
देहवान पुरूष को सपने में भी,
याद कभी न वे करतीं ॥
वे मदद माँगती हैं तो केवल,
उसी निराकार शिव से।
दैहिक भान से परे लगातीं,
योग ; उसी सर्वेश्वर से ॥

वे ज्ञान-योग-सेवा-धारणा,
के लेतीं हैं सप्त वचन।
उस निराकार को अर्पित करतीं,
आजीवन अपना तन-मन ॥
वे आभूषण नियम-मर्यादाओं,
के सूक्ष्म पहनती हैं।
हर दिन ही दिव्य गुणों के,
सुन्दर गहनों से वे सजती हैं ॥

जन्मदिन का कलावा

रिद्धि हुईं एक साल की,
बँधा हाथ में कलावा !
पहला जन्म-दिवस बिटिया का,
नहीं कोई भी दिखावा !!
पण्डित जी जब कथा सुनाते,
सत्यनारायण स्वामी की।
रिद्धि सरक चली जाती थी,
पकड़ गति निज पैरों की ।।
फौजी-जैसे सरक-सरक कर,
चलतीं ; ज्यों करतीं धावा !
रिद्धि हुईं एक साल की,
बँधा हाथ में कलावा !!

गोद में इस बच्ची का ज्यादा,
देर-तलक मन न करता।
धरातल पर बार-बार,
चलने को जी मचलता ।।
उनके पिता पेट के मारे,
बन न पाए रन्धावा !
रिद्धि हुईं एक साल की,
बँधा हाथ में कलावा !!

नटखट का जन्म-दिवस

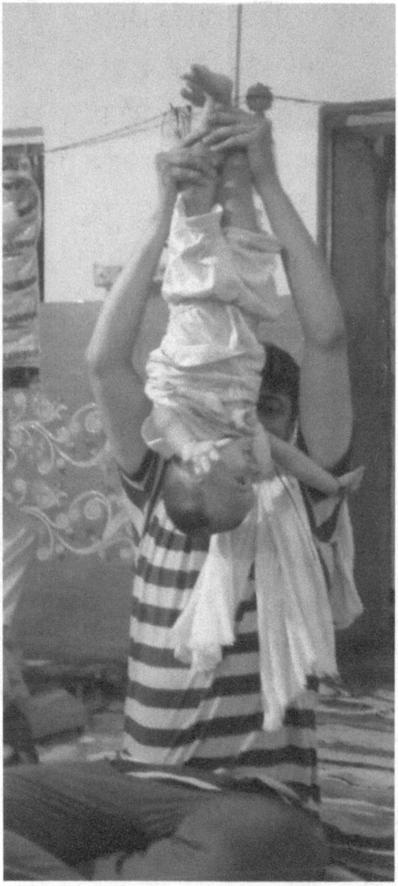

जन्म-दिवस रिद्धि का आया !!
चंचल-नटखट एक वर्ष की,
सरकने में मन भाया !
इसके जन्म-दिवस पर घर का,
सारा आँगन हर्षाया !!
जन्म-दिवस रिद्धि का आया !!!
यह कभी भी एक जगह पर,
स्थिर नहीं बैठ पाती है।
सीमा के प्रहरी-सी हर पल,

आगे ही बढ़ती जाती है ॥
इस नटखट को किसी काल भी,
विश्राम नहीं भाया !
इसके जन्म-दिवस पर घर का,
सारा आँगन हर्षाया !!
जन्म-दिवस रिद्धि का आया !!!
जैसे इसके पिता थे नटखट,
बचपन में ; यह भी वैसी।
चलने में कर देती मुनिया,
सबकी ही ऐसी-तैसी ॥

यह बालिका नन्हीं ; इसके,
लिए कोई न पराया !
इसके जन्म-दिवस पर घर का,
सारा आँगन हर्षाया !!
जन्म-दिवस रिद्धि का आया !!!

पहला बर्थ-डे

पहला-पहला जन्म-दिवस है,
प्यारी रिद्धि बिटिया का !
जन्म-दिन मुबारक सबको,
लुढ़कनी सिलबटिया का !!
इसको बस घुटरुन चलना ही,
सबसे अच्छा लगता है।
गोदी या सिंहासन उसके,
आगे फीका लगता है ।।
नाई बाल काट ले गया,
काम नहीं कुछ चुटिया का !
पहला-पहला जन्म-दिवस है,

प्यारी रिद्धि बिटिया का !!
जन्म-दिन मुबारक सबको,
लुढ़कनी सिलबटिया का !!!

एक बरस में इस नन्हीं ने,
केवल घर-आँगन देखा।
अभी कहाँ घूमी यह दुनिया,
जग-प्रपंच कहाँ देखा ?
इसको किंचित नहीं है अनुभव,
रंग-बिरंगी दुनिया का !
पहला-पहला जन्म-दिवस है,
प्यारी रिद्धि बिटिया का !!
जन्म-दिन मुबारक सबको,
लुढ़कनी सिलबटिया का !!!

रिद्धि रानी का जन्म-दिन

आओ सभी मिलकर रिद्धि का,
जन्म-दिवस हम खूब मनाएँ !
रिद्धि को देवें बधाई,
और केक सब मीठा खाएँ !!
बर्थ-डे सब मिल मनाएँ !!!
एक वर्ष की नन्हीं गुड़िया,
पापा की है राजदुलारी।
माँ के नयनों की तारा है,
सुन्दर-सी यह राजकुमारी ।।
लें बलैयां इस कन्या की,
इसको अपनी गोद खिलाएँ !
आओ सभी मिलकर रिद्धि का,
जन्म-दिवस हम खूब मनाएँ !!

इस भोली-प्यारी बच्ची ने,
नयनों में सपने पाले हैं।
अपने छोटे हृदय में इसने,
अरमान भी संभाले हैं ।।
इसे देखकर के घरवाले,
गर्वित होकर मन मुस्काएँ !

आओ सभी मिलकर रिद्धि का,
जन्म-दिवस हम खूब मनाएँ !
रिद्धि को देवें बधाई,
और केक सब मीठा खाएँ !!
बर्थ-डे सब मिल मनाएँ !!!

मेरी पहली अनुवादित अंग्रेजी पुस्तक

जहीर ललितपुरी जी हैं,
इसके प्रशंसा-अधिकारी !
अनुवादित की अंग्रेजी में,
पुस्तक जिन्होंने ही सारी !!
सौगात दी हमें प्यारी !!!
यह कथा-कहानी की पुस्तक,
अन्तर में प्यार जगाती है।
सद्भाव और सेवा करना,
हम सबको ही सिखलाती है॥
यह याद दिलाती है हमको,
भूले हम जो जिम्मेदारी !
जहीर ललितपुरी जी हैं,
इसके प्रशंसा-अधिकारी !
अनुवादित की अंग्रेजी में,
पुस्तक जिन्होंने ही सारी !!
सौगात दी हमें प्यारी !!!

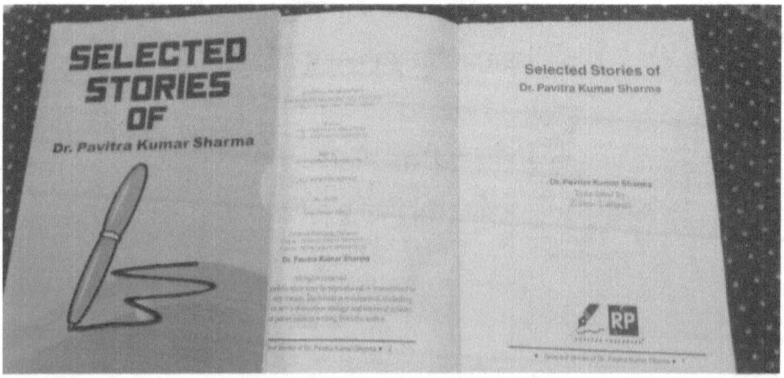

स्वदेश-प्रेम और अपनापन,
ये कथाएँ हमको सिखलातीं।
मानव से और लघु जीवों से,
स्नेह करना समझाती॥

यह प्रेमपूर्ण नया जग रचने,
की करवातीं तैयारी !
जहीर ललितपुरी जी हैं,
इसके प्रशंसा-अधिकारी !
अनुवादित की अंग्रेजी में,
पुस्तक जिन्होंने ही सारी !!
सौगात दी हमें प्यारी !!!

श्रद्धांजलि

इस नश्वर जग से मोह तोड़,
किस दिशा-भुवन को चले गए ?
जग का कोलाहल-तिमिर छोड़,
आलोकधाम को चले गए !!
ऐसा तो कभी विचारा न,
इस तरह अकेले चल दोगे ?
अपने श्रम के बहुमूल्य रतन,
एक श्वॉस में भाई ! खो दोगे ?
नियति की भाल-भाग्य-रेखा,
निज हाथ मिटाकर चले गए !
जग का कोलाहल-तिमिर छोड़,
आलोकधाम को चले गए !!
रोते भाई, रोती बहिना,
माँ-बाप-पत्नी-बच्चे रोते।
जीवनधन हाय ! चला गया,
सब ह्रदय जैसे अपना खोते ॥
जीवन-तप कहाँ हुआ पूरा,
तप-साधन छोड़ चले गए !
जग का कोलाहल-तिमिर छोड़,
आलोकधाम को चले गए !!
इस नश्वर जग से मोह तोड़,
किस दिशा-भुवन को चले गए ?

नव-जगत पुनः आने वाला

सदभाव-प्रेम-एकता से,
स्वर्णिम-युग फिर बसने वाला !
दैवीय-सृष्टि का प्रारम्भ,
नव-जगत पुनः आने वाला !!
जहाँ कोकिल निज मीठे स्वर में,
जीवन का राग सुनाएगी।
और पावन जल की सरिता भी,
अपना कल-कल स्वर गाएगी ।।
सतरंगी इन्द्रधनुष नभ में,
सबका स्वागत करने वाला !
सदभाव-प्रेम-एकता से,
स्वर्णिम-युग फिर बसने वाला !!

आओ उज्जवल-युग की खातिर,
अपनी दुर्बलताएँ त्यागें।
मद-काम-क्रोध बुराई तज,
दुर्व्यसनों से दूर भागें ।।
आपस के भाईचारे से,
स्वराज्य नया रचने वाला !
सदभाव-प्रेम-एकता से,
स्वर्णिम-युग फिर बसने वाला !!

जागता कश्मीर (उपन्यास)

यह पाँच हजार पृष्ठों वाला,
कश्मीर की गाथा कहता है !
एक-एक करके यह उपन्यास,
कई भाग प्रकाशित होता है !!
यह प्रथम भाग है 'गाँव-शहर',
इस उपन्यास की पृष्ठभूमि ।
हिन्दू-मुस्लिम एकता की,
जो बनी एक दिन सुर-भूमि ॥
अब उसी स्वर्ग में हाय ! विधाता,
आतंकवाद पलता है !
यह पाँच हजार पृष्ठों वाला,
कश्मीर की गाथा कहता है !!

इसके खण्ड हैं तीस ; विविध,
पहलू उजागर करते हैं ।
वे काश्मीर की गाथा में,
सुन्दर रंगों को भरते हैं ॥
यह वृहद-ग्रंथ नफरत की दुनिया,
में प्रेम प्रकटाता है !
यह पाँच हजार पृष्ठों वाला,
कश्मीर की गाथा कहता है !

छोटी बहू का जन्म-दिन

आज जन्म-दिन है प्राची का,
सुलक्षणी छोटी बहू का !
रिद्धि बिटिया की माँ जी का,
चिराग की श्रीमती जी का !!
जन्म-दिन प्राची-बहू का !!!
मुख से, व्हाट्स-अप, फेस बुक से,
प्राची को बधाई देते ।
सारे नातेदार बहू को,
'हैप्पी बर्थ डे' हैं कहते ।।
लगा बधाइयों का तांता,
उत्सव होगा सायंकाल का !
आज जन्म-दिन है प्राची का,
सुलक्षणी छोटी बहू का !
रिद्धि बिटिया की माँ जी का,
चिराग की श्रीमती जी का !!
जन्म-दिन प्राची-बहू का !!!

ये जीवन की नन्हीं खुशियाँ,
उपहार बड़े दे जातीं ।

जीवन का उल्लास दान कर,
अन्तर में शक्ति भर जातीं ॥
जन्म-दिवस के उत्सव पर,
घर का हर कौना लगता चहका !
आज जन्म-दिन है प्राची का,
सुलक्षणी छोटी बहू का !
रिद्धि बिटिया की माँ जी का,
चिराग की श्रीमती जी का !!
जन्म-दिन प्राची-बहू का !!!

घर-घर तिरंगा

आओ भारतवासी मिलकर,
स्वतंत्रता-दिवस मनाएँ !
अपना गौरव और शान बना,
घर-घर तिरंगा फहराएँ !!
आजादी का उत्सव प्यारा,
सदभाव-एकता जगाता ।
भाईचारे में वृद्धि कर,
अशान्ति-कलह दूर करता ।।
आओ अपनी भारत-माँ पर,
हम बार-बार ही बलि जाएँ !
आओ भारतवासी मिलकर,
घर-घर तिरंगा फहराएँ !!

कितने सालों संघर्ष किया,
तब मिटीं दासता की कड़ियाँ ।
कितने त्याग-बलिदान हुए,
तब दिखीं खुशी की फुलझड़ियाँ ।।
बलिदान देशभक्तों का हम,
न किसी काल भी बिसराएँ !
आओ भारतवासी मिलकर,
घर-घर तिरंगा फहराएँ !!

तिरंगा-यात्रा

भारत माँ की चली सवारी,
तीन रंग परिधान लिए !
उल्लासित हो उठा गगन-नभ,
हर जन स्वाभिमान लिए !!
पकड़े रहना माँ की चूनर,
इसे नहीं गिरने देना।
बड़ी शान से और गर्व से,
'वन्दे मातरम्' तुम कहना ।।
मुक्त केश में आजादी की,
चली दुल्हनियां शान लिए !
भारत माँ की चली सवारी,
तीन रंग परिधान लिए !!

हरा रंग इसके दुकूल का,
हरियाली को फैलाता।
श्वेत-रंग शान्ति-सेवा का,
पाठ मनुज को पढ़ाता ।।
लोहित रंग उड़ता गगन पर,
निज अमर बलिदान लिए !
भारत माँ की चली सवारी,
तीन रंग परिधान लिए !!

उल्लासित हो उठा गगन-नभ,
हर जन स्वाभिमान लिए !!!

15 अगस्त : बलिदानों को भूल न जाना

आजादी का दिवस आज हम,
खूब खुशी से मना रहे।
'वन्दे मातरम्' कह देश के,
भक्ति-तराने गा रहे ॥
पर जिनके बलिदानों से,
पाई है हमने आजादी।
स्वतंत्रता के लिए जिन्होंने,
जान की बाजी लगा दी ॥
भूल न जाना तुम उनको,
जो कारागृह में बन्द रहे।
कठिन यातना अंग्रेजों की,
चुपचाप सहते रहे ॥

भारत माँ को मुक्त कराने,
फाँसी को भी चूम लिया।
अपना तन-मन ; सारा कुछ,
भारत माँ पर कुर्बान किया ॥
आजादी का हर्ष मनाना,
लगकर गले मिठाई खाना।
लेकिन अमर शहीदों को तुम,
किसी काल में भूल न जाना ॥

साधनात्मक ग्रंथ

जप-साधन-आसन-प्राणायाम,
यह ग्रंथ अभिनव सिखलाता।
कुण्डलिनी-जागरण-प्रक्रिया के,
सब रहस्य ये समझाता ॥
अपने शरीर के चक्र सभी,
जो जहाँ भी स्थित ; कैसे हैं ?
किस तरह जागृत वे होते,
वे भिन्न हैं या एक जैसे है ?
जो मूलाधार में विद्यमान,
कुण्डल मारे है सुप्त पड़ी।
किस तरह वह होगी जागृत,
कुण्डलिनी अगोचर शक्ति बड़ी ॥
इस सद्ग्रंथ का हर पृष्ठ,
सिखलाता यम-नियम-संयम।
अन्तर्मन में दृढ़ता लाता,
अनुशासन यह लाता अनुपम ॥

चन्द्रयान-3 की सफलता

चार वर्ष पूर्व तब चन्द्रयान-2 , सफल नहीं हो पाया था।
विक्रम लेंडर चन्द्र-सतह के निकट पहुँचने वाला था॥
रास्ते से भटक गया विक्रम, बस तीन मिनट पहले साथी !
उसे पचपन डिग्री घूमना था, घूमा चार सौ दस डिग्री॥
इसलिए ठीक तरह से वह, न चन्द्र-सतह उतर पाया।
लड़खड़ा टकराया चाँद के तल, न जीवन वहाँ बिता पाया॥
इसरो वैज्ञानिक दु:खी हुए, पर हार उन्होंने न मानी।
फिर से कड़ी मेहनत करके, पुन: मिशन भेजने की ठानी॥

रातोंदिन सघन साधना कर, भोजन-विश्राम भूल गए।
बस एक लक्ष्य दिन-रात रहा, बाकी सब सपने भूल गए॥
सन् दो हजार तेईस ; चौदह जुलाई का शुभ दिन आया।
जब चन्द्रयान-3 श्रीहरिकोटा, से चन्द्र की ओर गया॥
इसमें लेंडर और रोवर था, पर ऑर्बिटर अनुपस्थित।
तीन हजार नौ सौ किलोग्राम, वजन का पैलोड था स्थित॥
आज तेईस अगस्त नियोजित तिथि को, चन्द्र-सतह उतरना था।
शाम छ: बजे इस चन्द्रयान को, चन्द्र-तल पहुँचना था॥
इसरो के सारे वैज्ञानिक, दम साधे भगवन ! बैठे थे।
" इस बार मिशन हो न असफल ", प्रभु से अरदास लगाते थे॥
छ: बजकर चार मिनट पर, सहसा खुशी छा गई इसरो में।

सब लगे झूमने वैज्ञानिक, सब ओर हर्ष छाया जग में ॥
चन्द्रयान सफलतापूर्ण, चन्द्रमा की सतह पर उतर गया ।
शशि के दक्षिण-ध्रुव पर, भारत का तिरंगा लहराया ॥
उस समय भारतीय प्रधानमंत्री, अफ्रीकी सम्मेलन से ।
बोले उत्साहपूर्ण वचन, अति गर्व-हर्ष-भरे मन से ॥
बोले -- " अब बच्चे नहीं कहेंगे, चन्दामामा दूर के ।
सब मिलकर गाएँगे बालक, चन्दामामा बस टूर के ॥ ..."
कहा मोदी जी ने -- " अमृत-काल की, प्रथम प्रभा की है बेला ।
अमृत बरसा है चहुँओर, भारत-भूमि हुई समुज्ज्वला ॥
हम पहुँच गए उस ओर चन्द्र पर, जहाँ कोई न पहुँच सका ।
अब सूर्य मिशन 'आदित्य' लक्ष्य, यह क्षण राष्ट्र के गौरव का ॥..."

मेला-पुस्तक : राखी का उपहार

यह विश्व-मेला-पुस्तक नवीन,
रक्षाबंधन का उपहार !
सौगात नई यह जीवन की,
इसमें प्रकाशक का प्यार !!
मैं आज के दिन राखी-उत्सव,
का यह त्यौहार मनाता हूँ।
और देख अद्यतन काव्य-कृति,
अपने मन में हर्षाता हूँ ॥
यह मेला-पुस्तक दर्पण है,
साहित्य-क्षेत्र का सरल द्वार !
सौगात नई यह जीवन की,
इसमें प्रकाशक का प्यार !!

यह काव्य-कृति लिखी मैंने,
दिल्ली के प्रगति-मैदान।
जहाँ सिवा पुस्तकों के न था,
किसी और चीज का भण्डार ॥
वहीं सृजन-कला की सतत बही,
अमृत छन्दों की सरस धार !
सौगात नई यह जीवन की,
इसमें प्रकाशक का प्यार !!
प्रतिवर्ष नई दिल्ली क्षेत्र,

पुस्तक-कुम्भ-मेला लगता।
जहाँ आकर देश-विदेश से जन,
सद्ग्रंथ रूचि का क्रय करता ॥
देकर कागज के नोट वह,
ले जाता अनुभवामृत-सार !
सौगात नई यह जीवन की,
इसमें प्रकाशक का प्यार !!
यह विश्व-मेला-पुस्तक नवीन,
रक्षाबंधन का उपहार !

राखी-बन्धन-उत्सव

भाई-बहिन का निर्मल प्यार,
रक्षा-बंधन का उपहार !
यही एक सम्बन्ध स्नेह का,
कलियुग में जीवन-आधार !!
दुनिया के रिश्ते-नातों में,
एक यही पावन रिश्ता है।
बँधवाकर राखी बहिन से,
बनता भाई फरिश्ता है ॥
यह उत्सव अजस्र बहाता,
विमल प्रेम की अमृत-धार !
भाई-बहिन का निर्मल प्यार,
रक्षा-बंधन का उपहार !!

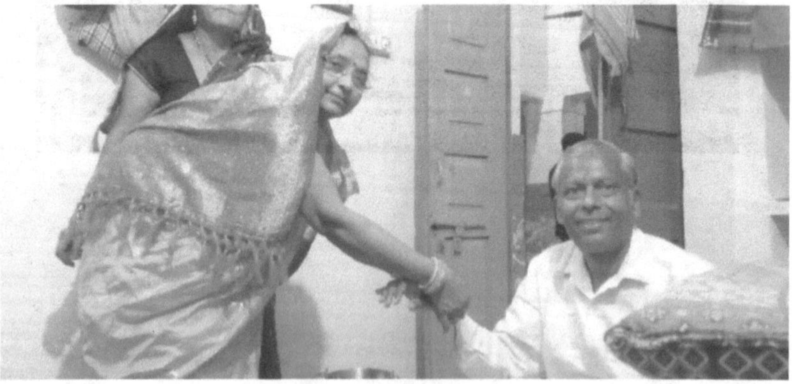

राखी की डोरी, जीवन का,
उत्साह संचित करती है।
यह प्रेरणा अभिनव मन में,
सृजन-कला की भर देती है ॥
बहिन की जीवन-रक्षा का यह,
देती आश्वासन हर बार !
भाई-बहिन का निर्मल प्यार,

रक्षा-बंधन का उपहार !!
आओ हम अपनी बहिनों को,
खुले हृदय से दें सम्मान।
उनके दु:ख और दर्द मिटाएँ
नहीं करें कभी अपमान ।।
दुखे किसी बहिन का उर तो,
यह जीवन की बड़ी हार !
भाई-बहिन का निर्मल प्यार,
रक्षा-बंधन का उपहार !!

आओ मनाएँ रक्षाबन्धन

भाई-बहिन का प्यार तनिक भी,
किसी प्रकार से होवे न कम !
आओ मनाएँ रक्षाबन्धन,
तोड़ें दुःख-निराशा और गम !!
जीवन को उत्साहपूर्वक,
और आनन्द-सहित मनाएँ।
बीता है जो, उसे भुला दें,
न उसका अफसोस जताएँ ॥
राखी से सब टूट जाएँगे,
जीवन के तम-संशय और भ्रम !
आओ मनाएँ रक्षाबन्धन,
तोड़ें दुःख-निराशा और गम !!

यह स्नेह का निर्मल बन्धन,
मानव को उदार बनाता।
आशा, करूणा, मन में शुचिता,
अन्तर में सद्भाव जगाता ॥
कोई हमारी बहिन न झेले,
निष्ठुर दुर्दिनों के सितम !
आओ मनाएँ रक्षाबन्धन,
तोड़ें दुःख-निराशा और गम !!

भाई-बहिन का पावन रिश्ता,
यह राखी मजबूत बनाती।
मनमुटाव-उपेक्षा-दूरी,
उलझन और तनाव मिटाती ।।
जीवन से सब दु:ख-दर्दों को,
राखी कर देती बेहद कम !
आओ मनाएँ रक्षाबन्धन,
तोड़ें दु:ख-निराशा और गम !!

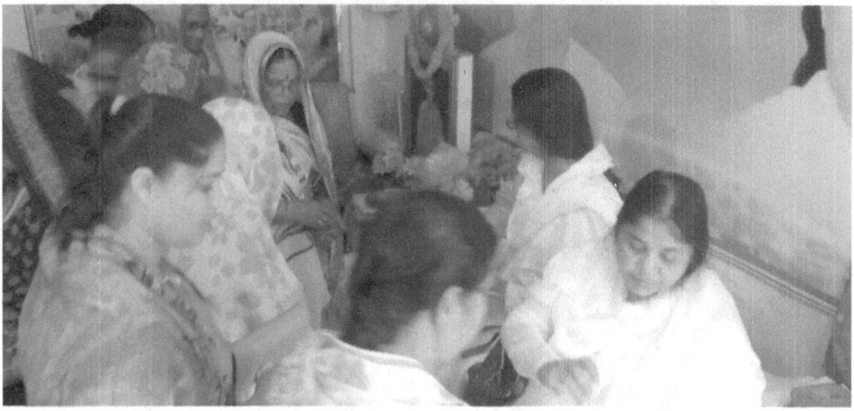

राखी का त्यौहार आया

भाई-बहिन के बचपन की,
यादों को संग-साथ लाया !
सुख-आनन्द हृदय को देता,
राखी का त्यौहार आया !!
बचपन किसे भूल सकता है
साथ बहिन-भाई होते।
घर में धमा-चौकड़ी करके,
खेलकूद बड़े होते ॥
हर साल रक्षाबन्धन पर,
वह बचपन है हर्षाया !
सुख-आनन्द हृदय को देता,
राखी का त्यौहार आया !!
यह भाई का फर्ज, बहिन उसकी
जीवन में नहीं दु:खी हो।
उसके दृग न आँसू आएँ,
जीवन उसका सदा सुखी हो ॥
राखी के निर्मल धागों में,
उसका गहरा प्यार समाया !
सुख-आनन्द हृदय को देता,
राखी का त्यौहार है आया !!
भारत की संस्कृति सनातन,
राखी-पर्व धरोहर उसकी।
यह अमर-शाश्वत उत्सव है,
स्नेह-प्रेरणा सारे जग की ॥
संदेश इसका जन-जन को --
" कोई भी न भाई पराया ! "
सुख-आनन्द हृदय को देता,
राखी का त्यौहार है आया !!

राजस्थान मीडिया कार्यक्रम

धौलपुर-धरा पर आज भव्य,
शुभ मीडिया कार्यक्रम हुआ।
साहित्यकार-कवि-पत्रकारों का,
मधुर समागम दिव्य हुआ॥
माननीय जिलाधीश महोदय,
मुख्य अतिथि बन पधारे थे।
एस0 पी0 साहब सादगीपूर्ण,
उनके संग मंच-सितारे थे॥
आदरणीय गुरूजी आई0 पी0 सिंह,
बैठे मंच के एक तरफ।
दूजी ओर मैं बैठाया,
वह मेरा अधोभाग्य सिर्फ॥

सम्मान किसी को मिलता जब,
मन ही मन में वह हर्षाता।
उपकार-गान प्रभु के गाकर,
मन में फूला न समाता॥
मीडिया एक्शन के फोरम से,

आए अनिल सक्सैना जी।
धरते 'ललकार' उपनाम,
मीडिया-हाऊस के कर्त्ता जी॥
परिचर्चा का था प्रमुख विषय ---
भारतीय संस्कृति ; इतिहास।
मीडिया की भूमिका पर भी,
डाला गया था प्रकाश॥
अथ: से इति तक सब कार्यक्रम,
सदभावपूर्ण सम्पन्न हुआ।
फिर सबके हित व्यंजन मिठाई,
भोजन का प्रबन्ध हुआ॥ ---- **स्थान : प्रधान कॉम्प्लेक्स**
समय : प्रात: 11 से दोपहर 1
3 सितम्बर, 2023 ई0 (रविवार)

शिक्षक-दिवस

शिक्षक-दिवस पर इस बात का,
सदा ही रखें हम ध्यान !
अपने गुरुजनों की बातों को,
दें श्रद्धानत हम सम्मान !!
हम अहंकार से पोषित हो,
न उनकी आज्ञा को टालें।
जिस ओर कहें वे चलने को,
उस ओर भरोसा रख चलें ॥
वे मार्गप्रदर्शक जीवन के,
ज्यों हों दूसरे भगवान !
अपने गुरुजनों की बातों को,
दें श्रद्धानत हम सम्मान !!

है बदल गया समय लेकिन,
गुरू अब भी शिक्षा देता है।
शिक्षा-स्वरूप वह अस्त्र-शस्त्र,
जीवन जीने को देता है ॥
शिक्षा ही तो सुख-सन्तोष,
जीवन-उन्नति की खान !
अपने गुरुजनों की बातों को,

देें श्रद्धानत हम सम्मान !!
है पाँच सितम्बर पावन यह,
हर भारतीय का गर्व-दिवस।
शिक्षक-दिवस का कण-कण में,
है फैल रहा चहुँओर हर्ष ॥
गुरूजन का ले आशीष करें हम,
हरपल जोवनोत्थान!
अपने गुरुजनों की बातों को,
दें श्रद्धानत हम सम्मान !!
शिक्षक-दिवस पर इस बात का,
सदा ही रखें हम ध्यान !

बड़ी बहू का जन्म-दिवस

आज जन्मदिन बड़ी बहू का,
घर-आँगन है मुस्काया !
भावना को लाख बधाई,
कण-कण देखो हर्षाया !!
जन्म-दिवस यह शुभ आया !!!
कैसा अद्भुत संयोग है,
जन्माष्टमी का दिव्योत्सव ।
सतगुरूवार मंगलकारी,
कान्हा का मंगल-कलरव ॥

नैवेद्य व्रत का बनातीं,
बहू ! सास की तुम छाया !
भावना को लाख बधाई,
कण-कण देखो हर्षाया !!
जन्म-दिवस यह शुभ आया !!!
धरा-पुत्री ! संस्कार शुभ,
संतान को देतीं तुम ।

बेटी के मन की दुविधा को,
सहज विहँस हर लेतीं तुम ।।
शक्ति बनते प्रभु तुम्हारी,
जब कभी मन घबराया !
आज जन्मदिन बड़ी बहू का,
घर-आँगन है मुस्काया !
जन्म-दिवस यह शुभ आया !!!

बहूरानी ! हर हाल में मैंने,
तुमको मुस्काते ही देखा ।
तुम्हें देख भाग जाती है,
बुरे समय की छाया-रेखा ।।
सबको हिम्मत-धैर्य बँधातीं,
ऐसा उच्च-स्वभाव पाया !
आज जन्मदिन बड़ी बहू का,
घर-आँगन है मुस्काया !!
जन्म-दिवस यह शुभ आया !!!
कण-कण देखो हर्षाया !!!!

जन्माष्टमी-उत्सव

नन्दलाल को झूला झुलाएँ,
उनका जन्म-दिवस मनाएँ !
मिलकर सभी बधाए गाएँ,
आओ जन्माष्टमी-पर्व मनाएँ !!
इस दिन ही तो देव-धरा पर,
श्रीकृष्ण ने जन्म लिया था।
अपने दिव्य योगबल द्वारा,
जन-जन का उपकार किया था॥
श्रीकृष्ण की पावन-गाथा,
आओ जन-जन को सुनाएँ !
नन्दलाल को झूला झुलाएँ,
उनका जन्म-दिवस मनाएँ !!

कान्हा के शुभ जन्म-दिवस पर,
हमने हिंडोले सजाए।
मिट्टी के बहुवर्ण खिलौने,
सदभावों से सहज सजाए॥
इनमें कान्हा बंशी बजाते,
और पंछी सब नाचें-गाएँ !
नन्दलाल को झूला झुलाएँ,

उनका जन्म-दिवस मनाएँ !!

मिलकर सभी बधाए गाएँ,

आओ जन्माष्टमी-पर्व मनाएँ !!!

कान्हा के हिंडोले

जिन खिलौनों में बचपन बीता,
वे खिलौने अब भी प्यारे हैं !
कान्हा-हिंडोले के यंत्र,
इस जग के चाँद-सितारे हैं !!
इसमें सेठ और सेठानी,
बारात धूम से निकली है।
मथुरा-नगरी का कारागृह,
पनिहारिन पनघट निकली है ॥

रावण-कंस का दरबार,
श्रीराम हाथ शर धारे हैं !
कान्हा-हिंडोले के यंत्र,
इस जग के चाँद-सितारे हैं !!
'एकलव्य', 'भीष्म पितामह' और
'नृसिंह-अवतार' की झाँकी है।

'चिड़ियाघर' सुन्दर है विशाल,
कान्हा-संग 'हाथ की चाकी' है ॥
है 'शक्तिमान', 'जादू', 'ताज',
शिवलिंग कई सारे हैं !
कान्हा-हिंडोले के यंत्र,
इस जग के चाँद-सितारे हैं !!
'श्रीकृष्ण-पालना' और 'पूतना',
'सुरसा' जैसी राक्षसी।
बन्दर बजाता है ढोलक,
भालू को आ जाती हँसी ॥

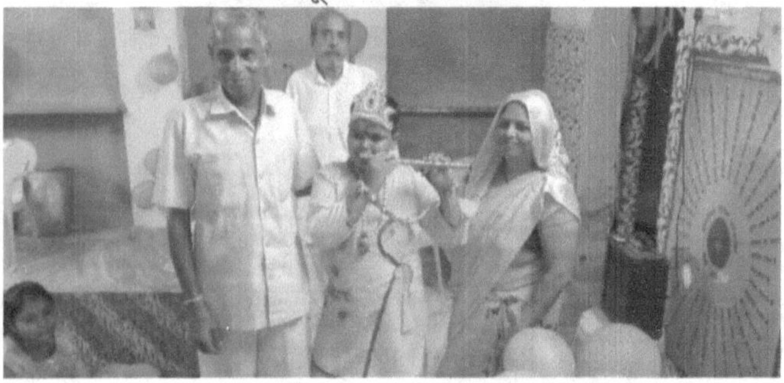

'गाँधी', 'साईं', 'हनुमान' सहित,
बॉर्डर के सैनिक सारे हैं !
कान्हा-हिंडोले के यंत्र,
इस जग के चाँद-सितारे हैं !!
वर्षों से करके एकत्र,
खुशियों का द्वार सजाया है।
हर एक खिलौना सालों से,
मेरा साथी बन आया है ॥
'सीता की अग्नि-परीक्षा',
नारी के गर्दिश में तारे हैं !
कान्हा-हिंडोले के यंत्र,
इस जग के चाँद-सितारे हैं !!
जिन खिलौनों में बचपन बीता,

वे खिलौने अब भी प्यारे हैं !

'वन्दे मातरम' पुस्तक : जन्माष्टमी का उपहार

यह नया काव्य-संग्रह माँ का,
जन्माष्टमी का नव-उपहार !
इसमें प्रकाशक की दुआएँ,
और पाठकों का प्यार !!
यह कृति गवाह उन दिन की,
जब माँ देह के संकट से ।
पीड़ा भुगततीं थीं तन की,
आगरा-हॉस्पीटल में मन से ॥
रह अस्पताल में, छन्दमुक्त,
लिखा काव्य यह साकार !
यह नया काव्य-संग्रह माँ का,
जन्माष्टमी का नव-उपहार !!
तब मैं माता के साथ-साथ,
सोता-जगता और कुछ खाता ।
दिन-रात प्रभु से जननी की,
सलामती की दुआ माँगता ॥
पीड़ा ने दिए छन्द-सूत्र,
लेकिन वे सब थे निराकार !
यह नया काव्य-संग्रह माँ का,
जन्माष्टमी का नव-उपहार !
इसमें प्रकाशक की दुआएँ,
और पाठकों का प्यार !!!

जन्माष्टमी मनाओ रे !

वर्ष बाद यह दिन आया है,
मिलकर खुशी मनाओ रे !
कान्हा के संग झूमो-नाचो,
जन्माष्टमी मनाओ रे !!
नटखट गोवर्धन गिरिधारी,
मुरली मधुर बजाते हैं।
सुन वंशी की तान गोपियाँ,
गोप झूमते आते हैं ॥
नन्दलाल को नहलाकर,
सुन्दर कपड़े पहनाओ रे !
वर्ष बाद यह दिन आया है,
मिलकर खुशी मनाओ रे !!
जिसका मन कोमल और पावन,
रीझते हैं उससे गोपाला।
उसके साथ ही रास रचाता,
नटनागर उसका मतवाला ॥
त्याग कपट-छल और ईर्ष्या,
सुन्दर भाव सजाओ रे !
वर्ष बाद यह दिन आया है,
मिलकर खुशी मनाओ रे !
कान्हा के संग झूमो-नाचो,
जन्माष्टमी मनाओ रे !!

करें मंच का सम्मान हम

जो सबके विचार जोड़ता,
अभिव्यक्ति का हक है देता।
कलाकार को वरदान है,
मनीषियों का उत्थान है ॥
जिससे पाते समाधान हम !
करें मंच का सम्मान हम !!
सृजन-कला का सौभाग्य से,
आयोजन हुआ करता है।
उसमें सभ्य समाज स-आदर,
शान्त-भाव बैठा करता है ॥

वाणी की रसधार छोड़कर,
करें न रुखा अभिमान हम !
जिससे पाते समाधान हम !
करें मंच का सम्मान हम !!
आयोजन सफल तब होता,
वक्ता जब विषय पर टिकता।
उसी विषय के मोह-जाल में,
सबको मंत्रमुग्ध कर देता ॥
श्रोता 'वाह-वाह' कर उठते,
भूल जाते सारे संशय-गम !

जिससे पाते समाधान हम !
करें मंच का सम्मान हम !!

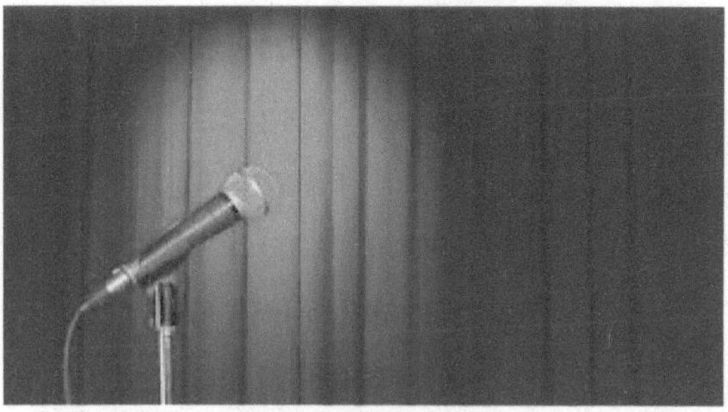

केवल अपनी ही कहने से
विषय मुकम्मल न होता है।
बात तभी बनती है प्यारे,
वक्ता श्रोता से जुड़ता है ।।
दिशाहीन आलाप है करता,
सभागार पर भारी सितम !
जिससे पाते समाधान हम !
करें मंच का सम्मान हम !!

मंच सफलता की सीढ़ी है

जिसे मंच न मिल पाता है,
उन्नति उससे दूर खड़ी है !
बन्धु ! मंच की गरिमा समझो,
मंच सफलता की सीढ़ी है !!
जन का भाग्य उदय जब होता,
तभी मंच उसको मिलता है।
जन-समाज ध्वनि तब उसकी,
कान लगाकर सुन पाता है ॥
प्रतिभा बड़ी मनुज की ; फिर भी,
मंच की गरिमा सर्वोपरि है !
बन्धु ! मंच की गरिमा समझो,
मंच सफलता की सीढ़ी है !!

आओ मंच के कार्यक्रम को,
मिलकर के सब सफल बनाएँ !
आत्मनियंत्रण और संयम से,
दर्शक-श्रोतागण रिझाएँ !
वक्ता के प्रस्तुतिकरण में,
एकाग्रता की चीज बड़ी है !
बन्धु ! मंच की गरिमा समझो,
मंच सफलता की सीढ़ी है !!

सिद्धि का जन्म-दिन

प्यारी-मीठी-राजदुलारी,
सिद्धि का जन्मदिन है !
नृत्य और संगीत में केवल,
गुड़िया का लगता मन है !!
सुबह ही उठकर दुनिया को,
यह अचरजमय देखती है।
स्नान करते समय,
आँसू भी खूब बहाती है ॥
बड़ी बहू के दिल का टुकड़ा,
यह उसका जीवन-धन है !
प्यारी-मीठी-राजदुलारी,
सिद्धि का जन्मदिन है !!

जब मैं इसको गोदी लेता,
मीठे नीम तक ले जाती।

बड़े प्यार से एक-एक पत्ती,
मुझे तोड़कर खिलाती ॥
इसकी विमल हँसी सुधा-सम,
और अश्रु हीरक-कण है !
प्यारी-मीठी-राजदुलारी,
सिद्धि का जन्मदिन है !!
दादा-दादी-माँ-पिता की,
इसको गोदी ही भाती है।
उसके सम्मुख धन-मिठाई,
सिद्धि को फीकी लगती है ॥

नहीं अकेले में बिटिया का,
निमिष मात्र कभी लगता मन है !

प्यारी-मीठी-राजदुलारी,
सिद्धि का जन्मदिन है !!
नृत्य और संगीत में केवल,
गुड़िया का लगता मन है !!!

सिद्धि की नई साइकिल

जन्मदिन की लाख बधाई,
सिद्धि की नई साइकिल आई !
जिसे देख बिटिया हर्षाई,
गीत-स्वरों में घण्टी बजाई !!
मॉडल 'जावा' मोटरसाइकिल,
आगे बड़ी हैडलाइट है।
पीछे नम्बर-प्लेट भी लगी,
पहियों की सब हवा टाइट है ॥
बैठ सीट पर यह झूमती,
धीमे-धीमे मुस्काई !
सिद्धि की नई साइकिल आई,
जिसे देख सिद्धि हर्षाई !!

सिद्धि ने अपनी आँखों में,
नन्हें-से सपने हैं पाले।
व्यक्त नहीं कर पाती उनको,
वे दृश्य सब निराले ॥
बच्चों की दुनियां बड़ों को,
पूर्ण कहाँ समझ में आई ?

सिद्धि की नई साइकिल आई,
जिसे देख सिद्धि हर्षाई !!
आज शाम को केक कटेगा,
फिर वह सबमें बँटेगा।
होगी धूमधाम और,
हर कोई 'हैप्पी बर्थ डे' कहेगा ।।
बचपन की यह बाल्यावस्था,
होती है कितनी सुखदाई !
सिद्धि की नई साइकिल आई,
जिसे देख सिद्धि हर्षाई !!
गीत-स्वरों में घण्टी बजाई,
जन्मदिन की लाख बधाई !!!

केक कटने की प्रतीक्षा

बजे रात के दस ; परन्तु
बड़े बाबा अभी न आए।
इन्तजार में नयन सिद्धि के
नन्हें ; भारी हो आए॥
प्रात:काल ही गए ग्वालियर,
कार्य जरुरी आन पड़ा।
अब आ चुके मुरैना वे,
यह संदेश सुनाई पड़ा॥
आधा घण्टे बाद गृह में,
उत्सव होने वाला है।
सिद्धी के बाबा घर आते,
केक भी कटने वाला है॥
छोले और भटूरे सबने,
जन्म-दिवस पर खाए हैं।
बिटिया की माँ ने बैठ सब,
रसोई में बनाए हैं॥

जन्मदिन मुबारक सिद्धि

बिटिया ! तेरे जीवन में,
खुशियों की हो नित्य समृद्धि !
बार-बार शुभ दिन आए यह,
जन्मदिन मुबारक सिद्धि !!
भाग्यपुत्री ! जगती में तुमको,
नजर न लग जाए किसी की ।
दिवस-रात्रि निज जीवन में,
पाओ दिन-दूनी उन्नति ॥
संकट-कंटक दूर रहें सब,
आनन्द की होवे वृद्धि !
बार-बार शुभ दिन आए यह,
जन्मदिन मुबारक सिद्धि !!

रात्रिकाल बड़े बाबाजी,
रेलगाड़ी-सफर से आए ।
सबसे पहले घर आकर,
तुमको गोद में रहे बिठाए ॥
तुमने पकड़ा न केक का चाकू,
राजकुमारी ! तुम बड़ी जिद्दी !
बार-बार शुभ दिन आए यह,
जन्मदिन मुबारक सिद्धि !!

हिन्दी अपनी जान है....

हिन्दी है देश की धड़कन,
हिन्दी अपनी जान है !
भारत-माँ के भाल की बिन्दी,
इस पर हमें गुमान है !!
हिन्दी अपने राष्ट्र की भाषा,
सबके दिल के तार जोड़ती।
धर्म, जाति, प्रान्त और रंग का,
कोई भेदभाव न रखती ॥
हम सबके जीवन का गौरव,
अपना स्वाभिमान है !
हिन्दी है देश की धड़कन,
हिन्दी अपनी जान है !!

संस्कृत इसका उदगम्-स्थल,
पालि-प्राकृत है विकास-क्रम।
अपभ्रंश-अवहट्ठ परिणति,
फिर आया खड़ी-बोली-क्रम ॥
वर्षों में विकसित हुई यह,
हिन्दी मेरी महान है !
हिन्दी है देश की धड़कन,
हिन्दी अपनी जान है !!

कम्प्यूटर-युग में निकल कगज से,
डिजीटल-पथ आई।
मोबाइल के लघु पर्दे पर,
स्पर्श से रही समाई॥
यह देश की संस्कृति की,
आन-बान और शान है !
हिन्दी है देश की धड़कन,
हिन्दी अपनी जान है !!

हिन्दी का सम्मान करें हम

प्रेम और आदर की भाषा,
इसका अभिध्यान करें हम !
हिन्दी संस्कार की जननी,
इसका गौरव-गान करें हम !!
हिन्दी का सम्मान करें हम !!!
'देवनागरी' इसको कहते,
देवजनों की यह भाषा है।
राष्ट्र-संस्कृति के गौरव में,
इसकी दिखती परिभाषा है ।।
हिन्दी बोलें-लिखें-पढ़ें हम,
इस पर सदा गुमान करें हम !
हिन्दी संस्कार की जननी,
हिन्दी का सम्मान करें हम !!
इसका गौरव-गान करें हम !!!
हिन्दी के ही शब्द बोलकर,
बचपन खेल निकल जाता है।
चिंतन-अनुसंधान सभी कुछ,
इसके जरिए ही आता है ।।
विश्व-भाल पर इसे सजाने,
तन-मन सब कुर्बान करें हम !
हिन्दी संस्कार की जननी,
हिन्दी का सम्मान करें हम !!
इसका गौरव-गान करें हम !!!
उत्तर-दक्षिण ; पूरब-पश्चिम,
चहुँओर हिन्दी बस छाई।
हिमगिरि से लेकर सागर तट,
हिन्दी ने ही दौड़ लगाई ।।

यह विकास-उन्नति-सूत्र है,
इसका अभ्युत्थान करें हम !
हिन्दी संस्कार की जननी,
हिन्दी का सम्मान करें हम !!
इसका गौरव-गान करें हम !!!

हिन्दी विश्व-भाल सजाएँ

भारत माँ का अलंकार यह,
निज कण्ठ और हृदय लगाएँ !
विश्व-एकता की है जननी,
हिन्दी विश्व-भाल सजाएँ !!
विविध वर्ण की सुन्दर भाषा,
इसकी मधुर गति और लय है।
'हिन्दी ही राष्ट्रभाषा है' ----
इसमें तनिक नहीं संशय है ॥
इसके जरिए संसार को,
भारत की पहचान कराएँ !
विश्व-एकता की है जननी,
हिन्दी विश्व-भाल सजाएँ !!

शिक्षा और प्रशासन में भी,
हिन्दी ने परचम लहराया।
उदारता से अन्य वर्ग की,
भाषा को इसने अपनाया ॥
हिन्दी के सुरभित बाग में,
नए-नए हम फूल खिलाएँ !
विश्व-एकता की है जननी,
हिन्दी विश्व-भाल सजाएँ !!

हिन्दी ने ही इस भूमि पर,
हमको जीना सिखलाया है।
प्राचीन ग्रंथ के द्वारा,
जीवन-मर्म बतलाया है ॥
लेखन-कला और भाषण से,
हिन्दी को समृद्ध बनाएँ !
विश्व-एकता की है जननी,
हिन्दी विश्व-भाल सजाएँ !!
भारत माँ का अलंकार यह,
निज कण्ठ और हृदय लगाएँ !!!

रविवार की इडली

छुट्टी का शुभ दिन है,
आज इतवार है !
गर्मा-गरम इडली,
नाश्ता तैयार है !!
हम तो कवि निठल्लू भाई,
हर दिन छुट्टी मनाते हैं।
कभी काव्य के, कभी कथा के,
मानस-भोजन खाते हैं॥
बरसात के घिरे हैं बादल,
शीतल चली बयार है !
छुट्टी का शुभ दिन है,
आज इतवार है !!
गर्मा-गरम इडली,
नाश्ता तैयार है !!!

दक्षिण-भारत का व्यंजन,
छाया उत्तर-पूरब में।
इडली रसोईघर की रानी,
आदरणीय है सबमें॥

नरम-मुलायम पकवान,
वृद्धों के लिए न भार है !
छुट्टी का शुभ दिन है,
आज इतवार है !
गर्मा-गरम इडली,
नाश्ता तैयार है !!

पानी-पूरी खाओ जी !

रूँठ गए जो गृह-देवता,
उनको शीघ्र मनाओ जी !
पानी-पूरी खाओ जी,
प्रभु के गुण गाओ जी !!
गोले-गप्पे की तरह ही,
मानव का तन और मन है।
सत्तर प्रतिशत पानी जिसमें,
और अस्सी भाव-कण है ॥
जो मिल गया सहज जीवन में,
उसकी खुशी मनाओ जी !
पानी-पूरी खाओ जी,
प्रभु के गुण गाओ जी !!

इसको खाने पर केवल,
चटकारा ही रह जाता है।
निराकार प्रभु-सा खो जाता,
उर आनन्द समाता है ॥
जीवन रंगमंच का उत्सव,
इसकी खुशी मनाओ जी !
पानी-पूरी खाओ जी,
प्रभु के गुण गाओ जी !!

गो-सेवक

हो गई रात ; एक दर्दनाक,
दु:ख-भरी आह नभ में गूँजी ।
मैं लिखने में था संलग्न,
संचित करता सृजन-पूँजी ।।
कि तभी द्वार पर युवकों का,
उत्साहित स्वर सुनाई दिया ।
वे बाँध रहे थे एक गाय,
करने उसकी उपचार-क्रिया ।।
वह गो-माता थी श्वेत वर्ण,
तन से स्वाभाविक रूप पुष्ट ।
पर उसकी पूँछ के नीचे गहरा,
घाव हुआ था ज्यों कुष्ठ ।।

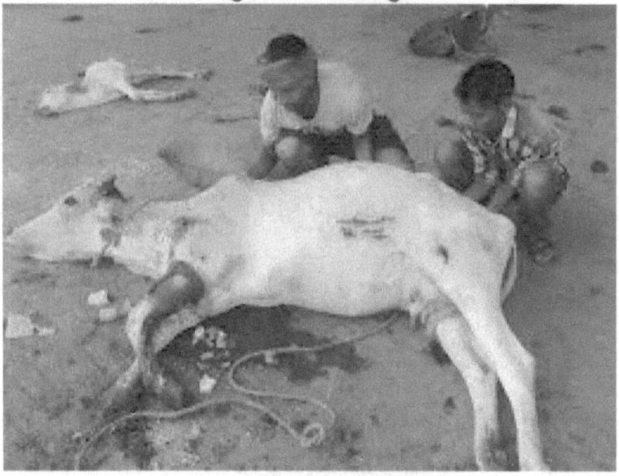

उस घाव के कारण गैया मैया,
बार-बार कराह रही ।
अन्तर्मन से अपने परमेश्वर,
को बेबस पुकार रही ।।
तब आठ युवा अपने शहर के,
इसी मौहल्ले के वासी ।
उसकी सहायता को आए,

बनने गैया की सुखराशि ॥
गैया न भागे ; इसीलिए,
उसके पग-सींगों को पकड़ा।
मोटे-मोटे दो रस्से ले,
उसके पग-सींगों को जकड़ा ॥
वे लाल-दवा, इंजेक्शन आदि,
सब लेकर के आए थे।
हुण्डावाल थे 'मनु' युवक,
गो-रक्षक बनकर आए थे ॥
हिम्मत से गो को साध मनु ने,
उपचार किया पूरा।
निज कष्ट से मुक्ति पाई गाय ने,
घाव ने किया किनारा ॥
भगवान ! मेरे राष्ट्र के युवक,
अब भी सहानुभूति वाले।
गो-माता के प्रति करुण-दु:खी,
उसकी रक्षा करने वाले ॥
सोया है सारा विश्व किन्तु,
भारत-युवक न सोए हैं।
गो-व्यथा देखकर बार-बार,
ये अन्तर्मन में रोए हैं ॥

गो-सेवा की महिमा

गोमाता को सहलाना, करना दूर उसके कीटाणु।
इस पुण्य-कर्म से नष्ट होते, मानव के सारे पापाणु ॥
गो-ग्रास देने से इंसान को, पुण्य बड़ा ही मिलता है।
गो चरा जलाशय ले जाने से, बैकुण्ठ-सुख मिलता है ॥
जो मानव गो-चर-भूमि की, व्यवस्था यदि कर पाता।
अश्वमेध-यज्ञ का सारा फल, वह नि:सन्देह प्राप्त करता ॥
यदि गाय विपत्ति या कीचड़ में, असहाय हो फँस जाए।
वह किसी चोर या वधिक-बिछाए, कठिन-जाल में आ जाए ॥
तो उसको मुक्ति दिलाने से, मिलता अश्वमेध का फल।
साधो ! गो-सेवा व्यर्थ न जाती, फलित होती वह आज या कल ॥
जो जन रुग्ण गो-माता को, औषधि समय पर देता है।
वह स्वयं जिन्दगी-भर हेतु, रोगों से मुक्ति पाता है ॥

जिसने भयभीत गायों को, हिम्मत से अभयदान दिया।
ईश्वर ने जीवन-भर उसको, हर एक भय से मुक्त किया ॥
जो चाण्डाल के हाथों से, गोमाता को लेता खरीद।
गोमेधयज्ञ का फल पाता, पूर्ण होती उसकी उम्मीद ॥
गायों की शीत-धूप से रक्षा, करने से मिलता है पुण्य।
पाता स्वर्ग ऐसा मानव, सुख पाता अतुलित- अक्षुण्ण ॥

स्वच्छ-भारत-अभियान

आओ राष्ट्र के कण-कण से,
हम मैल-गन्दगी दूर हटाएँ !
स्वच्छ बनाएँ घर और आँगन,
भारत अपना स्वच्छ बनाएँ !!
घर में हो या गली-मैहल्ले,
कूड़ा-करकट कहीं दिखे तो।
उसको अपना दुश्मन समझे,
असुर-समान यदि पनपे तो ॥
लेकर कूड़ादान-झाड़ू हम,
जड़ से उसको तुरत मिटाएँ !
स्वच्छ बनाएँ घर और आँगन,
भारत अपना स्वच्छ बनाएँ !!

हर घर, गाँव और नगर से,
दूर गन्दगी सारी करनी।
जीवन-पथ से शूल हटाकर,
फूलों की सृष्टि कर देनी ॥
पुण्य-कर्म यह बिन खर्चे का,
इसमें कुछ तो श्रम लगाएँ !
स्वच्छ बनाएँ घर और आँगन,
भारत अपना स्वच्छ बनाएँ !!

अंग्रेजों को दूर भगाकर,
भारत माँ ने मुक्ति पाई।
अभिशाप बनी अस्वच्छता,
फैलाती तम की कलामाई ।।
आओ नए अभियान से जुड़कर,
अपना जीवन धन्य बनाएँ !
स्वच्छ बनाएँ घर और आँगन,
भारत अपना स्वच्छ बनाएँ !!

मेरी पुस्तक -- 1 : सुनामी त्रासदी

उन्नीस वर्ष पहले मैंने, जो लिखी सुनामी की पुस्तक।
वह हुई प्रकाशित धूमधाम, आशाओं ने दी तब दस्तक ।।
कल कई वर्ष के बाद वह, छत्तीसगढ के पुस्तक-घर में।
दिख गई मुझे यों अनायास, पंकज मिश्रा के संग्रह में ।।
कई और रुचिकर पुस्तक के संग, सोचा उसको मँगवा लूँ।
पुस्तक-राशि मामूली थी, सोचा आसानी से पा लूँ ।।
लेकिन मिश्रा जी ने जाना जब, मैं ही उसका हूँ लेखक।
बोले -- " मैं इसे रखूँगा, लूँगा इस पर आपके दस्तखत ।।
यह एक निशानी पास रहेगी, सदा आपके परिचय की।
मैं खुशनसीब हूँ, यादगार यह मुलाकात दोस्ती की ।।... "
मित्रों ! यह करामात ; मोबाइल राजा ही दिखलाता है।
वह प्रिय वस्तुओं और प्रिय मित्रों से मिलवा देता है ।।
इस जगत-भीड़ में कृतिकार की, कृति कोई जब मिल जाती।
तो देख उसे निज प्रतिरूप, मन में भारी खुशी होती ।।

मेरी पुस्तक -- 2 : जीने की कला

मेरी जिन कृतियों ने पाठक !
मुझको गौरव के क्षण दिए।
उनमें 'जीने की कला' एक,
जिसने आनन्द के सूत्र दिए ॥
वह बीस वर्ष पहले 'यूनिक,
ट्रेडर्स' से हुई प्रकाशित थी।
मनमोहन जी ने छापा था,
जयपुर से हुई आलोकित थी ॥
पश्चिम बंगाल के पाठक को,
यह इतनी ज्यादा भाई थी।
बांग्ला-भाषा अनुवादित कर,
पाण्डुलिपि मुझे भिजवाई थी ॥

पंकज मिश्रा छत्तीसगढ के,
पुस्तक-विक्रेता हितकारी।
दे रहे पुस्तकें ऑफर में,
सज्जन-हितैषी गुणकारी ॥

इस बार कहा मैंने उनसे --
" यह मेरी रची हुई पुस्तक ।
इसको न देना आप मुझे,
मित्रता-निशानी शुभचिन्तक !! "
यह पुस्तक मुझको और आपको,
यारी याद दिलाएगी ।
'जीने की कला' क्या होती है,
यह सूत्र गूढ़ समझाएगी ।।
मित्रों ! इस स्वार्थमय जग में,
पुस्तकें मिलन का सेतु हैं ।
उन्नति-सृजन-जग-कल्याण,
आनन्द-सुख का हेतु हैं ।।

सूत्रधार (काव्य-संग्रह)

वर्षों पहले की लिखी हुई,
कविताओं ने हर्षाया हैं !
इस बार रवीना प्रकाशन से,
'सूत्रधार' संग्रह आया है !!
अध्यात्म-समन्वित कविताएँ,
जो सकल हृदय की पूँजी है।
इनसे महके जन-मन-आँगन,
न अन्य आस कोई दूजी है ॥
इसका मुख-पृष्ठ वृक्ष और,
खग-दल का चित्रण भाया है !
इस बार रवीना प्रकाशन से,
'सूत्रधार' संग्रह आया है !!
कविता जीवन का निर्मल तप,
यह एक साधना ईश्वर की।
वरदान यह है जीवन का,
यह कृपा-दृष्टि शिव-सुन्दर की ॥
आशीष-सुमन शारदा ने,
मेरे शीश बरसाया है !
इस बार रवीना प्रकाशन से,
'सूत्रधार' संग्रह आया है !!
मेरे लिए हर काव्य-सृजन,
जीवन की बगिया का उत्सव।
संगीत की लय में बजता है,
कविता-बंशी का मोहक स्वर ॥
इस कृति के अभिनन्दन में,
मन ने कुसुम-हार बनाया है !
इस बार रवीना प्रकाशन से,

'सूत्रधार' संग्रह आया है !!

झांझी का विसर्जन

बर्बरीक-प्रेमिका थी झांझी,
प्रियतम उसके थे महावीर।
जिनका रण-कौशल देख-देख,
पाण्डव होते थे अति अधीर ॥
'टेसू' वे खाटू-श्याम जी थे,
जिनको कृष्ण ने सदगति दी।
पहले शीश काटा उनका,
फिर तीन बाण की शैय्या दी ॥
उस समय ब्याह न हो पाया,
झांझी का प्यारे प्रियतम से।
संसार कराता अब शादी,
दो बिछुड़ गए प्रेमी दिल से ॥
झांझी का वर्षों बाद प्रेम,
अब तक जग में है अमर रहा।
विवाह बाद मरण होना,
नियति का यही विधान रहा ॥
ओ मुनिया ! झांझी शीश बिठा,
दे पाँच परिक्रमा श्रद्धा से।
कर सती महाविभूति को,
कर नमन उसे अवशेषों से ॥

टेसू-झांझी का विवाह

यह शादी खाटू-श्याम जी की,
बलिदानी का विवाह-पर्व !
यह अमर प्रेम की गाथा है,
भारत के जन का महा गर्व !!
जिनकी माँ ने शिक्षा दी थी ---
" तुम साथ देना उन लोगों का।
जो युद्ध हारने वाले हों,
सम्बल बनना बेटा ! उनका॥ "

तब बर्बरीक ने हरा दिए,
एक-एक कर पाण्डव वीर सर्व !
यह अमर प्रेम की गाथा है,
भारत के जन का महा गर्व !!
फिर चक्र सुदर्शन से कान्हा ने,
मस्तक उनका काट दिया।
रख तीर तीन ; उस पर मस्तक,
उस महावीर का खड़ा किया॥
झांझी को 'टेसू' प्रियतम पर,

अन्तिम साँसों तक रहा गर्व !
यह अमर प्रेम की गाथा है,
भारत के जन का महा गर्व !!

यह जगवालों की रीति है,
पहले तो हृदय अलग करते।
फिर उनके प्रणय-पाणिग्रहण के,
मिलकर के गाने गाते ।।
जो न हो पाया तब विवाह,
उसको कराते प्रति पर्व !
यह अमर प्रेम की गाथा है,
भारत के जन का महा गर्व !!

टेसू राजा

टेसू मरकर भी अमर आज,
खाटू श्याम जी दिव्य रूप !
जो अहम्-शीश अर्पित करते,
ऐसे वे त्यागी मूर्त-रूप !!
भगवान ने अहंकार-रूप,
मस्तक उनका था काट दिया।
फिर महायुद्ध का ; जगती का,
उनको भव-साक्षी बना दिया ॥
वे झाँझी के निर्मल पति थे,
सहते रण में सब शीत-धूप !
टेसू मरकर भी अमर आज,
खाटू श्याम जी दिव्य रूप !!

उनकी हत्या के षड्यंत्र पर,
जग अब भी पछताता है।
बिछुड़े प्रेमी का विवाह,
करने को जग अकुलाता है ॥
पाणिग्रहण करवा जग देता,

उनको मृत्यु भेंट रूप !
टेसू मरकर भी अमर आज,
खाटू श्याम जी दिव्य रूप !!
प्रतिवर्ष करके हम विवाह,
दोनों को आदर देते हैं।
फिर महाभारत-काल जैसा,
षड्यंत्र मृत्यु का रचते हैं ।।
फिर उनको ही पूजते हम,
मन्दिर में खाटू के स्वरूप !
टेसू मरकर भी अमर आज,
खाटू श्याम जी दिव्य रूप !!

साधना-भूमि

यह जागृत सृजन-देव-मन्दिर,
यह मेरी साधना की भूमि !
प्रति-दिवस यहाँ सृजन करता,
हर भोर यह मैंने चूमी !!
जब कभी थका-माँदा कर्म से,
इस कुटीर में आ जाता।
साहित्य-धर्मग्रंथों के दर्शन,
करके शान्ति पा जाता ।।
छत इसकी दयावान है और,
शीतलकारी इसकी जमी !
यह जागृत सृजन-देव-मन्दिर,
यह मेरी साधना की भूमि !!

यही बोधि-वृक्ष ; जिस तरु के नीचे,
बैठ साधना मैं करता।
केवल लिखता मैं ग्रंथ नहीं,
बल्कि अपना शोध करता ।।
वरदानमयी यह सृजन-पीठ,
हर दिन यहाँ लेखन-धूनी रमी !
यह जागृत सृजन-देव-मन्दिर,
यह मेरी साधना की भूमि !!
कितने जन्मों का सृजन-पुण्य,

जो ऐसा तप:स्थल पाया।
जीवन ने पाई सार्थकता,
आदर्श-मार्ग यह अपनाया।
पाकर आशीष शारदा का,
फिर न रह जाती कोई कमी !
यह जागृत सृजन-देव-मन्दिर,
यह मेरी साधना की भूमि !!

कौशल का जन्मदिन

जन्मदिवस कौशल का आया,
घर-आँगन हर्षाया है !
रिद्धि और सिद्धि के संग,
सबने यह दिवस मनाया है !!
केक और मिठाई आई,
आइसक्रीम-सी सबको भाई।
आपस में सबने ही मिलकर,
बड़े चाव और रुचि से खाई ॥
छह नवम्बर का दिवस यह,
वर्ष बाद फिर आया है !
जन्मदिवस कौशल का आया,
घर-आँगन हर्षाया है !!
चंचल मास्टर जी सोते थे,
हम सबने उठाया।
जंघिया और बनियान में ही,
अपना रंग जमाया ॥
मास्टर जी के ऊपर किंचित,
जोर नहीं चल पाया है !
जन्मदिवस कौशल का आया,
घर-आँगन हर्षाया है !!
आज बने छोले-भटूरे,
जन्म-दिवस के अवसर पर।
हर्ष छा गया वर्षगाँठ का,
धरती पर और अम्बर पर ॥
विश्व-कप में,भारत ने,
क्रिकेट में रंग जमाया है !
जन्मदिवस कौशल का आया,
घर-आँगन हर्षाया है !!

दीवाली का उपहार

इतना सम्मान-सत्कार,
कैसे मैं समा पाऊँगा !
दीवाली का यह उपहार,
कैसे मैं भुला पाऊँगा ?
आदरणीय भाई चन्द्रहास,
मेरे सदग्रंथ-प्रकाशक हैं।
वे काव्य-कला के मर्मज्ञ,
कई उपन्यास के लेखक हैं॥
इस भाव-पटल पर पहुँच मीत,
मैं निज कर्त्तव्य निभाऊँगा !
दीवाली का यह उपहार,
कैसे मैं भुला पाऊँगा ?

आशा न थी लेखन-साधना,
ऐसा रंग दिखाएगी।
पुस्तक-मेले में प्रिय पाठकों
से मुझको मिलवाएगी॥
श्रम-कण से पोषित मुक्त करों से,
ऑटोग्राफ दे पाऊँगा !
दीवाली का यह उपहार,
कैसे मैं भुला पाऊँगा ?

प्रभु सबके कर्म और साधना,
पर सदा दृष्टि रखते।
वे एक दिवस फल देते हैं,
न निज पर किंचित ऋण रखते।
अब तो जीवन-भर सतत-लेखनी,
का दायित्व निभाऊँगा !
दीवाली का यह उपहार,
कैसे मैं भुला पाऊँगा ?

दीवाली का शुभ दिन आया

चारों ओर धूमधाम है,
जहाँ रौशनी से नहाया !
सबने आशा-दीप जलाए,
दीवाली का शुभ दिन आया !!
' सब मिलकर हम रहें प्रेम से ',
-- यही दीवाली हमसे कहती।
भेदभाव की तोड़ दीवारें,
अखण्ड वसुधा है हँसती ॥
सब जन अपने इस धरती के,
कोई भी न यहाँ पराया !
चारों ओर धूमधाम है,
दीवाली का शुभ दिन आया !!

अंधकार पर उजियारे की,
महाविजय का दिव्य-पर्व है।
इस ज्योति के महापर्व का,
अपने मन में बड़ा गर्व है ॥
ज्योति-पर्व ने दूर किया है,
तिमिर-दु:ख-कष्टों का साया !
चारों ओर धूमधाम है,
दीवाली का शुभ दिन आया !!
यही दिवस था श्रीराम जब,

वनवास से घर को लौटे।
रावण-कुम्भकर्ण-असुर सब,
मारे गए जन थे खोटे॥
रामराज्य एक बार पुनः ,
भारत की वसुधा पर था छाया !
चारों ओर धूमधाम है,
दीवाली का शुभ दिन आया !!

दीवाली क्या कहती ?

अंधकार को चीरता,
नन्हें माटी-दीप का प्रकाश
साहस और उत्साह से भरा
देता नव-जागृति, नव-क्रान्ति का सन्देश.....
वह लड़ता है तिमिर से हर पल
साँस अन्तिम चुक जाने तक।
जीवन-पथ के हर कर्मरथी को,
देता धीरज
कि रुको न पथ में
विश्राम न लो तनिक
बस चलते ही चलो
अन्तिम विजय पाने तक
साँस सारी चुक जाने तक......

विज्ञान के जगत में,
मिट्टी का दीपक
आज भी महनीय, है आज भी प्रासंगिक
वह ठीक मानव के नश्वर-तन सा
पृथ्वी पर अचल रह,

सत्य और न्याय का देता सन्देश।
सुनो-सुनो,
क्या कहती है दीवाली ?
उसके आलोकमय सन्देश को सुनो

यह पर्व,
प्रतीक है अज्ञान-तिमिर-नाश का
आसुरीयता के अंत का
अधर्म पर धर्म की विजय का प्रतीक....
दीवाली कहती है ---
जीवन-पथ को कर ज्योतिर्मय,
औरों को दें नई आश, जीवन का नया उत्साह
समरसता से जीवन बिताएँ
जलाएँ आत्म-दीप सद्ज्ञान से
अन्त:-बाह्य कर रौशन
बढ़ चलें हम कर्म-पथ पर.....

दीपावली-सन्देश

इस दीपोत्सव पर आओ हम,
जीवन में नवोत्साह भरें !
आदर्श मान लें हम प्रकाश को,
जीवन-पथ का तिमिर हरें !!
हम लक्ष्य साध ले श्रेष्ठ और,
अपनाएँ लक्षण दिव्य-सरल।
माँ लक्ष्मी जैसा दया-भाव,
नारी में आए शुभ्र-विमल ।।
हम विघ्न-विनाशक लम्बोदर-से,
सबके विघ्न दूर करें !
आदर्श मान लें हम प्रकाश को,
जीवन-पथ का तिमिर हरें !!

मन के कलुषित सब भाव हटा,
शुभ-भाव हृदय में लाएँ हम।
सन्तोष, प्रेम और सदाचार से,
जीवन सफल बनाएँ हम ।।
अपने कर्त्तव्य निभाने में,
आलस्य तनिक हम नहीं करें !

आदर्श मान लें हम प्रकाश को,
जीवन-पथ का तिमिर हरें !!
हम दूर करें मन की उदासी,
औरों के आँसू पोंछे।
जो बीत चुका है बुरा-अशुभ,
न उसके बारे में सोचें ।।
स्वार्थ-भाव को त्याग, सदा हम
परोपकार को स्वीकारें !
आदर्श मान लें हम प्रकाश को,
जीवन-पथ का तिमिर हरें !!

दीपक-कथा

इस भू की माटी से दीप एक,
अभिनव निर्मित होता है।
वह कुम्भकार की इच्छा के,
अनुरूप स्वयं में ढलता है।।
मानव के तन जैसे 'मिट्टी',
और 'पानी' से निर्मित होता।
'वायु' में सूख ; 'अग्नि' के
अवा के अन्दर वह तपता।।
इस तरह होता परिपक्व वह,
'दीपक' ; 'दीप' कहाता है।
घृत और बाती को साथ लिए,
तम-अन्धकार से लड़ता है।।

अति कष्ट सह निर्मित होकर,
दीपक जब साहस से जलता।
अन्धकार मिटाने की सेवा में,
और अधिक कष्ट सहता।।
दीपक महान है ; परहितार्थ,
जो अपना सब देता लुटा।
वह सदा तपस्वी दिगम्बर,

न पहनता एक वस्त्र फटा ॥
निर्मल त्याग-तप-सेवा की,
उसकी अशेष कहानी है।
वह मार्ग-प्रदर्शक जगतगुरू,
गाथा यह बहुत पुरानी है ॥

दीप-स्तम्भ

यह नहीं माटी का दीपक,
मोमबत्ती-आलोक-शिखा है।
इसे नहीं निज तन की चिन्ता,
हर एक पल ही परीक्षा है॥
यह तिमिर का महा-विनाशक,
स्तम्भ आलोक से भरा।
इसके दृढ़-निश्चय के आगे,
कठिन काल भी रहता डरा॥
दीपावली-महोत्सव भू पर,
जगत सकल ही है हर्षाया।
कण-कण से अंधकार मिटाने,
यह पर्व प्रकाश का आया॥
हम दीपक से स्तम्भ बन,
सबको जीवन-पथ दर्शाएँ।
फैलाएँ आलोक धरा पर,
सारे जग का तिमिर मिटाएँ॥

आज दीवाली है

लक्ष्मी-पूजन हुआ ; गगन में,
आतिशबाजियाँ चलतीं।
फुलझड़ियों की जगमग होती,
चकरियाँ घूमा करतीं॥
दीवाली का उत्सव प्यारा,
हर्ष नया लेकर आया।
वर्ष बाद त्यौहार है आया,
उत्साह सबमें छाया॥
आज दीवाली की रौनक है,
जीभर खुशी मनाओ रे!
आलोक के सुखद तराने,
साथ-साथ मिल गाओ रे!!
कह दो, काल यहीं रुक जाए,
हमको खुशी मनाने दो।
सीता-गीता-बम-फुलझड़ी,
जीभर कर चलाने दो॥

आटे का दीपक

माँ ! याद अभी भी आता है,
आटे का वह दीप तेरा !
जब जीवन-पथ के अंधकार ने,
चहुँओर मुझको घेरा !!
मैं छोटा लड़का था वय में,
न उद्देश्य कुछ निश्चित था।
तब तक न सीखा काव्य-कर्म,
बस लड़कपन में स्थित था॥
एक दिन दीवाली से पहले,
तू बनाती आटे का घेरा !
फिर पंच-दीप निर्मित करके,
हर कक्ष बिठाती थी पहरा !!
माँ ! याद अभी भी आता है,
आटे का वह दीप तेरा !!!
उस दीप की भाँति तूने मुझको,
जीवन के संस्कार दिए।
आकार दिया शुभ-कर्मों का,
ममता का घृत अपार लिए॥
नव-तिमिर-विनाशक-ज्योति दे,
सुखों का किया सवेरा !
माँ ! याद अभी भी आता है,
आटे का वह दीप तेरा !!
जब जीवन-पथ के अंधकार ने,
चहुँओर मुझको घेरा !!!
इस बार दीवाली पर माता !
फिर वही दीपक मुझको दीखा।
कब इसे बना तू चली गई,

मैंने न जाना या परखा ॥
रख लिया संभालकर मैंने,
यह पुण्य-स्मृति-चिन्ह तेरा !
माँ ! याद अभी भी आता है,
आटे का वह दीप तेरा !!
जब जीवन-पथ के अंधकार ने,
चहुँओर मुझको घेरा !!!

शादी मुबारक

शादी मुबारक हो तुमको,
हे सुगम सौम्य ! दमन प्रकाश !
नव-दाम्पत्य-जीवन लाए,
हर एक दिवस सुखभरी आस !!
हम भात-पक्ष वाले बनकर,
भानज ! तुम्हारे ग्राम गए।
मंगल-पैलेस में देर रात,
छककर कई कुल्हड़ दूध पिए ।।
और आइसक्रीम पूरी खा दस,
न भूख टिक सकी तनिक पास !
शादी मुबारक हो तुमको,
हे सुगम सौम्य ! दमन प्रकाश !

जब चढ़ी राजपथ बारात,
वाहन का शोर हुआ भारी।
आधी सड़क वाहन चलते,
आधी पर थी बारात सारी ।।
जब दो ट्रक सम्मुख आ जाते,
हम खींच लेते थे हाय ! साँस !
शादी मुबारक हो तुमको,

हे सुगम सौम्य ! दमन प्रकाश !
बग्घी पर चढ़कर सुगम लाल !
जब पिता नाचते थे सहर्ष।
बेटे की शादी का भारी,
वे रखे हृदय में चिर हर्ष ।।
तब लुटा दुआ-धन-आशीष,
वे बने सभी के लिए खास !
शादी मुबारक हो तुमको,
हे सुगम सौम्य ! दमन प्रकाश !

सुगम की बारात

जब चढ़ी सुगम की बारात,
भानज ने सब खुशियाँ बाँचीं।
केवल युवा ही नहीं, युवतियाँ,
खूब थिरक-थिरक नांचीं ॥
गायक बैण्ड-बाजे वाला,
मोबाइल पढ़ गाता जाता।
न किसी गीत को ठीक तरह,
पूरा याद वह रख पाता ॥
पर गाते-गाते खोल लिया था,
उसने थोड़ा सुर अपना।
गायक बनने का नहीं ; अधिक धन,
का देखा करता सपना ॥

वाहन से भरी सड़क सारी,
इसलिए तनिक था मैं सहमा,
न खुलकर नाच दिखा पाया,
सुखभरा रात का वह शमा।

महिलाओं का बाराती-दल,
पुरुषों से किंचित रहा न कम।
सबने ही नांच दिखाने में,
जी-तोड़कर किया मनमाना श्रम ॥

वैवाहिक वर्षगाँठ का केक

शादी की सालगिरह,
मुबारक हो चंचल राज ! तुमको
......और बहु प्राची को भी बधाई हो !!
हुए दो वर्ष पूर्ण
वैवाहिक बंधन में बँधे,
साथ में एक नन्ही-सी
प्यारी परी 'रिद्धि'
आँगन में हँसती-खिलखिलाती
अठखेलियाँ करती
नन्ही चंचला-लघु वह
तुम दोनों के प्रेम का प्रतीक .....।
शादी की वर्षगाँठ का,
यह प्यारा केक
जिसे आज घर में
सबने आनन्द से खाया
मनोहर उत्सव आकाश से उतर
आया धरा पर।
दिशाएँ हर्षातीं .....
शरद ऋतु के सौरभ को
चारों ओर फैलातीं,
वैवाहिक वर्षगाँठ की खुशियाँ
हम सभी की तरफ से,
मुबारक हो आप दंपति को
वैवाहिक शुभ वर्षगाँठ !
मैरिज-एनिवर्सरी !!

आओ नया साल मनाएँ

2024 वर्ष पर आओ,
हम सब बलि-बलि जाएँ !
आओ नया साल मनाएँ,
हँसें-झूमें और नाचें-गाएँ !!
बीत गई जो बात पुरानी,
उसको आओ भूले हम सब।
नए वर्ष की नई प्रतिज्ञा,
स्नेह-सूत्र नाता जोड़ अब।
घृणा-द्वेषता-कटुता-लघुता,
इन सबको उर से विसराएँ !
आओ नया साल मनाएँ,
हँसें-झूमें और नाचें-गाएँ !!
नए साल की पहली तारीख,
उमंग मन लेकर आई।
सदभाव और प्रेम-भाव की,
खाएँ और खिलाएँ मिठाई॥
एक-दूजे का सम्मान हम,
दिल से कभी नही भुलाएँ !
आओ नया साल मनाएँ,
हँसें-झूमें और नाचें-गाएँ !!

सबके संग नया साल

नए साल के प्रथम दिवस पर,
सब ही आश्रम में जुट आए।
पहले तो सत्संग हुआ ; फिर,
अन्नकूट-प्रसादी पाए ॥
नव-वर्ष के पत्र-बधाई,
लेकर प्यारी बहिनें आईं।
नए साल के प्रथम दिवस पर,
अपने आश्रम रौनक छाई ॥
सबके ही हर्षित चेहरे थे,
सब ही थे उत्साहित मन से।
प्रथम दिवस का ज्ञान श्रवण कर,
लगे झूमने सब निज तन से ॥
दिव्य-ज्ञान के मोती जो भी,
सत्संग में जन चुगता है।
केवल वर्तमान ही नहीं,
उसका भावी कल बनता है ॥

नव-वर्ष का नया हर्ष है

माँ की ज्ञान-गद्दी को पाकर,
मम-जीवन का उत्कर्ष है !
नया साल मुस्काता आया,
नव-वर्ष का नया हर्ष है !!
कितने सब उपहार निराले,
भाई-बहिन लेकर आए हैं।
आश्रम के प्रांगण में आकर,
वे फूले न समाए हैं ।।
वर्ष पुराना लेकर बीता,
जीवन का सब संघर्ष है !
नया साल मुस्काता आया,
नव-वर्ष का नया हर्ष है !!
वर्ष पुराना जैसे बीता,
सबने मन:-चिन्ताएँ छोड़ीं।
क्षुद्र-भाव ; स्वार्थपरता से,
जीवन की दिशाएँ मोड़ीं।
नव-वर्ष में नया सृजन है,
नया तर्क, नव-विमर्ष है !
नया साल मुस्काता आया,
नव-वर्ष का नया हर्ष है !!

नव-वर्ष की खुशी

नया साल अधरों पर खुशियाँ,
नई-नई लेकर आता है।
इस शुभ दिन पर गगन मस्त हो,
भू पर खुशियाँ बरसाता है ॥
नए साल पर दसों दिशाएँ,
हर्षित मन से थाल सजातीं।
धरती के उत्साहित जन पर,
बार-बार वे बलि-बलि जातीं ॥
आओ वैर-कटुता भूलकर,
जीवन में नयापन लाएँ।
आदर और सत्कार-भाव से,
हर मानव को गले लगाएँ ॥
जनवरी की पहली तारीख,
शीघ्र लौटकर न आएगी।
जब वह आएगी तो दुनिया,
बन्धु ! बहुत बदल जाएगी ॥

उपन्यास का लोकार्पण

नया वर्ष आज नई दिल्ली से,
खुशखबरी एक लेकर आया।
हुआ उपन्यास का अनावरण,
उत्साहपूर्ण हर्ष छाया॥
श्री शिव बजरंग प्रकाशन से,
पुस्तक यह थी खूब छपी।
भ्रूण-हत्या की थी मर्म-कथा,
और उपन्यास की विधा-लिपि॥
अपने प्रकाशक संजय जी के,
सुपुत्र युवराज गुप्ता।
वे ही कार्यक्रम-संयोजक,
लोकार्पण के प्रबन्ध-कर्त्ता॥
कार्यक्रम में सांसद वर्मा जी,
श्री प्रवेश साहिब सिंह आए।
केन्द्रीय मन्त्री ज्योतिरादित्य,
सिंधिया साहिब हर्षित छाए॥
मन में वर्षों की इच्छा थी,
पुस्तक का लोकार्पण होवे।
कोई शाबाशी हमको भी दे,
अपना लेखन धन्य होवे॥

बेटी बचाओ : बेटी पढ़ाओ (पुस्तक-अनावरण)

साथी ! आज जो दिल्ली में,
यह चहल-पहल दिखती सुन्दर।
अपनी पुस्तक का सौन्दर्य-रस,
पाने भीड़ जुटी भू पर ॥
इसमें श्रीमान ज्योतिरादित्य,
सिन्धिया पधारे सौम्य-वेश।
सांसद साहिब सिंह वर्मा जी,
आए गरिमामय मृदुल केश ॥
इस बार प्रकाशक संजय जी ने,
भेजे सुत युवराज गुप्ता।
जिनका गर्व से भरा चित्त,
किंचित भी जिनमें न लघुता ॥
इस हाड़-जमाती सर्दी में,
मैं मीत ! न दिल्ली जा पाया।
संजय जी ने करुणा कर मुझको,
शीत-कोप से बचाया ॥
पुस्तक-अनावरण का दृश्य,
जब भी आँखों में भरता हूँ।
इस उपन्यास के सृजन-काल को,
शत-नमन मैं करता हूँ ॥

मकर-संक्रान्ति-पर्व

है संक्रान्ति का पर्व, सूर्य
अपनी धनु-राशि को त्याग।
मकर-राशि होंगे प्रविष्ट,
उत्तरायण लेंगे निज भाग॥
छह माह बाद पृथ्वी उत्तर से,
दक्षिण दिशा को जाती है।
सर्दी की ठिठुरन अकस्मात,
एक नई करवट लेती है॥
जप, तप, दान ; स्नान, श्राद्ध,
तर्पण आदि धार्मिक कृत्य।
इस पुण्य दिवस पर सब करते,
जो एकमात्र जीवन-सत्य॥
यदि आज कोई दान करता,
सौ गुणा बढ़कर पाता है।
गंगा-स्नान का आज के दिवस,
विशेष महत्त्व होता है॥
भगवान भास्कर इसी दिवस,
शनि-पुत्र से मिलने घर जाते।
शनिदेव मकर-राशि-स्वामी,
निज पितृ देख हर्षित होते॥
इस दिन गंगा मैया,
भागीरथ जी के पीछे पैदल चल।
आईं कपिल मुनि के आश्रम,
फिर गईं सिन्धु में जाकर मिल॥

18 जनवरी : अव्यक्त-दिवस

बन गए फरिश्ता ब्रह्मा तुम,
अब याद सभी को आते हो।
यह दिवस 18 जनवरी का,
स्मृति दिव्य दे जाते हो॥
यह ब्रह्माकुमारी विद्यालय,
जिसको शिव का वरदान मिला।
उस निराकार परमेश्वर को,
आपकी देह स्थान मिला॥
तन-मन-धन सब कुछ न्यौछावर,
किया प्रभु के चरणों में।
न भेद रखा था किसी तरह,
जाति, धर्म या वर्णों में॥
ओ ब्रह्मा पिता ! सभी को तुम,
निकटस्थ हृदय के हो लगते।
मीठे ! प्यारे बच्चे !! कहकर,
सत्कार-स्नेह अब भी देते॥
बन आसमान के फरिश्ते,
बच्चों पर प्यार लुटाते हो।
कितने बीते हैं वर्ष किन्तु,
हाँ याद अभी भी आते हो॥
यह दिवस 18 जनवरी का,
तप याद आपका दिलाता।
सेवा-समर्पण-श्रद्धा का,
विश्वास आपका दिलाता॥
मिलकर के ब्रह्मा-वत्स सभी,
श्रद्धा-भाव से करें नमन।
हे शान्ति दूत ! शिव के प्यारे !!
करते तुम्हें शत-शत वन्दन॥

पैदल अवधपुरी

बंगाल-बम्बई-कर्नाटक से,
उत्तर-प्रदेश से भक्त चले।
पैदल ही जिनका मात्र साध्य,
मन राम बसाकर सभी चले॥
कई दिवस चले हैं कोसों वे,
करने अवधपुर का दर्शन।
पग के छाले ; शीत-ठिठुरन,
करते चलते सब राम-भजन॥
जन्मों से उर में बसे राम,
वे एक प्राणधन हैं सबका।
सरयू के तट बनाया जो,
करने दर्शन उस मन्दिर का॥

दो सहस्र किलोमीटर चलकर,
धारे गाँधी का सौम्य वेश।
चल रहा युवक कर्नाटक का,
एक माह से त्यागे गृह अशेष॥
कई राम-नामधारी साधु ,
'जय सियाराम' कहते जाते।

सब पहुँच रहे अयोध्या को,
पथ के कष्ट सहते जाते ॥

प्रधानमंत्री का ढाढस

सन दो हजार तेईस दीवाली,
लेकर के खुशियाँ आई।
क्रिकेट वर्ल्ड-कप में भारत ने,
धाक थी अपनी जमाई॥
न कोई मैच हारी टीम,
सब खिलाड़ी थे उत्साह-भरे।
आक्रामक थे प्रतिद्वन्द्वी पर,
न एक दिवस भी तनिक डरे॥
आस्ट्रेलिया आदि दस टीमें,
पराजित कर मौका आया।
क्रिकेट का हुआ फाइनल था,
सबके मन में हर्ष छाया॥

लेकिन उस दिन सितारे सब,
प्रतिकूल हो गए थे ऐसे।
मानों बदला लेने बैठे,
वे पूर्व-जन्म के शत्रु-से॥
चोटिल-पराजित आस्ट्रेलिया,
अपना भाग्य लेकर जीता।
हारे भारतीय खिलाड़ी,
हर कोई हुआ सुख से रीता॥

डे्रसिंग-रूम के अन्दर जब,
वे सब थे आँसू भरे हुए।
तब आए प्रधानमंत्री अन्दर,
श्रद्धा-आशा से भरे हुए॥

अपने निज कण्ठ लगाकर के,
हर एक खिलाड़ी को साधा।
' यह खेल है ; इसमें होता है',
--- कह धैर्य सभी के उर बाँधा॥
ऐसे महान राष्ट्र-नायक,
न जाति-धर्म देखते हैं।
जब धैर्य टूटता है जन का,
वे प्रबल सहारा देते हैं॥

स्वागत

यह देश प्रिय भारत अपना,
राधा-मोहन की सुर-भूमि।
उस बटुक सुदामा के पग की,
धूलि कान्हा ने मुख चूमी॥
जहाँ पाहुन का आतिथ्य,
बिछाकर पलक-पाँवड़े होता है।
भूखे पथिक को खिला अन्न,
तब भारतीय हर सोता है॥
उस देश से क्रिकेट-मैच जीत,
टीम-ऑस्ट्रेलिया घर पहुँची जब।
कोई न आया स्वागत को,
सब जीत-खुशी हुई फीकी तब॥
इतने लोग तो भारत में,
चाय की टपरी आ जाते।
एक-दूजे का करके स्वागत,
जी खोल विहँस बातें करते॥
सब जग विराट-शमी-रोहित के,
आगे अब भी अवनत है।
भारत हारकर भी क्रिकेट,
हर एक दिलों में गर्वित है॥

रामलला को उपहार -- 1

श्रीराम विराजें अवधपुरी,
उत्सव विराट होने को है।
सदियों बाद, फिर श्रीराम का,
राजतिलक होने को है॥
सब पहुँच रहे श्रद्धालु-जन,
एक-एक करके राम-नगरी।
सरयू-तट की वह अयोध्या,
एक बार पुनः सुन्दर निखरी॥
जन भव्य-दिव्य उपहार अनूठे,
राम की खातिर लाते हैं।
अर्पित करके श्री चरणों में,
सब उनके शीश झुकाते हैं॥

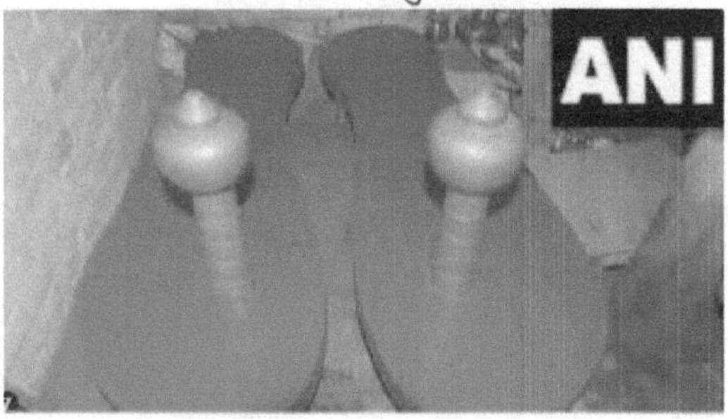

एक किलो स्वर्ण और सात किलो,
चाँदी से बनी पादुका जी।
श्रीनिवास शास्त्री ले आए,
हैदराबाद से चलकर जी॥
उनके कार-सेवक पिता के,
मन में इच्छा शेष रही।
जब बने राम का मन्दिर,
गर्वित होवे अवध की मही॥
तब सोने की खड़ाऊँ हम,

प्रभु के चरण भेंट देवें।
उनके पावन और दिव्य प्रेम का,
शुभाशीष सहज लेवें ।।

रामलला को उपहार -- 2

है शहर अलीगढ़ विख्यात,
'तालों की नगरी' कहलाता।
यहाँ बना हुआ ताला चोरों के,
भी दिमाग को चकराता॥
ताले के उद्योगपति वहाँ के,
सत्यप्रकाश श्री शर्मा जी।
ताला बनाकर लाए अवध,
है चार सौ किलो वजनी जी॥
शर्मा जी ने श्रम करके इसको,
निज हाथों तैयार किया।
दस फीट ऊँचे इस ताले को,
चार फीट चाबी का संग दिया॥

जग का रिकॉर्ड ; यह दुनिया का,
सबसे बड़ा एक ताला है।
यह बना है उसकी खातिर जो,
सारे जग का रखवाला है॥
इससे बड़े ताला-चाबी,
अब तक न निर्मित हो पाए।
शर्मा जी 'राम-मन्दिर-ट्रस्ट' को,
उपहार यह दे आए॥

रामलला को उपहार -- 3

श्रीराम की खातिर एक नगाड़ा,
गुजरात से आया है।
दरियापुर के दबगर-समाज ने,
श्रम से इसे बनाया है।।
छप्पन इंच का ; सीने जैसा,
चौड़ा यह नगाड़ा है।
सोने की परत चढ़ा नगाड़ा,
सबके मन को भाया है।।
'अखिल भारतीय दबगर-समाज' के,
लोग इसे लेकर आए।
लोहे से निर्मित इस वाद्य की,
डेढ़ कोस ध्वनि जाए।।

सालों तक बजता रहे नगाड़ा,
न खराब कभी होगा।
इसकी आहट से जन-जन का,
आलस-प्रमाद सब भागेगा।।
इससे ही नव-सदी की अभिनव,
दिव्य प्रेरणा जागेगी।

इसकी धुन सुन अज्ञान-बुराई,
कई कोस तक भागेगी ॥
इसमें चमड़े का नाम नहीं,
लोहे का पट-आधार रहा ।
" श्री राम अयोध्या आते हैं "
-- जन-जन को यह पुकार रहा ॥

रामलला को उपहार -- 4

उत्तर-प्रदेश ; एटा जिले का,
जलेसर है एक नगर।
धातु हस्त-शिल्प का पुराना,
कारोबारी शान्त नगर ॥
इस 'घुँघरू-नगर' बनाए जाते,
पीतल के बड़े घण्टे।
मन्दिर में जो करके निनाद,
मोहक ध्वनि से भर देते ॥
एक अष्टधातु का बना हुआ,
इक्कीस सौ किलोग्राम वजनी।
आया घण्टा साकेतधाम,
दो साल परिश्रम की ठनी ॥

कई और घण्टे उससे छोटे,
घुँघरू-नगर से आए हैं।
जिनको निरख अवधवासी,
मन में अधिक हर्षाए हैं ॥
श्री रामलला के अनुष्ठान,
हेतु आते हैं उपहार।
पौष शुक्ल द्वादशी तिथि,
आ गया दीप का त्यौहार ॥

रामलला को उपहार -- 5

उत्तर-प्रदेश की राजधानी,
लखनऊ शहर से आई है।
सौगात घड़ी की अनमोल,
जिससे दुनिया हर्षाई है॥
सब्जी-विक्रेता अनिल कुमार,
साहू ; उम्र बावन साल।
बनाई घड़ी पिचहत्तर सेन्टीमीटर,
कर बुद्धि-कमाल॥
यह एक साथ ही आठ देश का,
समय बताती जाती है।
जापान-रूस और चीन-अमरीका,
का काल बतलाती है॥

साहू मन्दिर के ट्रस्टी,
चम्पतराय जी के पास गए।
सविनय जोड़कर हाथ,
प्रभु की भेंट करों में सौंप दिए॥

श्रीराम-कृपा से भारत में,
सब्जी वाला भी बुद्धिमान।
उसने बनाया प्रभु-भेंट का,
सारे जग में कीर्तिमान ॥

रामलला को उपहार -- 6

गुजरात-राज्य के बड़ोदरा में,
एक भक्त ने मेहनत कर।
छह माह काल लगकर बनाई,
अगरबत्ती एक मनहर।
एक सौ आठ फीट लम्बाई,
साढ़े तीन फीट चौड़ी है।
तीन हजार छह सौ दस किलो,
के भार वाली यह तगड़ी है॥
विहा भरवाड हैं निर्माता,
जिनका यही सबसे कहना ---
" डेढ़ माह जलेगी सतत यह,
न इससे पूर्व खत्म होना॥
है पर्यावरण के अनुकूल,
मिश्रित इसमें जड़ी-बूँटी।
इसको बनाते प्रभु राम से,
मेरी न लगन टूटी॥..."
जिस समय जलेगी यह,
कोस कई सुगन्ध फैलाएगी।
यह रामलला के प्रति आस्था,
गहनतम जगाएगी॥

रामलला को उपहार -- 7

एक हार पाँच सहस्र हीरों से,
ज्यादा सुन्दर बनाकर।
सूरत का व्यापारी लाया,
अयोध्या राम के दिव्य नगर ॥
'रसेश ज्वेल्स' के निदेशक,
कौशिक काकड़िया जी बोले --
" इसके हीरे सब अमेरिकी,
मुख्य पात्र हार में हैं डोले ॥
माँ सिया, राम, हनुमत, लक्ष्मन ;
रामायण के चरित्र रहे।
इस एक हार के संग दर्शित,
जन के सुहृदय-मित्र रहे ॥..."

वह हार करोड़ों रुपयों का,
श्रीराम-छवि पर न्यौछावर।
उससे श्रेष्ठ उपहार जगत में,
हो सकता कौन सुन्दर ?

उस कण्ठहार का हृदय,
राम का मनोरम वह मन्दिर है।
इक्कीसवीं सदी का सर्वश्रेष्ठ,
उत्सव होता जहाँ पर है ॥

रामलला को उपहार -- 8

अरविंदभाई मंगलभाई पटेल,
गाँव के एक कृषक।
हैं श्रीराम के प्रबल भक्त,
इसमें नहीं कोई भी शक॥
वे वडोदरा मे रहते हैं,
करते गाँव में कषि-कर्म।
मन्दिर की प्राण-प्रतिष्ठा का,
गहराई से वे समझ मर्म॥
एक हजार एक सौ किलोग्राम,
वजनी विशाल दीपक लाए।
स्वर्ण-रजत-ताम्र-जस्ता-लोहा,
इन पंच-धातु से बनाए॥

सवा नौ फीट ऊँचा दीपक,
आठ फीट की चौड़ाई है।
आठ सौ इक्यावन किलोग्राम,
घी-क्षमता रही समाई है॥
ऐसा विशाल ऊँचा दीपक,

क्या बन्धु आपने देखा है ?
श्रीराम-लला के राम-दीप-सा,
उपहार कोई देखा है ?

रामलला को उपहार -- 9

मन्दिर का शिखर सजाने को,
आईं सात हैं धर्म-ध्वजा।
एक चौवालिस फीट ऊँची हैं,
जिससे रक्षित होगी प्रजा ॥
कर लगातार श्रम सात माह,
पीतल की ध्वजा बनाई हैं।
गुजरात कम्पनी 'अम्बिका
इन्जीनियर वर्क्स' ने लाई हैं ॥
बीस फीट वाली छह धर्म-ध्वजा,
परकोटा-शान बढ़ाएँगी।
एक-एक परकोटे के ऊपर,
रघुवर की गाथा गाएँगी ॥

दो सौ फीट-ऊपर फहरेगी,
मन्दिर की पावन धर्म-ध्वजा।
एक हजार साल तक इसी तरह,
मन्दिर रहेगा सदा सजा ॥
पीतल की ये मजबूत ध्वजाएँ,
कभी शान न खोएँगी।
इनकी छाया में राष्ट्र-नारियाँ,
कभी न दु:ख से रोएँगी ॥

रामलला को उपहार -- 10

सीता माता की जन्मभूमि,
नेपाल-जनकपुर से आए।
त्रि-सहस्र उपहार ; जिन्हें,
सब देख हृदय में हर्षाए ॥
इन उपहारों में चांदी के,
जूते, आभूषण और कपड़े।
कई ग्रीष्म और कई शीत ऋतु के,
वस्त्र गर्म और नरम बड़े ॥
नेपाल जनकपुर धाम,
रामजानकी मंदिर सुशोभित।
जग का पावन है महातीर्थ,
ससुराल रामजी की चर्चित ॥

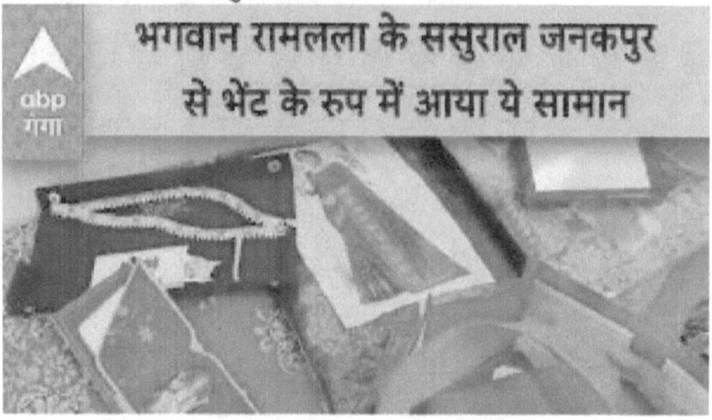

इन उपहारों से भरा काफिला,
तीस वाहनों में आया।
पहुँचा अवध तो सबने मिल,
'श्रीराम-जयकारा' लगाया ॥
नेपाल देश उल्लासित है,
श्री राम लला के मन्दिर से।
उपहार अनुपम भेजे हैं,
उसने सिया की भूमि से ॥

रामायण-पाठ

अवधपुरी में कल मन्दिर की,
प्राण-प्रतिष्ठा होनी है।
दीपावली विशेष सकल,
सम्पूर्ण राष्ट्र में मननी है॥
हर एक देवालय-मन्दिर में,
हो रहे भव्य हैं आयोजन।
हो रहे प्रफुल्लित भारतीय,
हर एक भक्त का हर्षित मन॥
अपने मौहल्ले के युवकों ने,
मन्दिर-द्वार सजाया है।
कल रात जाग की तैयारी,
बह उठी भक्ति की धारा है॥
फिर आज सुबह ही विधिपूर्वक,
'मानस' का हुआ पूजन।
आरम्भ हुआ अखण्ड-पाठ,
श्री रामचरित का पारायण॥
युवकों में अतिशय उत्साह,
सब रात चलेगा आयोजन।
कल सुबह होगा खत्म पाठ,
गर्वित होगा जीवन का धन॥

रामायण-पाठ और जाड़ा

गृह-सम्मुख अपने सकल रात,
रामायण का माँ ! पाठ हुआ।
हम रहे तापते देह सकल,
जाड़े का गर्व छार हुआ ॥
कब बीता निशि अरण्यकाण्ड,
कब किष्किन्धाकाण्ड आया।
आरम्भ हुआ सुन्दरकाण्ड,
फिर लंकाकाण्ड सकल छाया ॥
न पता चला कब बीत चले,
एक-एक करके रामायण-पृष्ठ।
कब बीती शीतल शरद रात,
कब लुप्त हुआ भय-असुर भ्रष्ट ॥

हम रहे तापते एक ओर,
द्वादशी पौष का दिन आया।
श्रीराम-अयोध्या-मन्दिर में,
सब तरफ महा-उत्सव छाया ॥
ये लकड़ियाँ जो जलती हैं,

अखण्ड योग की ज्वाला में।
ये भी तो हैं आहूतियाँ,
श्रीराम-यज्ञ की शाला में ?
सब युवकों ने इनके बल पर,
काटी है ठण्डी सकल रात।
प्रज्वलित समिधाओं पर झुक,
करते रहे श्रीराम-बात ॥

रामलला की प्राण-प्रतिष्ठा

" पायो जी मैंने,
रामरतन-धन पायो ।
पायो जी मैंने,
रामरतन-धन पायो ॥
वस्तु अमोलक दी मेरे सतगुरु,
कृपा कर अपनायो,
पायो जी मैंने,
राम रतन धन पायो ॥
जन्म जन्म की पूँजी पाई,
जग में सबही गुमायो ।
पायो जी मैंने
राम रतन धन पायो ॥

खर्च ना खूटे, चोर ना लूटे,
दिन दिन बढ़त सवायो ।
पायो जी मैंने,
राम रतन धन पायो ॥
सत की नाव ; खेवटिया सतगुरु,
भवसागर तऱयायो ।

मीरा के प्रभु गिरिधर नागर,
हर्ष-हर्ष जस गायो ॥
पायो जी मैंने,
राम रतन धन पायो ।
पायो जी मैंने,
राम रतन धन पायो ॥...."
इस भजन-संग थे गूँज उठे,
कई मधुर-सुरीले वाद्य-यन्त्र ।
ब्राह्मण-पुरोहित सारे मिल,
गाने लगे थे वेद-मंत्र ॥
श्रीराम लला की मनमोहक,
पावन-प्रतिमा मुस्कान लिए ।
जब दिखी, राष्ट्र की सब जनता,
मुस्काई हर्षोत्थान लिए ॥
भरकर सुगन्धित कई पुष्प,
नभ में आ गए कई यान ।
करने लगे पुष्पवर्षा ,
मानों होवे वे देवयान ॥
कितने ही संत-महात्मा-गण,
थे विद्यमान मन्दिर-सम्मुख ।
"जय श्रीराम, जय राम-राम",
गाते थे सब राम-उन्मुख ॥
माननीय प्रधानमंत्री जी ने,
किया राम-पाद-पूजन ।
'रघुपति राघव' का गूँज उठा,
श्रद्धामय प्यारा वह भजन ॥
श्रीराम-चरण में मोदी,
विकसित सुमन चढ़ाते जाते थे ।
श्रद्धा-आस्था-समर्पण के,

अश्रु बहाते जाते थे ॥
उत्तर प्रदेश की राज्यपाल,
आनन्दी बेन पटेल संग,
मुख्यमंत्री योगी आदित्यनाथ,
पूजन करते थे भक्ति-रंग ॥
सरसंघ-चालक भागवत जी,
थे गर्भगृह में उपस्थित।
एक सौ चालीस कोटि जनता की,
भावनाएँ जहाँ स्थित ॥
'जय सियाराम' के नारे संग,
गम्भीर शंख का घोष हुआ।
हाथों में ले आरती-दीप,
मोदी जी के उर तोष हुआ ॥
श्री रामलला के गुण गाते,
सगर्व थे करते आरती।
भारत की सत्ता संभालते,
नरेन्द्र मोदी प्रधानमन्त्री ॥
फिर राम-स्तुति-स्वर-लहरी,
गूँजी मन्दिर के गर्भ-गृह।
अब राम करेंगे सारे भारत की,
जगती की सारी दूर कलह ॥
अम्बानी-बच्चन-रजनीकांत,
सब गणमान्य पधारे थे।
सबको उचित स्थान मिला,
जो अतिथि अवध पधारे थे ॥
श्री रामलला की राघव-प्रतिमा,
पाँच वर्ष के बालक की।
हो गई प्राण से प्रतिष्ठित,
ऊँची इक्यावन इंच की ॥

बज उठे अनेकों मृदंग,
कई ढोल-नगाड़े बोल उठे।
श्री कौशल्या के राम आए,
"जय श्री राम" सब बोल उठे॥
मोदी भूतल पर गिरकर के,
कर उठे दण्डवत प्रणाम।
श्री रामलला जिनके सम्मुख,
अदभुद छवि धारे थे ललाम॥
श्रीराम मेघवर्णी उनको,
देते विजय का आशीष।
मोदी अनेको बार उन्हें,
श्रद्धामय झुका रहे शीष॥
पूजन कर मोदी गर्भगृह से,
हर्षाते बाहर आए।
करके वस्त्र भेंट उन्हें,
गोविन्द गिरि जी मुस्काए॥
मुख्यमंत्री जी ने भेंट किया,
मोदी जी को रजत-मॉडल।
मन्दिर था उसमें भव्य बना,
चित्रित था आने वाला कल॥
इस अनुष्ठान से पहले,
मोदी जी ने कठिन व्रत करके।
खुद को साधा ग्यारह दिन तक,
प्रमुदित निराहार रहके॥
ग्यारह दिन से प्रधानमंत्री,
भूमि पर सोते आए थे।
इसलिए श्रेष्ठ पुनीत कार्य,
वे पावन यह कर पाए थे॥

गोविन्द गिरि जी महाराज से,
चरणामृत को पीकर के।
मोदी जी ने व्रत को तोड़ा,
शुभ कार्य यह पूर्ण करके ॥
तब मुख्यमंत्री जी योगी ने,
अपने भाव के शब्द कहे।
बताया, कैसे मन्दिर हेतु,
भक्तों ने थे कष्ट सहे ॥
बोले -- "अयोध्या नगर बना,
सारे जग का आकर्षण-केन्द्र।
सरयू-तट का प्राचीन नगर,
यह बना संस्कृति-ज्ञान-केन्द्र ॥"
डॉ0 मोहन भागवत बोले --
"अब रामराज आने वाला।
भारत भूमि की पुण्य धरा पर,
स्वर्ग पुन: बसने वाला ॥
"सेवा, करूणा, शुचि, अनुशासन,
तप-संयम-बल भरना होगा।
सदभाव-मैत्री से भारत को,
सर्वोच्च करना होगा ॥

मोदी सगर्व बोले आकर --
"जय सियाराम, जय सियाराम।
अब राम विराजेंगे मन्दिर,
न टेन्ट रहेंगे प्रभु राम ॥
"वे सदा रहेंगे दिव्य गृह,
वे विराजेंगे सरयू तट पर।
इस अवधपुरी का सौभाग्य,
अमिट रहेगा भू-नभ पर ॥
हर्षित है यह साकेतधाम,
हर्षाते सारे नारी-नर।
सायंकाल मनेगी दीवाली,
श्री राम देवेंगे सबको वर ॥
"सागर से लेकर सरयू तक,
सारा राष्ट्र है राममय।
यह निर्माण बनाता है,
सबको सदा ही ऊर्जामय ॥
"केवल भारत ही नहीं,
सकल जग मना रहा है त्यौहार।
भारत का यह उत्थान देख,
अनुकूल हुआ जग-व्यवहार ॥
"हर वासी को करना होगा,
समर्थ राष्ट्र का निर्माण।
बन्धुत्व-भाव रखना होगा,
तब होगा जग का कल्याण ॥
"शबरी, जटायु ने निष्ठा,
अन्तिम साँसों तक निभाई।
नन्हीं गिलहरी ने सेतु में,
बल की पूँजी लगाई ॥
"श्रम-पुरुषार्थ से भारत को,

विकसित करेंगे सब मिलकर।
अखण्ड बनाएँगे भारत,
सप्रेम रहेंगे मिलजुलकर॥..."
सब आमंत्रित जन से मिलकर,
मोदी शिव के स्थल आए।
शिवलिंग का करके पूजन,
अपने मस्तक को नवाए॥
फिर चले कुबेर-टीला मोदी,
जटायु को नमन करने।
चरणों में अर्पित कर पुष्प,
उनका शुभ आशीष लेने॥
जटायु ने ही रावण से,
अन्तिम दम तक संग्राम किया।
सीता जी की रक्षा हेतु,
अपने प्राणों का दान दिया॥
तब प्रधानमंत्री डलिया भर,
गुलाब-सुमन सब ले आए।
सब श्रमिक-कार्यकर्त्ताओं पर,
हर्षित मन से वे बरसाए॥
श्रमवीरों ने श्रम का पैसा,
था जन्मभूमि में लगा दिया।
प्रस्तर उकेरते अपना मन,
श्री रामलला में रमा दिया॥
सबके सम्मुख कर जोड़,
सभी को शुभकामनाएँ दे अपनी।
'सियावर रामचन्द्र की जय' बोल,
मोदी चले निज पथ-अवनी॥

गणतन्त्र का शुभ दिन

गणतन्त्र का शुभ दिन आया,
भारत का कण-कण हर्षाया !
राम लला जी अवध पधारे,
भारत का जन-जन मुस्काया !!
गणतन्त्र का शुभ दिन आया !!!
संविधान की आजादी का,
यह निराला शुभ दिन भाई।
इसी दिवस अपने स्वदेश ने,
कानूनी स्वतन्त्रता पाई ॥
लोकतंत्र में इसी दिवस,
अपना विधान गठित हो पाया !
गणतन्त्र का शुभ दिन आया,
भारत का कण-कण हर्षाया !!

भारत के हर एक-एक जन को,
जीने का अधिकार मिल गया ॥
समता-न्याय-हर्ष-उन्नति,
अभिव्यक्ति-अधिकार मिल गया ॥।
रक्षा करती है हर जन की,
संविधान की शीतल छाया !
गणतन्त्र का शुभ दिन आया,
भारत का कण-कण हर्षाया !!

जय गणतन्त्र

जय गणतन्त्र, जय जनतन्त्र,
आजाद देश का लोकतन्त्र !
तुझमें ही छिपे हिन्द देश,
उन्नति-कला के बीज-मन्त्र !!
जय गणतन्त्र, जय लोकतन्त्र !!!
प्राचीन सदी में तूने ही,
जग को योग का दान दिया।
तप-त्याग और सेवा के बल,
नूतन युग का सन्धान किया॥
शान्ति, प्रेम और अहिंसा,
तुझमें संयम का सरल तन्त्र !
जय गणतन्त्र, जय जनतन्त्र,
आजाद देश का लोकतन्त्र !!

करुणा और शान्ति की किरणें,
ओ बोधि-विटप ! तुझसे फैलीं।
जगती ने पाया अभयदान,
बन्धुत्व-भाव की कली खिलीं ।।
मेरे भारत ! सदभावों का,
तू रहा प्रेरणापूर्ण यन्त्र !
जय गणतन्त्र, जय जनतन्त्र,
आजाद देश का लोकतन्त्र !!

शादी की वर्षगाँठ मुबारक

भैया-भाभी को शादी की,
यह वर्षगाँठ मुबारक हो !
सदैव रहे खुशहाल जोड़ी,
न कुछ जीवन में बाधक हो !!
दोनों ही आप सब पर अपना,
निज प्यार लुटाते ही रहना।
हम सब पर दया-क्षमा-करुणा,
मृदु-भाव-सलिल को बरसाना !!
ओ युगल-मूर्ति ! ऐसे ही बस,
मुस्काने की आदत हो !
भैया-भाभी को शादी की,
यह वर्षगाँठ मुबारक हो !
जीवन-जग में तो दुःख और सुख,
ऐसे ही आते-जाते हैं।
मिल-जुलकर ही सब लोग उन्हें,
हँसकर पार कर जाते हैं ॥
जीवन को उत्सव के समान,
जीने की अपनी आदत हो !
भैया-भाभी को शादी की,
यह वर्षगाँठ मुबारक हो !

ऐसा ही एक घर मेरा हो

जहाँ मसि-कागज का सामान,
पुस्तकों का सुन्दर घेरा हो !
सपनों से भी सुन्दर-प्यारा,
ऐसा ही एक घर मेरा हो !!
पुस्तकें मेरी जीवन-साथी,
उनके मध्य होवे बिस्तर ।
जब थकूँ ; आश्रय पा जाऊँ,
न भटकूँ मैं कहीं इधर-उधर ।।
माँ ! सरस्वती के चरणों में,
हर दिन ही मेरा सवेरा हो !
सपनों से भी सुन्दर-प्यारा,
ऐसा ही एक घर मेरा हो !!

सदग्रंथ मेरे गुरूवर-शिक्षक,
ले आशीष उनका सोऊँ ।
स्वाध्याय करूँ मैं नव-नूतन,
न कभी जिन्दगी में रोऊँ ।।
सुन्दर पुस्तकों के एक दीप,
एकान्त में मेरा डेरा हो !
सपनों से भी सुन्दर-प्यारा,
ऐसा ही एक घर मेरा हो !!

विश्व पुस्तक मेला, 2024 दिल्ली

नई दिल्ली में आयोजित है,
पुस्तक प्रेमी का 'महाकुंभ'।
लेखकों और प्रकाशक का,
पुस्तक-मेला, वार्षिक कुम्भ ॥
विश्व पुस्तक मेला दिल्ली में,
2024 का आयोजन।
दस से अठारह फरवरी,
हर्षित जगती के सारे जन ॥
दिल्ली का प्रगति मैदान,
फिर से नव-रूप निखारेगा।
जागृत विवेक सदग्रंथों से,
जीवन अपना सँवारेगा ॥

इस बार पुस्तक मेले की,
है थीम 'बहुभाषी भारत ;
एक जीवंत जो परंपरा',
सुन्दरतम-सत्य और शाश्वत ॥
हर साल की तरह इस वर्ष भी,
यह मेला होगा विराट।
स्वरूप बड़ा होगा उसका,

मेले के होंगे अलग ठाठ ॥
पैंतालीस हजार स्क्वॉयर,
मीटर फैलेगा बुक-फेयर।
हिन्दी, इंग्लिश के साथ-साथ,
बहुभाषाओं का भी आदर ॥
क्षेत्रियों भाषाओं की किताबें,
भी सब रखी जाएँगी।
पुस्तकें भिन्न भाषाओं की,
सब अपनी कथा सुनाएँगी ॥
इस बार अतिथि देश हमारा,
सऊदी अरब होवेगा।
सऊदी-अरब-लेखकों का,
पाठकों से मिलना होवेगा।
हिन्दी, अंग्रेजी और कई,
भाषाओं के लेखक होंगे।
साहित्य-सितारों से मिलने के,
सुनहरे अवसर होंगे ॥
इक्यावन साल से आयोजित,
दिल्ली का यह पुस्तक-मेला।
आयोजक नेशनल बुक ट्रस्ट
संभालता कार्य अकेला ॥
देश-विदेश के पन्द्रह सौ से,
ज्यादा प्रकाशक आएँगे।
सब रंग-बिरंगी पुस्तक से,
अपने स्टॉल सजावेंगे ॥
बाईस भारतीय भाषाओं की,
पुस्तकें प्रदर्शित होवेंगी।
और साथ-साथ विदेशों की,
कृतियाँ आभा बिखेरेंगी ॥

थीम पेवेलियन ; बाल मंडप,
अंतरराष्ट्रीय मंडप होवेगा।
ऑथर्स-कार्नर के अलावा,
एक नया आयोजन होगा॥
बीटूबी जोन बनाया गया,
पहली बार ही मेले में।
होंगी व्यापारिक बैठकें,
जहाँ उत्साहपूर्ण मेले में॥
हर साल की तरह इस बार भी,
यूरोपियन देश कई।
आ रहे भाग लेने दिल्ली,
लेखक जहाँ समृद्ध कई॥
जर्मनी, फ्रांस, इटली और ;
श्रीलंका, अरब अमीरात।
ईरान, तुर्किये, स्पेन ;
ला रहे पुस्तकें सौगात॥
हर साल की तरह इस वर्ष,
बुक फेयर में जो आएँगे।
दिव्यांग और विद्यार्थी-जन,
सीनियर सिटीजन खुशहाल॥
उन सबको मुफ्त दिया जाएगा,
प्रवेश इस मेले में।
कोई भी मानव असहाय,
न रह पाएगा मेले में॥
अंधे बच्चों के लिए होंगी,
ब्रेल लिपि वाली पुस्तकें।
वे मुफ्त उन्हें दी जाएँगी,
जिससे वे भी पढ़ें-चहकें॥
प्रगति-मैदान के पाँच हॉल में,

आयोजित होगा मेला।
थीम पैवेलियन, इवेंट कॉर्नर ;
ऑथर कॉर्नर भी रंगीला ॥
फेस्टिवल ऑफ फेस्टिवल जी,
न्यू दिल्ली की राइट टेबिल।
डिजिटल और वर्चुअल रीडिंग,
सी0ई0ओ-स्पीक-झिलमिल ॥
दो हजार बुकों की स्टॉलें,
विशाल पंच-मण्डप होंगी,
उनमें सजेंगी किताबें,
आत्माएँ सब हर्षित होंगी ॥
बच्चे स्पेशल सुविधाएँ,
उन्मुक्त वहाँ पर पाएँगे।
वे सभी बाल-मण्डप आकर,
अपना कौशल दिखलाएँगे ॥

पुरस्कार की सुखद घड़ी

हम तो मसिजीवी ; सरस्वती,
माता के चरण पड़े रहते।
कभी काव्य ; कहानी, कभी लेख,
कभी संस्मरण लिखते रहते।
वर्षों बीते ; लेखन-धर्म में,
सुख सदा ही पाया है।
सुन्दर कृतियों की बनी रही,
सिर पर सदा ही छाया है॥
इस बार विश्व-पुस्तक-मेले में,
सुन्दर वह घड़ी आई।
अपनी प्रकाशित कृति एक,
उत्कृष्ट कोटि में है आई।

इसलिए वर्ष की श्रेष्ठ कृति का,
पुरस्कार हुआ घोषित।
यह खबर प्रकाशन से सुनकर,
तन-मन मेरा हुआ हर्षित॥
पुस्तक-मेले की धूमधाम में,
वह सुअवसर आएगा।
यह कृतिकार सेवक आपका,

पुरस्कार को पाएगा ॥
ऐसे सुनहरे मौके लेखक,
बड़े भाग्य से पाते हैं।
ऐसे प्रोत्साहन उसमें पुनः,
सृजन-बल भर जाते हैं ॥
आभार रवीना प्रकाशन,
जिसने पुस्तक श्रेष्ठ जानी।
सद्भाव और सम्बल का नूतन,
पिला रहे अमृत-पानी ॥

हॉल नम्बर दो : स्टॉल नम्बर पन्द्रह

दिल्ली राजधानी भारत की,
प्राचीनकाल का इन्द्रप्रस्थ।

जहाँ होते आयोजन बेहतर,
सांस्कृतिक-समन्वय सदा स्वस्थ ॥

उस देवनगर ; पुस्तक-मेला,
आयोजित होने वाला है।
पुस्तक-प्रेमी का महाकुम्भ,
चौबीस का जुड़ने वाला है ॥

हफ्ते-भर का है समय शेष,
मैं निपटाता सब कार्य शीघ्र।

जिसकी एक साल प्रतीक्षा की,
वहाँ जाने की लग चुकी फिक्र ॥

योगी के लिए साधना ही,
एकमात्र मोक्ष का साधन है।
पाठक हेतु पुस्तक-मेला,
भू का सबसे बड़ा धन है ॥
अगले हफ्ते तुम सबको मैं,
जन्म-भू नजर न आऊँगा।
प्रगति-मैदान पुस्तक-मेले,

में नौ दिवस बिताऊँगा ॥
इतने विशाल गगनचुम्बी,
प्रगति-मैदान हॉल पाँच ।
जहाँ कोई असुविधा न होती,
न कष्ट की आती कोई आँच ॥
खाना-पीना और नित्य-कर्म,
सब आराम से होते हैं ।
अपनी रुचि की पुस्तकें देख,
पुस्तक-प्रेमी खुश होते हैं ॥
एक बार नई पुस्तक कोई,
नव-दुल्हिन-सी घर आ जाती ।
जीवनभर साथ निभाती है,
मन के सारे सुख दे जाती ॥
मैं तुम्हें मिलूँगा हॉल दूसरे,
स्टॉल नम्बर पन्द्रह ।
वहाँ आना मेरे प्रिय पाठक,
हृदय में दूँगा तुम्हें जगह ॥
स्टॉल रवीना प्रकाशन से,
मेरी जो पुस्तक पाओगे ।
तुम यादगार ऑटोग्राफ,
उसके संग-संग ले जाओगे ॥
उस हंसवाहिनी के पुष्प,
चुनना तुम भूल नहीं जाना ।
कर जोड़ प्रार्थना है मेरी,
वहाँ कंजूसी तुम न करना ॥
न सिलवाना तुम नया सूट,
जूते चाहे नव न लेना ।
पिज्जा-बर्गर स्वादिष्ट मीत !
चाहे एक माह नहीं खाना ॥

लेकिन जो तुम्हें बुला रही,
सदियों से पुस्तक बेचारी।
तकतीं तुम्हारी राह बन्धु !
उसकी आँखें भी थक हारी ॥
उसको सहर्ष गोद लेना,
अश्रुकण पौंछना अशेष।
जीवनभर साथ निभाएगी वह,
तुमको देगी सुख विशेष ॥

सोचा न था

स्नातक तक जब कृति कोई,
मेरी जग में न छप पाई।
लिख चुका था दो सौ मैं पुस्तक,
उन सबने उपेक्षा पाई ।।
तब एक दिवस छोटी बहिन से,
ले उधार पाँच सौ रुपया।
एक पाँच पेजी पुस्तक छपवाने,
का मैंने उद्योग किया ।।
'सत्यनारायण-व्रत-कथा',
राज जो आध्यात्मिक बतलाती थी।
छप तो गई कितबिया पर,
किंचित भी बिक न पाती थी ।।
तब सोचा न था कर्म मेरा,
लेखन का ; रंग दिखाएगा।
मेरी सहस्र कविताओं का,
कभी ग्रंथ जगत में आएगा ।।
सौभाग्य जगा, मिले चन्द्रहास,
वे उपन्यास-लेखक पुनीत।
अपने रवीना-प्रकाशन के,
सर्वेसर्वा ; ज्यों नवनीत ।।
वे छाप चुके मेरी कृतियाँ,
पचास तीन ही वर्षों में।
पुस्तक-मेले स्थापित होंगी,
सभी दिव्य प्रदर्शों में ।।
मैं इन्तजार करूँगा पाठक !
तुम मेले आना जरूर।
मेरी पुस्तकें क्रय करके,
अनुभव ले जाना भरपूर ।।

बड़ी जीजी का जन्मदिन

जीजी ! तुम्हारा जन्म-दिवस था,
आज ; जान मैं न पाया।
सारा दिन कपड़े धोते बीता,
अभी-अभी ही सुस्ताया।
तुम तो जानती हो भगिनी !
हर दो माह के बाद मेरा।
'धोबी का घाट' लगा करता,
लग जाता वस्त्रों का डेरा ॥
जब मोबाइल अभी खोला,
पढ़कर जाना यह समाचार।
अपने छोटे प्यारे भाई का,
तुम्हें नमन बारम्बार !!
अग्रजा ! याद वे दिन आते,
जब बालक हम छोटे-से थे।
अंगुलि पकड़ तेरी बहिना !
हम मेला घूमने जाते थे ॥
हाँ, आज की तरह तब भी मुझको,
बहुत खिलौने थे भाते।
तुमसे मेले में जिद करके,
प्यारे खिलौने ले आते ॥
जिस दिन सिलाई-मशीन-मध्य,
अंगूठा आया तुम्हारा,
उसको रक्त से सना देख,
सारा परिवार था घबराया
तुमने मजदूरिन बन बांधवी !
गृह बनाया यह सारा।
कन्या होकर भी पुत्र-तुल्य,

पिता को दिया सहारा ॥
जब हुआ विवाह तुम्हारा तो,
हमने भी रस्म निभाई।
दोनों भाइयों ने एक-एक,
घड़ी जीजाजी से पाई ॥
माँ-पिता की अन्तिम घड़ियों तक,
तुम खोज-खबर लेने आईं।
उनको अन्तिम विदा देते,
आँखें तुम्हारी भर आईं॥
स्वसा ! शतायु पाना तुम,
हमको धीरज-हिम्मत देना।
हम किंचित भटकें गलत राह,
थपियाकर सही दिशा लाना ॥

रवीना प्रकाशन के कलमकार

हम मसिजीवी ; लेखक और कवि,
सुन्दर भावों के सृजनहार !
शब्दों से रंग भरा करते,
रवीना-प्रकाशन-कलमकार !!
हम भाव-पंख से उड़कर के,
धरती के पार चले जाते ।
जहाँ रवि-किरण न जा पाती,
वहाँ पहुँच सार सब ले आते ।।
हम सबके प्रिय-हितैषी हैं,
सबका हम करते सत्कार !
हम मसिजीवी ; लेखक और कवि,
सुन्दर भावों के सृजनहार !!
साहित्यिक ; जागृत नारी-नर,
माँ सरस्वती का एक अंश ।
हम मुक्ति दिलाते मानव को,
जो झेल रहा युग के दंश ।।
हम सबका रचना-धर्म एक,
जाति समरसता का प्रकार !
हम मसिजीवी ; लेखक और कवि,
सुन्दर भावों के सृजनहार !!
हम भारत भू के भिन्न प्रांत,
रहकर महकाते जग-उपवन ।
सदभाव और मानव-सेवा,
अपने जीवन का एक ही धन ।।
है दुआ पाठकों की अपने,
जीवन का सुन्दर उपहार !
हम मसिजीवी ; लेखक और कवि,
सुन्दर भावों के सृजनहार !!

रामचरितमानस

यह महाग्रंथ जिसका जग में,
अखण्ड पाठ किया जाता।
कर अनुष्ठान ; प्रभु से उसका,
शुभ आशीष लिया जाता॥
है 'रामचरितमानस' सुन्दर,
मानवता का व्यवहार-ग्रंथ।
उसको जो करता है धारण,
उसका हो जाता दिव्य पंथ॥
श्रीराम करोड़ों भारतीयों के,
हृदयों पर शासन करते।
गोस्वामी तुलसीदास ग्रंथ में,
उनका ही वर्णन करते॥
जब अवधपुरी में रामलला के,
प्राणों का हुआ प्रतिष्ठान।
तो गली-गली अखण्ड पाठ,
मानस का हुआ पारायण॥
इस क्रम में मुझको भी मानस के
वाचन का सौभाग्य मिला।
मैंने समझी और पहचानी,
रघुवर की जीवन-दिव्य-कला॥
हर घर में ग्रंथ विराजित है,
इसको पढ़ना ही शेष काम।
जीवन का मार्ग-प्रदर्शक यह,
इसके सूत्र अनमोल दाम॥

रामायण-पाठी परिवार

जिस दिन भव्य मन्दिर बनकर,
साकेतधाम तैयार हुआ।
सरयू माता अति हर्षाई,
युग का सपना साकार हुआ ॥
बाईस जनवरी सोमवार,
अभिजीत मुहूर्त था विशेष।
इस मुहूर्त राम जन्मे,
हरने जग के सब दु:ख-क्लेश ॥
मानस का पाठ किया सबने,
एक-एक घण्टा बारी-बारी।
समवेत मौहल्ले ने की थी,
इस आयोजन की तैयारी ॥
अधिकांश बन्धु सब युवा ही थे,
आंसू-नीतू-चंचल-प्रमोद।
मनु हुण्डावाल गौ-रक्षक,
पढ़ते मानस सब हर्ष-मोद ॥
जिस मुहूर्त रवि-योग संग,
अमृत-सिद्धि का योग हुआ।
श्रीराम-लला हुए प्रतिष्ठित,
युग का अदभुद संयोग हुआ ॥
रामायण उसी मुहूर्त में,
लगभग सारी सम्पन्न हुई।
फिर यज्ञ किया सबने मिलकर,
धार्मिक क्रिया परिपूर्ण हुई ॥

दिल्ली : पुस्तक मेला

आ गया किताबों का मौसम,
मेला वह लगने वाला है।
जिसकी एक साल प्रतीक्षा की,
उसका फल मिलने वाला है॥
सम्पूर्ण एशिया का विशाल,
दिल्ली का यह पुस्तक-मेला।
ग्रंथालयों का है महा-कुम्भ,
सारे जग से यह निराला॥
मन के हजार पर्दों में से,
एक-एक कृति झाँकती है।
कागज की काया कर धारण,
हमें अपनी ओर बुलाती है॥
इस जग में पुस्तक से बढ़कर,
निःस्वार्थ मीत कौन होगा ?
इस पुस्तक-मेले से बढ़कर,
सच्चा उत्सव कौन होगा ?
तुम अपने गोरख-धन्धों से,
थोड़ा-सा समय निकाल लेना।
जलवा देखने ग्रंथों का,
इस बार तो दिल्ली आ जाना॥
जग का नाटक चलता रहता,
जन को सदा ही व्यस्त किए।
वह नहीं पहुँचने देता है,
उत्थान जहाँ पर हर्ष लिए॥
सदग्रंथ तुम्हारी उन्नति के,
हर एक द्वार खोल देंगे।
हृदय का और अन्तर्मन का,

तुमको मनमाना सुख देंगे।
राजधानी दिल्ली में सजा,
शारदा माँ का दरबार।
'सच्चा सौदा' लेकर आया,
अनमोल ग्रंथ का बाजार ॥

सफाई-अभियान

भारत जगमग बने उज्ज्वल,
यह लक्ष्य मन भाया है !
इसलिए लघु हाथ में हमने,
झाड़ू आज उठाया है !!
हम नन्हीं कलियाँ मिलकर,
सारा भारत चमकाएँगीं।
अपने श्रम-पुरुषार्थ से,
भारत को स्वर्ग बनाएँगी ॥
मेहनत और लगन से,
निखरा करती जन की काया है !
भारत जगमग बने उज्ज्वल,
यह लक्ष्य मन भाया है !!
इसलिए लघु हाथ में हमने,
झाड़ू आज उठाया है !!!

रिद्धी-सिद्धी दोनों बहिनें,
प्रात:काल जब उठ जाती हैं।
या तो रोतीं, या विहँसतीं,
या कार्य में लग जाती हैं ॥
कुछ न कुछ करतीं नवीन ये,
जो इनके मन आया है !

भारत जगमग बने उज्ज्वल,
यह लक्ष्य मन भाया है !!
इसलिए लघु हाथ में हमने,
झाड़ू आज उठाया है !!!
लघु कर्म ; छोटे सपने हैं,
लेकिन लक्ष्य अघोषित भारी ।
निज राष्ट्र से प्रदूषण,
सारा हटाने की तैयारी ॥
कूड़ा-ढेर ; गन्दगी का,
होने वाला सफाया है !
भारत जगमग बने उज्ज्वल,
यह लक्ष्य मन भाया है !!
इसलिए लघु हाथ में हमने,
झाड़ू आज उठाया है !!!

स्वच्छ भारत
एक कदम स्वच्छता की ओर

बड़े जूते

पुस्तक-मेला दिल्ली जाने,
मैं लाया नए जूते।
नन्हीं रिद्धि जाग पड़ी थी,
आवाज मेरी सुनते ।।
धीरे-धीरे पैरों चलकर,
पास वह मेरे आई।
जूते नए देखकर,
नन्हें होठों से वह मुस्काई ।।
फिर पास जूते के आकर,
एक पैर उसमें डाला।
और दूसरा पैर चमकते

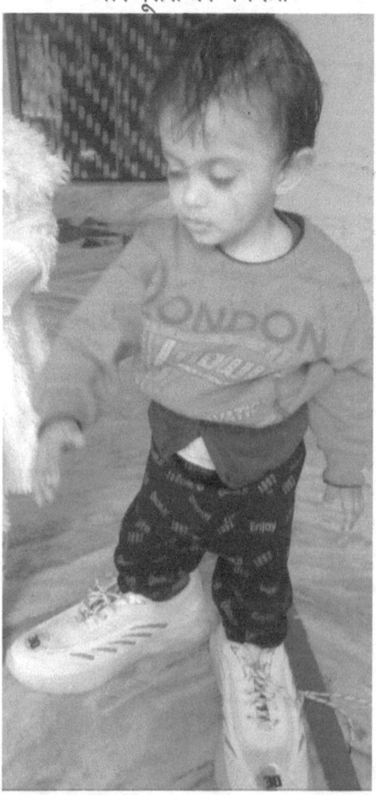

अन्य जूते में डाला ॥
फिर हिम्मत करके जोर,
उसने पैरों को लगाया।
फँसा नहीं था पग में जूता,
इसीलिए न चल पाया ॥
तब मैंने गोद ले उसको,
पुचकारकर यह कहा --
" जूते बड़े हैं बिटिया रानी !
ये आएँगे तुम्हें कहाँ ? "

मेला

यह जगत प्रभु ने सबकी खातिर,
मेले-सा बनाया है।
जीवन, कार्य और मनोरंजन का,
हर सामान जुटाया है॥
इतनी चीजें जन ने अपने,
श्रम-उद्योग से निर्मित कीं।
अनगिन बनाई गई वस्तुएँ,
जैसी भी रूचि जिसकी॥
यों तो बाजार सभी जाते,
और चीजें क्रय कर लाते हैं।
फिर भी जब मेले लगते हैं,
वे सबका मन लुभाते हैं॥
जुड़ जाता है मानव-समाज,
मेले की रंगत बढ़ जाती।
जहाँ भीड़ नहीं होती ; दूकान वह,
फीकी-फीकी-सी लगती॥
भारत-भूमि पर सब ऋतुओं में,
मेले के उत्सव होते।
जो देख न पाते हैं मेला,
वे आखिरकार दु:खी होते॥

पुस्तक-कुम्भ

इक्यावनवां नई दिल्ली का,
यह विश्व पुस्तक का मेला।
दो दिवस बाद होने वाला,
आयोजन अद्भुत निराला ॥
'भारत-मण्डपम' में होगा,
'कश्मीर-यात्रा' आयोजन।
कश्मीर कला-संस्कृति और,
साहित्य का होगा प्रदर्शन ॥
कश्मीर का सारा रहन-सहन,
और धर्म-कर्म दर्शित होगा।
जिसको निरख भारतवासी,
हर एक-एक हर्षित होगा ॥
गणतन्त्र-दिवस पर निकली जो,
वह कला-केन्द्र की झाँकी थी।
पुस्तक-मेले में आई है,
जो बनी राष्ट्र की थाती थी ॥
दिव्यांग बालकों को मेले में,
मुफ्त पुस्तकें मिलेंगी।
होगी 'इलस्ट्रेशन-वाल' जहाँ,
कलाकृतियाँ मुक्त बनेंगी ॥
वहाँ कई देशों के कलाकार,
तूलिका निज चलाएँगे।
सदभाव-प्रेम-एकता के,
सुन्दर-से चित्र बनाएँगे ॥
होंगे एक हजार प्रकाशक,
स्टॉल की संख्या दो हजार।
दिल्ली देखने आ जाना,
बन्धुवर ! पुस्तक की बहार ॥

महाकौशल एक्सप्रेस की प्रतीक्षा

है आज दिवस शुभ यात्रा का,
दिल्ली की ओर गति होगी।
देहली में मेरे लिए योजना,
प्रभु ने की निर्मित होगी।।
कौशल भतीजे आए छोड़ने,
स्टेशन ; बुलट बाईक।
महाकौशल ट्रेन का इंतजार,
सर्दी से है हवा टाईट।।
लौह-पथ-गामिनी-छकपक,
चलती विलम्ब घण्टे-भर से।
बैठे यात्री इन्तजार में,
कहीं न जाते इस दर से।।
हम सब जाते उस ओर,
जहाँ प्यारे भारत की राजधानी।
जहाँ किसी दिवस पाण्डव-जन की,
उज्ज्वल-गर्वित थी कहानी।।

ट्रेन-यात्रा शुरू

आ गए ट्रेन के अन्दर भैया,
सफर शुरू अब होता है।
लालिमा हटी गगन से ; उज्ज्वल,
प्रखर सूर्य निकलता है ॥
जो चले रातभर थे यात्री,
वे सुस्ता रहे थके बैठे।
थे मौन रातभर अपने में,
अब बतियाते ; बातें करते ॥
चाय और चने ले विक्रेता,
एक-एक कर आते हैं।
वे घर जैसा आनन्द,
यात्रियों को पैसे से देते हैं ॥
अब तीस बरस पहले-सी बीड़ी,
लोग-बाग यहाँ कम पीते।
ज्यादातर लोग धूम्रपान से,
काफी ऊब चुके होते ॥

चने वाला

यह चने वाला ; जो चने उठाकर,
अपने घर से लाया है।
इसने मिलाकर मसाले,
इनको स्वादिष्ट बनाया है ॥
है बहुत पौष्टिक चना,
शीत में जो उष्णता देता है।
घोड़े का प्रिय आहार ; इसे,
इंसान मजे से खाता है ॥
जन इसे उगाता और इसे,
वह स्वादिष्ट बना देता।
वही भूख मिटाने अपनी इसको,
चटकारे लेकर खाता ॥
अपने घर तो ये चने-चबेना,
साधारण ही लगते हैं।
लेकिन यात्रा में दिव्य-व्यंजन,
से उद्भासित होते हैं ॥

शयनयात्री

खाना-पीना ; सोना-जगना,
ये मानव के सामान्य-कर्म ।
ये तन की आवश्यकताएँ,
ये इंसान के देह-धर्म ॥
जब नींद मनुज को आती है,
तो वह निज जगह बना लेता ।
चाहे घर या रेलगाड़ी,
अपनी चादर तान लेता ॥
अपनी सीट के अगल-बगल,
सोए भैया दो साहिबान ।
पलकों मे सुन्दर स्वप्न लिए,
उम्मीदों का ओढ़े वितान ॥
शायद रात में इन दोनों को,
खूब सर्दी सताई है,
इसलिए सोए दोनों अचेत,
आत्मा होश न आई है ॥

shutterstock.com · 1636293076

दिल्ली आने वाली है

यह इन्तजार की घड़ी,
खत्म होने ही वाली है !
अब दूर नहीं है नगरी,
दिल्ली आने वाली है !!
हो सफर अन्तहीन ; कोई,
कब भला चाहता है ?
आरम्भ हुआ जो सफर,
अन्तत: मंजिल पाता ॥
अब देखें किस-किसकी किस्मत,
यहाँ खुलने वाली है ?
अब दूर नहीं है नगरी,
दिल्ली आने वाली है !!

बल्लभगढ़ निकल गया,
स्टेशन फरीदाबाद आता।
इस रेल के डिब्बे से मिनट,
दस-भर का बस नाता ॥
देहली में सारी ट्रेन ही,
खाली होने वाली है !
अब दूर नहीं है नगरी,

दिल्ली आने वाली है !!
यह जबलपुर से चली रेल,
मीलों का सफर तय करती।
आ गई देश की राजधानी,
दिखती किंचित श्रमित-थकती ॥
यह दिल्ली में तीन घण्टे तक,
सुस्ताने वाली है !
फिर चार बजे वापिस,
रवाना होने वाली !!
अब दूर नहीं है नगरी,
दिल्ली आने वाली है !!
यह इन्तजार की घड़ी,
खत्म होने ही वाली है !

टोकन बदल गया

बीते वर्ष से दिल्ली-मेट्रो,
यह परिवर्तन आया है।
अब रहा न धातु का टोकन,
कागज का टोकन आया है॥
पहले तो विस्मित हुआ था मैं,
कैसे रसीद चल पाएगी ?
मेट्रो-स्टेशन के द्वार,
यह कैसे खोल पाएगी ?
मेट्रो-रेल तो बस न है,
जो कन्डक्टर इसको जाँचे।
वह स्लिप फाड़कर गंतव्य की,
निश्चितता मेरी जाँचे॥

मैंने अचरज में पुलिसकर्मी,
एक सहायक से पूछा --
" क्या काम करेगा यह पर्चा,
कहीं कुछ तो न होगा लोचा ? "
वह बोला -- " इस पर छपा कोड,
तुम द्वार पर लगाओगे।
दरवाजा खुलेगा ; सफर तुम,
आसान कर पाओगे॥ "
उसका कहना था ठीक,

इसी पुर्जे से चमत्कार हुआ।
कागज ने खोला दरवाजा,
फिर ट्रेन का इन्तजार हुआ॥
यहाँ तो मेट्रो सब पाँच-पाँच,
मिनट में आती-जाती हैं।
कविता-लेखन का एकांत,
निज गोदी देती जाती हैं॥

जूतों का चक्कर

जूतों का चक्कर अजब मीत !
यदि वह सिर पर पड़ जाता है।
तो खूब बेइज्जती होती,
रोने को ही मन करता है ॥
और कभी पहनने को जूते,
यदि मनपसन्द मिल जाते हैं।
तो बाग-बाग हो उठता दिल,
सब हृदय-सुमन मुस्काते हैं ॥
इस बार सोचा ; दिल्ली जूते,
मैं नए पहनकर जाऊँगा।
सफेद सूट ; सफेद जूते में,
अपना रंग जमाऊँगा ॥

जब पहुँचा जूतों की दूकान,
जो जूता मुझे पसन्द आया।
उस जूते का एक दाम आठ सौ,
दूकानदार ने बतलाया ॥
मैंने ऐसे मँहगे जूते,
न आज तलक कभी पहने थे।
उस दूकानदार पर कई हजार,

रुपयों तक के जूते थे ॥
उससे कर जोड़ विदा लेकर,
ज्यों ही पैलेस-रोड आया।
दो-तीन जगह नए जूतों का,
मैंने अम्बार लगा पाया।
प्राइवेट कम्पनियाँ कई एक,
जूते यों ढेर बनाती हैं।
जूते न होते हैं मँहगे,
वे बिगड़ी बात बनाती हैं ॥

पर दिशा-हवाएँ उस दिन मानों,
मेरे थीं अनुकूल नहीं।
ले गया जिन्हें ; वे जँचे नहीं,
सोचा ; हुई है भूल कहीं ॥
उन्नीस-बीस का फर्क था,
दोनों पैरों में ; मन दुःखी हुआ।
लौटा ले इनको या बदल दे,
दूकानदार ; माँगी दुआ ॥
संयोग से सज्जन दूकानदार ने,
मेरे जूते बदल दिए।
मैं खुश हो घर उड़ता आया,
सफेद चमकते शूज लिए ॥

उस समय पैर डालकर उनमें,
चार कदम यदि चल लेता।
तो मुझे सफर में बिना बात,
किंचित पछताना न पड़ता ॥

जब सुबह पहन उनको दौड़ा,
तो पैर के पंजे दर्द किए।
मेरा पैर दस नम्बर का,
मैंने वे नौ नम्बर लिए ॥
रेलगाड़ी में उनको उतार,
मैंने पंखे पर टाँग दिया।
दिल्ली स्टेशन आते ही,
उनको पैरों में पहन लिया ॥
वे कसे हुए जूते पहने,
मैं आ पहुँचा अशोक नगर।
पर लगा सोचने ; 'कट न पाएगा,
इनसे मेरा सफर' ॥

भाई का दिया बड़ा नोट,
चुपचाप जेब से बोल उठा --
" जूते खरीद लो नए पुनः,
न मन में करो कुछ खटका !! "
मैंने सोचा -- 'जूते अमूल्य न,
पैर बड़ा कीमती है।
इन पैरों से लक्ष्य पाना,
जूतों की भला क्या गिनती है ?'
यही सोच 'नेरोलक' के नहीं,
'डेरोलक' के जूते लाया।
नौ नम्बर के बजाय,
ग्यारह नम्बर का जूता पाया ॥

बुलबुल-यशोदा-सागर

तीनों ही प्यारे बड़े मित्र,
बुलबुल, यशोदा और सागर।
ये तीनों हँसते-मुस्काते,
जैसी की खुशियों की गागर
आपस में यह लड़ते भी हैं,
इनमें दुलार बना रहता।
हिल मिलकर तीनों रहते हैं,
यह घर स्वर्ग-सा है लगता॥
इनमें दोस्ती बड़े गजब की,
रहती है इनसे रौनक।
दिल के सच्चे कोमल निर्मल,
रखते ईश्वर की एक झलक॥
तीनों दोस्त बनकर आपस में,
हँसकर खेला करते हैं।
यदि कोई रूँठ जाता तो उसको,
मिल-जुलकर मनाते हैं॥

स्वागत मेट्रो

दिल्ली-मेट्रो-स्टेशन,
हजरत निजामुद्दीन वाला।
जो दिवस-रात ही सक्रिय,
न पड़ता यहाँ कभी ताला ॥
अति दूर-दूर से यात्रीगण,
जब भी दिल्ली शहर आते।
मेट्रो-वाहन-तकनीकी का,
वे जमकर आनन्द लेते ॥
भूमिगत ; भूमि के ऊपर,
स्टेशन सजे-सजाए हैं।
कई कर्मचारियों ने मिलकर,
ये सारे रंग जमाए हैं ॥
देहली का सारा यह विकास,
सबका ही समवेत पुरूषार्थ।
इससे ही उन्नत यह नगर,
सबके लिए ही परमार्थ ॥

शाहदरा स्टेशन

जिस घर पर मैं आकर ठहरा,
यह मेरी बुआ का घर है।
यह कॉलोनी निकट-शाहदरा,
कहलाता अशोक नगर है॥

मैं दिल्ली आकर निजामुद्दीन,
स्टेशन पर पहले उतरा।
फिर चढ़ा मेट्रो-स्टेशन,
पहुँचा सीधा शाहदरा॥

यह शाहदरा-स्टेशन है,
समझो देहली का एक हृदय।
यह सदा ही नवागन्तुक हेतु,
रहता सरल और सदय॥

यह बस-अड्डे के पास,
रेल का नूतन है एक स्टेशन।
जिसकी आन्तरिक शोभा न्यारी,
देखने को करता है मन॥

मेट्रो-यात्री

दिल्ली-शहर के वासी हम,
न किसी से डरने वाले !
गन्तव्य हमारा एक लक्ष्य,
हम मेट्रो-यात्री मतवाले !!
हम उत्साहित हैं युवा,
हमारे नयनों में सपने पलते।
हम राजधानी के नागरिक हैं,
जग में किसी से न डरते ॥
हम कर्मयोगी कर्म करते,
पड़ जाते पैरों में छाले !
गन्तव्य हमारा एक लक्ष्य,
हम मेट्रो-यात्री मतवाले !!

हम नवजीवन से भरपूर,
नव-ऊर्जा से हैं उल्लासित।
हम नहीं बेड़ियों के गुलाम,
हम निज से ही है अनुशासित ॥
बुद्धि-विवेक के द्वारों पर,
हम नहीं डालते हैं ताले !
गन्तव्य हमारा एक लक्ष्य,
हम मेट्रो-यात्री मतवाले !!

हम हैं भविष्य के नव-सूरज,
भावी भारत के कर्णधार।
हम स्वयं सबल बनकर करेंगे,
सारे जग का उद्धार ॥
हम स्वाभिमान से सम्पन्न,
भारत-भूमि के रखवाले !
गन्तव्य हमारा एक लक्ष्य,
हम मेट्रो-यात्री मतवाले !!

मुसाफिर

जग चार दिनों का मेला साथी,
सदा नहीं रह जाना है !
हम सभी मुसाफिर जगत-रेल के,
यहाँ कहाँ ठिकाना है ?
कितने भी हम लें ठाठ जोड़,
अन्ततः अकेले ही जाते।
बंगला-गाड़ी-धन-आभूषण,
सब यहीं पर पड़े रह जाते ॥
कुछेक वर्ष के लिए लिखा,
सभी का आब-ओ-दाना है !
जग चार दिनों का मेला साथी,
सदा नहीं रह जाना है !!

कितना ही कर लें हम गुमान,
पर साँस उधारी चलती हैं।
एक बार मिली अवसर-घड़ियाँ,
न बार-बार फिर मिलती हैं ॥
हर एक जन्म छेड़ा जाता,
पहले का राग पुराना है !

जग चार दिनों का मेला साथी,
सदा नहीं रह जाना है !!
कितने जोड़ लें हाथ-पैर,
पर वक्त कभी न रूक पाता।
अनमोल समय जब लुटता है,
तो केवल पछताना रहता ॥
जो अनवरत चलता रहता,
मिलता उसको ठिकाना है !
जग चार दिनों का मेला साथी,
सदा नहीं रह जाना है !!

पुस्तक-मेला की टिकट

यह कागज की ही तकनीकी,
जिससे पुस्तक बन जाती है ।।
फिर उसी प्रेस से पुस्तक-मेले,
की टिकट छप जाति है ।।
है लाल-लाल सुन्दर गुलाब-सी,
टिकट यह इस मेले की ।
सुप्रीम कोर्ट मेट्रो-स्टेशन,
से ली है अकेले की ।।
बज चुके घड़ी में दस ; मुझको,
ग्यारह बजे बुलाया है ।
मेरे लेखन का कार्य वहाँ,
पुस्तक-स्वरूप जमाया है ।।
है थोड़ा समय शेष ; तरू के,
नीचे मैं कविता लिख लूँ ।
इन महकी हुई फिजाओं से,
अपनी झोली ; दामन भर लूँ ।।
सृष्टि के चतुर्युगों में,
ऐसा मौसम प्रथम बार आता ।
जब पुस्तक-मेला लगता है,
मानव मानस का सुख पाता ।।

मेला-स्थल तक फ्री बस

दिनभर के लिए यों तो टिकट,
बीस रुपए की आई है।
पर सरकार ने बस-सेवा,
यहाँ पर फ्री लगवाई है ॥
आप टिकट ले प्रगति-मैदान के,
दस नम्बर गेट आओ।
पैदल चलने की नहीं जरूरत,
सीधे बस में चढ़ जाओ ॥
अन्दर हॉलों में शौच-मूत्र का,
क्रम फ्री में चलता है।
इस बीस रूपए की टिकट से ही,
सुविधा हर दर्शक पाता है ॥
प्रगति मैदान-से भव्य हॉल,
तुमने न देखे ही होंगे।
सेंसर वाले नल टॉयलेट में,
कभी-कभी देखे होंगे ॥
यहाँ अन्दर आकर कभी किसी को,
कोई असुविधा न होती।
बुद्धि-मानस की और तन की,
सब इच्छाएँ पूरी होतीं ॥
तो चलूँ ; बैठ जाऊँ बस में,
देखूँ मेला कैसा दिखता ?
इस बार नया क्या परिवर्तन,
पुस्तक के मेले में होता ?

अभी पर्दा खुलेगा

अभी आए नहीं प्रकाशक हैं,
श्रीमान चन्द्रहास महोदय।
वे आ पहुँचे प्रवेश-द्वार,
जो रहे सदा ही सरल-सदय ॥
दो-चार मिनट में ही पर्दा,
स्टॉल से खुलने वाला है।
ले आए किताबें और हैं वे,
संदेश यह उनका आया है ॥
लो ! आ ही गए चन्द्रहास,
लेकर किताबें कई ढेर,
सब एक-एक से बढ़कर हैं,
कोई सेर है तो, कोई सवा सेर ॥
खुल रहा रुपहला यह पर्दा,
पीले-पीले फूलों वाला।
ज्यों यह डालता ग्रंथों पर,
उल्लास-विजय की वरमाला ॥

लेखक-मंच तैयार

यह हॉल है चौथा ; सजा मंच,
लेखकों की भावाव्यक्ति का।
यह सृजनकारों को समर्पित,
साहित्य-धर्म की मस्ती का ॥
श्रोता करते हैं इन्तजार,
कुर्सी पर मसिजीवी बैठें।
वे कवि हों ; चाहे कथाकार,
वक्तव्य शीघ्र ही समेटें ॥
अस्ट्रियन एसेम्बी के द्वारा,
कार्यक्रम होने वाला है।
महिला-लेखिकाओं पर अब,
उदबोधन होने वाला है ॥
थक-हार घूमकर मेले से,
कुछ क्षण सुस्ताने बैठ गया।
कुर्सी पर है आराम मिला,
कविता लिखने मैं बैठ गया ॥
मेला चलता धीरे-धीरे,
है इसका आज प्रथम दिवस।
हर कोई यहाँ उल्लासित है,
न कोई कहीं दिखता परवश ॥

सेंसर वाला नल

प्रगति-मैदान में हर टॉयलेट,
सेंसर वाले नल लगे हुए।
साधन-सुविधा से युक्त सभी,
वे श्वेत-कमल से खिले हुए॥
केवल एक-दो न ; कई सारे,
पंक्तिबद्ध नल लगे यहाँ।

न टोंटी है ; न घुण्डी है,
सेंसर से सभी जुड़े यहाँ॥
पेशाब लगी थी जोरों से,
इसलिए चला मैं उसी दिशा।

जहाँ पर स्वच्छता का पंजा,
हर एक दिशा में गया कसा ।।
मैं श्वेत-सूट-बूट में सजधज के,
राहत के स्थल आया हूँ।
बिन टोंटी खोले अपने कर,
पानी स्वयं ही पाया हूँ ।।

पर्दा खुल गया है

पर्दा जो ढँका प्रकाशन की,
स्टॉल के सम्मुख ; हटा वह।
पुस्तकें प्रकाशित हो जगमग,
खिलने लगीं पल-पल रह-रह ॥
इन सब कृतियों के बीच झाँकती,
मेरी पुस्तक दिखी मुझे।
'जागता कश्मीर' के प्रथम खण्ड की,
सुन्दर झलक दिखी मुझे ॥
'पन्द्रह अगस्त' वाली किताब,
कौने से रह-रह मुस्काती।
इस देशभक्ति-कविता-संग्रह,
को निरख आत्मा मुस्काती ॥
कुछ और किताबें इधर-उधर,
करती मेरी ; मेरा स्वागत।
इस वर्ष हुई नव-प्रकाशित,
देती हैं मेले की दावत।

मंचस्थ साहित्यकार

आ चुके ऑस्ट्रिया के लेखक,
महिला कवि-साहित्यकार।
कर रहे प्रकट वे एक-एक कर,
अपने हृदय के उदगार ॥
ऑस्ट्रिया-कहानी समीक्षा,
करतीं एक युवती बहुभाषी।
वे भारत देश की वासी हैं,
करतीं दूर मन-उदासी ॥
कहतीं -- " किताबों की दुनिया,
जग में सदा आबाद रहे।
हों अमर पुस्तकें इस जग में,
स्वीकार यह फरियाद रहे ॥ "

आस्ट्रिया लेखिका 'आमना जी' का,
सम्बोधन सुखदाई रहा।
वक्तव्य अन्य लेखिकाओं का,
अतिशय प्रेरणादायी रहा ॥
कश्मीर की महिला प्रकाशक,
बतलाती थीं अपने अनुभव।
कवयित्री सुमन केसरी ने,
बतलाए सूत्र यथासम्भव ॥

पुस्तक-मेला-गाड़ी

है सजी खड़ी मेला-द्वार पर,
पुस्तक की पहिया-गाड़ी।
पुस्तक-जागृति का संदेश,
देती खड़ी यह अगाड़ी ॥
इस वाहन पर सब ओर,
किताबों के उपहार रखे हुए।
एक तरफ प्रधानमंत्री जी के,
सुवाक्य भी लिखे हुए।
पुस्तक-मेले के बाद यह,
गाड़ी सर्वत्र ही जाएगी।
यह पुस्तक के शाश्वत मूल्यों की,
सबको कथा सुनाएगी ॥
अब समय आ चुका ; हर प्रदेश में,
होवें ऐसे ही वाहन,।
जन बढें ग्रंथ को ओर,
लगाए स्वाध्याय में अपना मन ॥

सऊदी-कलाकारों का नृत्य

रंगशाला के थिएटर में,
जब नाच रहे थे कलाकार।
भाषा तो समझ नहीं आई,
न समझ आया मुद्रा-प्रकार॥
वे पुरुष अरब के नृत्य-कुशल,
सब नाच रहे थे झूम-झूम।
उनकी कला को सब दर्शक,
हर्षित हो उर से रहे चूम॥
हो चाहे नृत्य न भारतीय,
लेकिन मन आनन्दित करता।
वह मन को सरस बनाता है,
उत्साह हृदय में भर देता॥
इस मेले में सब सृजनकार,
फन अपना-अपना दिखा रहे।
सब ही क्षेत्रों के कलाकार,
दर्शक-गणों को भा रहे॥

मोदी जी के संग

लेकर के संविधान-पुस्तक,
पी0 एम0 मोदी जी खड़े हुए।
सब खिंचाने उनके संग फोटो,
अपनी ही जिद पर अड़े हुए।।
फिर मेरा भी नम्बर आया,
मैं झटपट उनके निकट गया।
मैंने एक साथी से कहकर,
अपना भी फोटो खिंचा लिया।।

यहाँ प्रधानमंत्री फुर्सत में,
जिसका मन चाहे आ जाए।
होकर खड़े बगल उनके,
सुविधा से फोटो खिंचवाए॥
संकेतमात्र है छवि यह,
जो इस रहस्य को बतलाती।
केवल प्रजा ही नहीं ; प्रत्येक हस्ती,
पुस्तक के गुण गाती।

बहुभाषी भारत : पुस्तक-मेले की थीम

इस बार मेले की थीम है यह,
'बहुभाषी-भारत-निज-स्वदेश !
हैं अलग-अलग बोलियाँ ; पर,
प्रिय हिन्द एक सबका विशेष !!
यहाँ नमस्कार या अभिवादन,
मृदु-भाव-प्रेम से होता है।
हर एक-एक भारतवासी,
अमृत-से वचन को कहता है ॥
मीठी वाणी हर लेती है,
अन्तर्मन के सब दु:ख-क्लेश !
हैं अलग-अलग बोलियाँ ; पर,
प्रिय हिन्द एक सबका विशेष !!

छोटों को प्यार ; बड़ों को आदर,
यह अपना संस्कार रहा।
जीवों पर करुणा और दया,
दीनों पर भी उपकार रहा ॥
रखते न भारतीय कपट,
छल-दम्भ और किंचित द्वेश !
हैं अलग-अलग बोलियाँ ; पर,
प्रिय हिन्द एक सबका विशेष !!

वॉल-पेन्टिंग (चित्रकारी)

इस मेले में कुछ ऐसे भी,
युवा-चित्रकार-जन आए हैं।
जिन्होंने उत्साहित होकर कई,
भित्ति-चित्र बनाए हैं ॥
इस बार के पुस्तक-मेले में,
सबको दिया गया अवसर।
क्या लेखक और प्रकाशक ; कवि,
क्या संगीतज्ञ-नर्तक बेहतर ॥
सब यहाँ झूमते-गाते हैं,
विभिन्न संस्कृतियों का संगम।
सब एक से बढ़कर एक कलाविद,
कोई नहीं किसी से कम ॥

पहले आरेख बनाता ; उसमें,
फिर रंग को भर देता।
चित्रों का कुशल चितेरा,
रंगों में नव-जीवन भर देता ॥
ये चित्रकार हैं सिखा रहे,
युवाओं को चित्र रचना।
चित्रों के जरिए कर देते,
साकार ये अपनी कल्पना ॥

वीणा-वाद्य

रंगशाला के सम्मुख वीणाएँ,
इतनी सारी रखी हुईं।
संगीत-वादकों की लड़ियाँ,
दीवार-सहारे टिकी हुईं॥
आज शाम सामूहिक वीणा-वादन,
कलावन्तों का होना।
एक लय-ताल में मिल वीणा का,
प्रस्तुतिकरण होना॥
ये सब वीणाएँ रखीं मौन,
जिस घड़ी बजाई जाएँगी।
इनकी लय-तान देव-जनों के,
मन को भी लुभाएँगी॥
विद्यादायिनी सरस्वती,
माता के कर की शोभा है।
यह भारत की गौरव-तन्त्री,
अपनी संस्कृति की आभा है॥

बाबा, आज न जाओ मेला

सागर, यशोदा दो बालक,
बुलबुल के हैं किराएदार।
वे उसके खेल के साथी हैं,
वे दोनों उसके राजदार ॥
कल रात घूमकर मैं मेला,
जिस समय-घड़ी था घर पहुँचा।
तीनों करते थे इन्तजार,
मन में बहुत कुछ था सोचा ॥
था सुबह कहा तीनों ने ही,
" बाबा, चॉकलेट ले आना।
हम साँझ घूमने चलेंगे सब,
मेले से जल्दी आ जाना ॥..."

पर भूल गया मैं यह बात,
बच्चों ने याद दिला पूछा --
" बाबा ! लाए न चॉकलेट,
'किटकैट' वाली ? " , मैंने सोचा --
'इन भोले-भाले बच्चों के,
हम हाय न प्रण निभा पाते।

अधिकार माँगते बचपन का,
हम उसे भी नहीं दे पाते ॥'
फिर कहा मैंने शर्मिन्दा हो --
" बेटा ! शीघ्र मैं जाता हूँ।
चॉकलेट तुम्हारे लिए तीन,
मैं 'किट-कैट' की लाता हूँ ॥ "
उन बच्चों खिला चॉकलेट,
तब ही मैंने भोजन पाया।
कुछ देर संग खेला उनके,
तीनों का अन्तर हर्षाया ॥
जब सुबह उठा तो ये बच्चे,
व्याकुल हो आए पास मेरे।
वे लगे कहने -- " है इतवार,
संग आज रहो आप हमारे ॥
हम चारों मिलकर पार्क में,
खेलेंगे-कूदेंगे मिलकर।
व्यायाम करेंगे ; दौड़ेंगे,
हर्षाएँगे गाने गाकर ॥.."
बोली यशोदा हाथ जोड़,
" बाबा, न जाओ आज मेला।
यदि आप जाओगे तो हमारा,
मन रहेगा अकेला ॥..."

कैलाश सत्यार्थी

लेखक-मंच पर बैठे हैं ,
कैलाश सत्यार्थी महान।
बच्चों के हितकारी-सेवक,
करते राष्ट्र का कल्याण ॥
इस बार आई उनकी किताब,
'सपनों की रौशनी' सुन्दर।
मानव-सेवा से जुड़ी हुई,
कृति यह विशिष्टतम और मनहर ॥
वे सुना रहे अपने अनुभव,
श्रमजीवी जन से जुड़े हुए।
प्रभात प्रकाशन अधिकारी,
इसके पश्चात खड़े हुए ॥
उस अधिकारी ने व्यक्त किए,
उदगार कैलाश जी से जुड़े।
जिसको सुन दर्शक मुदित हुए,
तालियाँ बजाते खड़े-खड़े ॥
नोबल शान्ति पुरस्कार,
पा चुके कई हैं और पदक।
इनका चरित्र भावी भारत के,
शिखर-बिन्दु की नव-दस्तक ॥

मातृभाषा

यह मोदी जी का कहना है --
'अपनी भाषा से प्रेम करो।
जो कुछ अच्छा है ग्रहणीय,
उनको जीवन में सहर्ष वरो॥
' हर भारतीय का फर्ज यह,
अपनी भाषा से प्रेम करे।
सच्ची बात को कहने में,
न कभी किसी से वह डरे॥
' भारत भाषा-समृद्ध देश,
यहाँ तरह-तरह की भाषाएँ।
सबके अपने हैं संस्कार,
सबकी अपनी हैं रचनाएँ॥
' भारत की सारी भाषाएँ
भारत माता की वाणी हैं।

हर एक हिन्द की बोली शुभ,
यह हर जन की कल्याणी हैं॥..'

मुस्लिम काउन्सिल

इस पुस्तक-मेले में किंचित,
हिन्दू-मुस्लिम का भेद नहीं।
यहाँ सबको मिलता सम्मान,
कोई धर्म-जाति का भेद नहीं ॥
मुस्लिम धर्म की किताबें,
मुस्लिम-धर्म-अभिव्यक्ति-मंच।
सबका ही करते सत्कार,
न कही खेद, न कोई रंज ॥
बड़ी दूर-दूर से सभी यहाँ,
पुस्तक-मेले में पधारे।
सबका स्वागत, सबको आदर,
सब अतिथि हैं हमारे ॥
हिन्दू-मुस्लिम-सिक्ख-ईसाई,
सबका ही संगम हुआ यहाँ।
इस पुस्तक-मेले-सा दृश्य,
तुमने देखा होगा कहाँ ?

सऊदी अरब अतिथि

इस बार देश ने आतिथ्य,
सऊदी अरब का संभाला ।

मेहमान-नबाजी में भारत ने,
कमाल भाई कर डाला ॥

एक बड़ा-सा मण्डप दिया गया,
मेहमान सऊदी लोगों को ।
वहाँ विविध वस्तुएँ रखी गईं,
दर्शातीं अरब की संस्कृति को ॥

एक युवा बोला -- "हबीबी के संग,
अपना फोटो खिचवा लो ।

पाओ अरब दोस्तों से मान,
अपना अन्तर्मन हर्षा लो ॥"

तब मैंने अपना यंत्र निकट के,
एक सज्जन को पकड़ाया ।
शेखों के मध्य बैठ शान से,
अपना फोटो खिंचवाया ॥

रेणु जी की किताब का विमोचन

है आज बड़ा शुभ दिन ; हुए,
कई ग्रंथों के विमोचन हैं।
रेणु जी का एक उपन्यास,
इनमें प्रमुख जीवन-धन है ।।
यह वृहद प्रेम-कथा --- 'सान्या' ;
साढ़े तीन सौ पृष्ठों की।
लोकार्पित हुई आज के दिन,
कृति रेणु जी ने अर्पित की ।।
उनके पतिदेव हैं अस्वस्थ,
वीडियो के माध्यम से बोले --
" सज्जन आप लेखक महोदय,
हो दिल के सच्चे और भोले ।। "
मैंने आश्वासन दिया उन्हें --
" जल्दी स्वस्थ हो जाओगे।
फरियाद करेंगे हम प्रभु से,
जीवन नवीन एक पाओगे ।। "

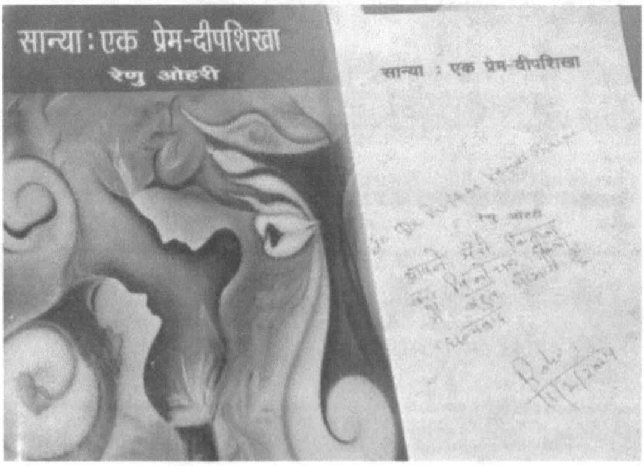

रूस से आई किताबें

कुछ सज्जन अपनी ले किताब,
मित्र रूस देश से पधारे।
पाठक से करते संवाद,
खड़े हैं बाहें पसारे ॥
कितने वर्षों से देश पड़ौसी,
रूस हमारा मित्र रहा।
सद्भाव और सहयोग सदा ही,
उसका जीवन-चित्र रहा ॥
भारत देश ने सदा रूस से,
मित्रता निभाई है।
उसकी वाणी करुण-कोमल है,
और सदा सुखदाई है।
इस पुस्तक-मेले में कई,
देशों के प्रतिनिधि आए हैं,
सबने यथास्थान ही अपने,
स्टॉल लगाए हैं ॥

सऊदी वाद्य : कनौउं

सऊदी अरब का तार-वाद्य,
दिखने में बड़ा ही सुन्दर है।
जो रखा प्रदर्शन के हेतु,
संगीत-उपकरण मनहर है ॥
कई धातु-तार जुड़े इससे,
इसको कहते हैं 'कनोउं'।
जब बजने लगता यह मधुर,
करने लगता 'मोएं-मोएं-मोउं' ॥
अतिथि-राष्ट्र सऊदी अपनी,
नव-संस्कृति लाया है।
'वल्लाह' ; 'हबीबी' युवा-वर्ग,
उस अरब देश से आया है ॥
कई अन्य संगीत-उपकरण,
'अरब-शिविर' में हैं आए।
सबकी अपनी है अलग कला,
कौशल नया लेकर आए ॥

मेट्रो की लम्बी लाईन

था रविवार ; इसलिए आज,
मेट्रो-रेल में भीड़ रही ।
मैंने चावल के संग खाया था,
कल रात ही शुद्ध दही ॥
प्रगति-मैदान के सम्मुख ही,
इतनी बड़ी मनुज-पंक्ति ।
सब गन्तव्य-स्थल चाहते,
पहुँचना यथा-शक्ति ॥
विद्यार्थी और कर्मचारी के,
वर्ग आज छुट्टी पर थे ।
सब पुस्तक-मेला आए देखने,
बैठ न पाए वे घर थे ॥
सब कार्य औपचारिक करना,
जीवन-भर ही लगा रहता ।
घर-गृहस्थी के कामों से भला,
छुटकारा कहाँ मिलता ?
तब भी आत्मोन्नति हेतु,
करना होता हमें प्रयत्न ।
पुस्तक खरीदने की कोशिश,
जीवन का देती नया रतन ॥

फुर्सत के क्षण

केवल पुस्तक ही नहीं,
हैं मेले में बड़े आरामगाह।

जो थककर होते चूर ; उन्हें,
रहती सुस्ताने की चाह ॥

गृहस्थी जन अपने परिवार-संग,
मैदान में आ जाते।
खाते पसंदीदा चीजें,
गपशप करके वे हर्षाते।

था समय साँझ का मुझको भी,
किंचित थोड़ी-सी भूख लगी।
मेरे थैले में चूर-मिठाई,
रखी पाव-भर बिना पगी ॥

उसको करने स्वीकार मैं भी,
उस मैदान में आ बैठा।
पुस्तक-हॉलों के बाहर थी,
उन्मुक्त निराली दिव्य छटा ॥

सारे दिन घूमकर मेले में,
शरीर भी थक जाता है।
तब रम्य-स्थली बैठ, शान्ति से,
हृदय आनन्द पाता है ॥

डॉ0 अनीता पंडा जी की किताब : लोकार्पित

पेशे से आँखों की सर्जन,
उड़िया-कवयित्री-कथाकार।
पचास पुस्तकों की सर्जक,
स्वनामधन्य उपन्यासकार ॥
उनसे मेले में हुआ था मिलना,
ममता की वे मूरत हैं।
डॉ0 अनीता पंडा जी,
'महादेवी जी' की सीरत हैं ॥
'आयशा की आहट' पुस्तक,
जिसका कुछ दिन पहले प्रूफ पढ़ा।
उसका अनावरण हुआ था कल,
मैं संग प्रकाशक के खड़ा ॥
थीं साथ डॉक्टर साहिबा,
और प्रकाशक-सहधर्मिणी।
जाने कैसे जीभ निकली मेरी,
ज्यों मुख में छिपी मणि ॥

अरब का 'औद-वाद्य-यन्त्र'

इस बार के पुस्तक-मेले में,
गेस्ट-ऑफ-ऑनर का सम्मान।
सऊदी-अरब को दिया गया,
वही देश बना है मेहमान ॥
लेकर आए हैं हबीबी,
प्यारे-प्यारे संगीत-यन्त्र।
पैगाम लाए दोस्ती का,
लेकर आए सदभाव-मन्त्र ॥
अपने भारत का अरबों से,
न किसी काल भी वैर रहा।
संस्कृति भिन्न दोनों की है,
दोनों का विलग तन्त्र रहा ॥
जिस तरह 'औद' संगीत-यंत्र से,
जुड़े हैं कई एक तार।
ऐसे आए हैं विविध देश,
बन इस मेले की यादगार ॥

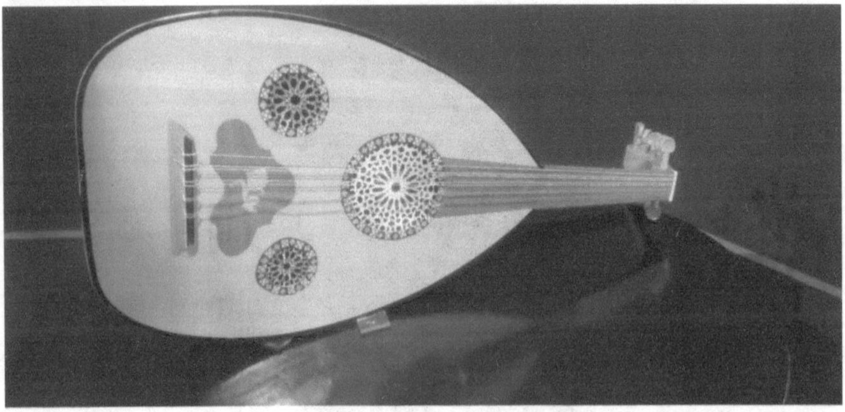

हबीबी-जन का रबाबा-यंत्र

सऊदी-अरब के अतिथि,
ले आए कुछ संगीत-यंत्र।
जिनमें 'रबाबा-तार-वाद्य',
मोहक बजता जादुई तन्त्र ॥
एक धनु में तार कसा रहता,
जो मधुर-मन्द-स्वर में बजता।
प्राचीन वाद्य सऊदी की,
प्राचीन परम्परा को रखता ॥
अल-हेजैनी और अल-मशौब,
इसके संगीतिक हैं प्रकार।
जब इसे बजाता हबीबी,
देता खोल सब हृदय-तार ॥
ऐसा वाद्य अपने भारत में,
कहीं नहीं जाता पाया।
अल-हबीबी निज मित्र-देश,
इसको हर्षित हो ले आया ॥

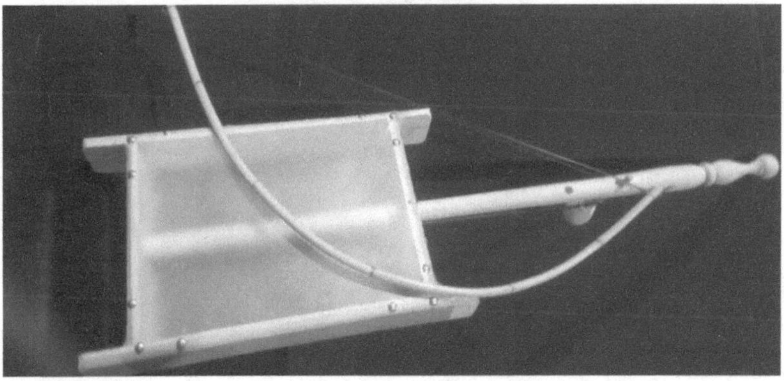

'तिरान' ताल-वाद्य

'तिरान' वाद्य है एक ढोल,
जिसको हबीबी बजाते।
हाथों से 'ढम-ढमा-ढम' करके,
प्राण ताल में ले आते ॥
'धिंधा-धाधिं', तींता-ताधिं'
त्रिताल यह है भारत की।
ऐसे ही बजता तिरान,
तीन-ताल ध्वनि अदभुद इसकी ॥
प्राचीन समय में अरब लोग,
संदेश भेजते इस प्रकार।
लयबद्ध बजाते ढोल यह,
उसका होता जाता प्रसार ॥
ये वाद्य-यन्त्र बजाए थे,
परसों हबीबी ने मिलकर।
रंगशाला में नृत्य करके,
सन्तुष्ट हुए वे हर्षाकर । ।

अश्रुत पूर्वा की किताब का लोकार्पण

अश्रुत पूर्वा जी भारत की,
गरिमामयी सन्नारी हैं।
'भारतीय नारी' पुस्तक की,
वे कृतिकार अति प्यारी हैं।।
मंचस्थ विराजे कई लोग,
इस पुस्तक पर चर्चा करते।
साहित्यकार कई यहाँ बैठ,
पुस्तक का आलोचन करते।।
श्री रास बिहारी, नरेन्द्र मिश्र प्रोफेसर,
मिलिन्द मराठे जी।
राखी गुप्ता जी विचारक,
लेखिका और प्रिंसीपल जी।।
इन सबने रखे विचार नए,
कृति और कृतिकार सम्बन्धी।
श्रोता-पाठकगण पधारे,
साहित्य-क्षेत्र के अनुबन्धी।।

प्यारी किताबें

न्यारी-प्यारी सभी किताबें,
जन के मन को भाएँ किताबें !!
यह किताब बातें करती है।
जन को यह जीवन देती है ।।
दु:ख-शोक सब हर लेती है।
पथ का प्रदर्शन करती है ।।
उलझी जीवन की पहेली,
को पुस्तक हँसकर सुलझावें !
न्यारी-प्यारी सभी किताबें,
जन के मन को भाएँ किताबें !!
हर किताब में एक जीवन है।
रुदन-व्यंग्य और हर्षण है ।।
पुस्तक कभी मीत बन जाती।
कस्मे-वादे सभी निभाती।
देतीं धैर्य-सांत्वना जन को,
पुस्तक रोता जन हँसावें !
न्यारी-प्यारी सभी किताबें,
जन के मन को भाएँ किताबें !!

स्वाध्याय करो तुम भाई

पुस्तक के महत्त्व को समझो,
करो न आपस में लड़ाई !
निज उन्नति को पाना है यदि,
स्वाध्याय करो तुम भाई !!
अच्छी पुस्तक को पढ़ने से,
जीवन के ताले खुलते हैं।
बुद्धि और विवेक आदि सब,
मानव के जागृत होते हैं।
अज्ञान-तम दूर भगाकर,
पुस्तक लाती है अरुणाई !
पुस्तक के महत्त्व को समझो,
स्वाध्याय करो तुम भाई !!

पुस्तक जीवन सरल बनाती,
जीने की यह कला सिखाती।
आगम-निगम, सभी कालों का,
मानव को यह बोध कराती ॥

स्वार्थ के नाते तोड़कर,
पुस्तक से तुम करो सगाई !
पुस्तक के महत्त्व को समझो,
स्वाध्याय करो तुम भाई !!

कल साँझ का कार्यक्रम

सांस्कृतिक-मंच पर युवकों का,
कल शाम कार्यक्रम होना।
'साधो' युवक-मण्डली का,
प्रस्तुतिकरण साँझ होना॥
ये युवा सभी हँसते-गाते,
जन को उत्साह दिलाएंगे।
जन भटक रहे जो इधर-उधर,
उनको होश में लाएँगे॥
सब हैं प्रसन्न ; सब ऊर्जावान,
जीवन का सुख-रस पिए हुए।
संगीत-कला से जीते हैं,
जीवन के रस में रमे हुए॥
कल युवा सभी उल्लासपूर्ण,
जीवन की छटा बिखेरेंगे।
जो बात हृदय में कुछ होगी,
उसे कला-भाव से प्रकटेंगे॥

प्रकाशक के हाथों में

नव-प्रकाशित मेरी कृतियाँ,
पकड़े प्रकाशक हाथों में।

इनमें एक आलोच्य कृति,
दूजी कविता निर्घातों में ॥

एक ग्रंथ वह ; जो लिखा गया,
साहित्यकार सुशील जी पर।
दूजा ग्रंथ कविता वाला,
चन्द्रहास खड़े जिसको लेकर ॥

ये दो मोटी वृहद पुस्तक,
इस वर्ष निकलकर आई हैं।

इन दो वत्सों को देख-देख,
मेरी अँखियाँ हर्षाई हैं ॥

रवीना प्रकाशन प्रबंधक,
की गोद रखीं ये मुस्कातीं।
प्यारे प्रकाशक की अंगुलि,
इन्हें पुन:-पुन: हैं सहलातीं ॥

मेरी अंग्रेजी-कथा-पुस्तक (Selected Stories)

कई वर्ष पूर्व की लिखी हुई,
जब कथाओं का समय आया।
श्री चन्द्रहास जी के द्वारा,
इनको प्रकाशित करवाया।
श्री जहीर ललितपुरी जी ने,
इन कथाओं का अनुवाद किया।
और प्रकाशक ने सुन्दरता से,
इनको प्रकाशित किया॥
कभी सोचा न था ; मेरी कथाएँ,
अनुवादित कभी होंगी।
और विश्व-पुस्तक-मेले में,
इस तरह प्रदर्शित भी होंगी॥
पर वह समय भी अब आया,
जब कृतियाँ मेरी खिली हुई।
स्टॉल पर रखी दिखती हैं,
पाठक के दिल में मिली हुई।

मेरी प्रिय कविताएँ

रवीना प्रकाशन पर जगमग,
मेरी किताबें रखी हुई।
'पन्द्रह अगस्त' और 'प्रार्थना-स्वर',
अपनी शान में डटी हुई॥
'मेरी प्रिय कविताएँ' पुस्तक,
मम चुनी हुई कविताओं की।
हो चुकी प्रकाशित धूमधाम,
कृति मार्मिक रचनाओं की॥
'पुरुषार्थ और संस्कार',
यह गद्य-कृति है ज्ञानपूर्ण।
पुस्तक-मेले में प्रदर्शित,
संभावना से परिपूर्ण॥
'सेलेक्टेड-स्टोरीज' किताब,
भी बुक-फेयर में रखी हुई।
सब ऊर्जावान कृतियाँ मेरी,
न किंचित हैं अभी थकी हुई॥

षट-पुस्तकों का प्रदर्शन

रवीना प्रकाशन पर स्थित,
जो छह किताबें मेरी हैं।
ये षट-मित्र मेरे मन के,
जीवन की साँसें मेरी हैं।
'भारत-गाथा' ; 'शरद-मेला',
किताब नई 'मंगलाचरण'।
'नमकीन आँसू' कथा-पुस्तक,
जो प्रसन्नता का करें वरण ॥
'स्वच्छ आकाश का हर्ष' और,
'गोमाता की पुकार' कृति।
हो गईं डिस्प्ले मेले में,
मेरे ही मन की अनुकृति ॥
इस तरह देख अपनी कृतियाँ,
दिल बाग-बाग हो उठता है,
तुम धन्य रवीना-प्रकाशन,
अहसान ये मुझपर होता है ॥

मेरी जीवन सम्बन्धी पुस्तकें

ये आठ पुस्तकें इसी ओर,
रवीना-प्रकाशन-पटल-मध्य।
गर्वित होकर मुस्काती हैं,
पुस्तक-मेले के शुभ्र-छोर ॥
इसमें 'जागते रहो' और,
'जीवन-रहस्य' वाली किताब।
'जीवन-गीत' वाली नव कृति,
है दिव्य-प्रकाशित आफताब ॥
ऊपर 'योग से जीवन लाभ',
वाली सुन्दर पुस्तक है।
यह योग-संस्कृति वाली
नवयुग हेतु नव-दस्तक है ॥
'जीवन और जगत का सत्य',
निचली पंक्ति की शोभा है।
'सन्यासी' ; 'पृथ्वी की आयु',
ग्रंथों की विमल आभा है ॥
यह 'सभी प्रेम के दिए जलें',
जो कृति इधर मुस्काती है।
यह काव्य-कृति मम् जीवन की,
अद्भुत उपलब्धि ; ख्याति है ॥

कवयित्री सुशीला राजपूत की पुस्तकें लोकार्पित

कवयित्री सुशीला राजपूत जी,
माँ सरस्वती की आराधक।
वे सृजनशील साहित्यकर्मी,
कविता-प्रबन्ध की हैं साधक ॥
उनका एक काव्य-संग्रह सुन्दर,
'सुदिन की शब्द-वीणा'।
'उम्मीदों के काफिले' कृति,
दूजी किताब उनकी रचना ॥
ये दोनों कृति मनोहर थीं,
जिनका अनावरण हुआ आज।
हम सब थे साथ-साथ उनके,
कृति को पहनाते मान-ताज ॥
उनके पति मेरे बगल खड़े,
और प्रकाशक श्री चन्द्रहास।
सुलेखक ओमपाल सिंह,
साहित्य-कर्म के सत्प्रकाश ॥
उद्घाटित हुईं कृति सुन्दर,
हम मन्द खड़े सब मुस्काते।
अवधोत्सव के एक माह बाद,
पुस्तकोत्सव मनाते ॥

लेखिका कृष्णा गोयल की पुस्तक का अनावरण

हिन्दू त्यौहार और विज्ञान',
हुई नव-प्रकाशित सुन्दर कृति।
कृष्णा गोयल लेखिका हैं,
यह उनकी मानस-अभिव्यक्ति ॥
लेखिका अनीता पंडा जी,
और प्रकाशक श्री चन्द्रहास।
कृष्णा गोयल के साथ खड़े,
अधरों पर सबके मृदुल हास ॥
सेना में सेवारत लेखिका,
निडर और साहसी हैं।
वे राष्ट्र-भक्ति से ओतप्रोत,
स्वनाम-धन्य प्रकाशी हैं ॥
यह कृति धार्मिक पर्वों की,
विज्ञान-तर्क से ओतप्रोत।
देती मानव को नव-दृष्टि,
हुई अनावरित प्रेरणा-स्रोत ॥
यह कृति-विमोचन-समारोह,
हमें याद रहेगा वर्षों तक।
यह कृति याद दिलाएगी,
पुस्तक-मेले की शुभ दस्तक ॥

बाल-मण्डप

एक तरफ बाल-मण्डप बच्चों का,
जहाँ विहँसते बाल-वृन्द।
वे कभी साथ में चित्र बनाते,
कभी गाते हैं मधुर छन्द॥
बच्चों की विविध कलाएँ यहाँ,
खूब निखारी जाती हैं।
उनकी अंखियाँ प्रस्तुतिकरण कर,
उत्साहित हर्षाती हैं॥
बच्चे यहाँ पर सदाचार के,
सीख रहे हैं श्रेष्ठ ढंग।
वे मुक्ति का अनुभव करते यहाँ,
तनिक भी नहीं होते तंग॥
बच्चों को अपनी अभिव्यक्ति का,
मंच यहाँ मिला करता।
इस बाल-कुंज में आकर के,
उनका चेहरा खिला रहता॥

साक्षात्कार वाली युवतियाँ

यही दो बालाएँ ; लिया जिन्होंने,
इन्टरव्यू हमारा है।
स्नेह-भरे सम्बोधन से,
'लेखक-महोदय' पुकारा है ॥
उनको नैतिकता-मूल्य बताकर,
ओमपाल प्रसन्न हुए।
अपनी पुस्तक उपहार उन्हें दे,
मन ही मन सन्तुष्ट हुए ॥
दोनों युवतियाँ शोधकार्य,
करने वाली छात्राएँ थीं।
वे कृतिकारों की सृजन-प्रक्रिया,
को लेकर अध्ययनरत थीं ॥
ऐसी उत्साहित नारी-शक्तियाँ,
सृजन-कला ढूँढती हैं।
साहित्यकार के निकट पहुँच,
सृजन के सूत्र खोजती हैं ॥
हम दो लेखक प्रकाशन की,
स्टॉल-मध्य पधारे थे।
प्रात: ही हुआ इन्टरव्यू,
यों चमके भाग्य-सितारे थे ॥

उर्वशी उपाध्याय के साथ पुस्तक-लोकार्पण

उर्वशी जी हैं पाँच बहिनें,
सुपुत्री श्रेष्ठ पिता की हैं।
डॉ0 राधेश्याम उपाध्याय की,
पाँचों हृदय-तन्त्रियाँ हैं ॥
कितने रेडियो नाटक,
डॉक्टर साहब ने लिख डाले थे।
कविता-कहानी-उपन्यास के,
सृजन किए मतवाले थे ॥
डॉक्टर साहब की थी इच्छा,
उनकी सब कृतियाँ छप जाएँ।
श्रम-बिन्दु गिरे जो भी तन से,
एक दिन सफलता को पाएँ ॥
जब पिता सिधारे परलोक,
तो उर्वशी जी को दुःख हुआ।
पावन पिता के संकल्प का,
रह-रहकर अफसोस हुआ ॥
एक दिवस सभी बहिनों ने मिलकर,
अपने मन में ठान लिया,
'हम कृति प्रकाशित करवाएँगे ;
पिता की', यह संकल्प किया ॥
निज पिता के रेडियो-नाट्य-ग्रंथ,
के मंचन पर हम खड़े हुए।
तीनों बहिनें भी साथ खड़ीं,
निज पिता का स्मरण किए ॥

बुक फेस्टिवल

यह पुस्तक का त्यौहार है भइया,
पुस्तक का त्यौहार !
नई सदी का उत्सव सुन्दर है,
पुस्तक-मेला-संसार !!
जन कहाँ-कहाँ से उमड़-घमड़,
पुस्तक-मेला आते।
अपनी रुचि की नई-नई किताबें,
देख हर्षाते।।
सबका एकमात्र ही पुस्तक पर,
बरसा जाता प्यार !
नई सदी का उत्सव सुन्दर है,
पुस्तक-मेला-संसार !!
बालक, युवा ; वृद्ध सब ही,
जितने भी नर-नारी।
सबने पुस्तक पढ़ने का प्रण,
है किया और की सब तैयारी।।
सबने माना --- एक पुस्तक ही,
सारे जीवन का सार !
नई सदी का उत्सव सुन्दर है,
पुस्तक-मेला-संसार !!

आत्मन-इन-रवि

'रवि' दार्शनिक हैं नए जगत के,
बहु-ग्रंथ-लेखक।
अध्यात्म-किताबों सहित दे रहे,
मेले में दस्तक ।।
अपनी पचासों पुस्तक के संग,
बैठ विहँसते हैं।
जिज्ञासु जन की समस्याओं का,
हल वे देते हैं ।।
अध्यात्म-गुरू हैं रवि ;पिचहत्तर,
पुस्तक के लेखक।
शान्ति, प्रसन्नता, मृत्यु, कर्म ;
सब विषयों के लेखक ।।

उनको उपाय बतलाते पाठक को,
देखा मैंने,
उनकी अध्यात्म-साधना के,
वाह-वाह ! क्या हैं कहने ।।

मोदी जी के साथ

विकसित भारत के स्टॉल पर,
फोटो खिंचवाया।
प्रधानमंत्री नरेन्द्र मोदी जी,
के संग फोटो आया ॥
वे आधी बाहों वाली जॉकिट,
सफेद पहने हैं।
साहस और आत्मविश्वास,
ये उनके दो गहने हैं ॥
मैं खड़ा हुआ स्क्रीन के सम्मुख,
बटन दबाया गया।
मोबाइल नम्बर टाईप किया,
सन्देश मुझे आया ॥
इस तरह सैल्फी मेरी,
ऑटोमैटिक पूर्ण हुई।
मोदी जी के दर्शन करने की,
इच्छा पूर्ण हुई ॥

मैं बाट देखता तुम्हारी .....

रवीना-प्रकाशन-स्टॉल पर,
मैं बैठा अब भी।
इन्तजार तुम्हारा करता पाठक !
आ जाओ अब भी ॥
यह पुस्तक-मेले का समागम,
पाठक लेखक का।
रिश्ता मजबूत दुबारा करता,
पाठक-पुस्तक का ॥
मेरे प्रकाशक मेरे सम्मुख,
खड़े हैं मुस्काते।
वे उर्वशी जी के पिता की पुस्तक,
अनावरित करते ॥
यह मेले का चौथा दिन है,
अभी पाँच दिवस मेला।
फिर वर्ष-बाद ही आएगा,
पाठक-लेखक रेला ॥

100 डेज चेलेंज

यहाँ मोदी जी के विकसित,
भारत का स्टॉल नया।
सौ दिन वाला था चैलेंज,
संकल्प नया-नया ॥
यह वही जगह थी, जहाँ मैंने,
सैल्फी थी खिंचवाई।
ऑटोमैटिक मशीन के जरिए,
सैल्फी बन आई ॥
यहाँ कुछ किताबें मोदी जी की,
विचारधारा वाली।
'मन की बात' ; एग्जाम वारियर्स',
खुश करने वाली ॥
ये सभी पुस्तकें मोदी जी की,
प्रेरणा देती हैं।
विकसित भारत के पथ पर सबको,
आगे बढ़ाती हैं ॥

मेट्रो में : कविता की साँस

मेरा मोबाइल जरा पुराना,
और बैटरी कमजोर।
प्रातः से लेकर साँझ ढले तक,
चुक जाती यह बिना शोर॥
प्रगति-मैदान से आते-आते,
ताकत इसकी जब निबटी।
मेट्रो में चार्ज किया इसको,
हुई बीस प्रतिशत की शक्ति॥
तब ही मैं यहाँ बैठ शाहदरा,
स्टेशन कविता लिखता।
इस चार्ज हुई बैटरी से ही,
कविता की साँस पाता॥
यह डिजिटल कविता कागज पर,
किंचित भी न लिखी गई।
बस मोबाइल पर टाईप करके,
पाठकगण से कही गई॥

कठपुतली-शो की प्रस्तुति

आज साँझ रंगशाला में,
कठपुतली का प्रदर्शन हुआ।
नागिन-सपेरे का नृत्य,
दर्शक का आकर्षण हुआ॥
आता था काला नाग झूम,
चालाक सपेरे को डसने।
फिर बीन बजाता सपेरा,
कोशिश करता उसे वश करने॥
ये अजमेर के कलाकार,
मेरे जैसे राजस्थानी।
अपने प्रदेश में ललित-कला यह,
कई वर्षों पुरानी॥
यद्यपि अब तो आ गया जमाना,
डिजिटल मोबाइल का।
पर कठपुतली-प्रभाव अभी,
है पुराने स्टाइल का॥

नेत्रहीनों की किताबें

इस बार दृष्टिहीनों के लिए,
कई किताबें आई हैं।
ये सब ब्रेल लिपि वाली,
देहरादून से आई हैं॥
'राष्ट्रीय-दृष्टि-दिव्यांगजन
सशक्तिकरण-संस्थान'।
अंधों की मदद किया करता,
करता है उनका उत्थान॥
मालगुडी-डेज ; ताण्डव-स्तोत्र,
संगीत-पद्धति, पंचतन्त्र।
कई अंग्रेजी पुस्तकें भी,
रखीं स्टॉल पर स्वतन्त्र॥
अंधों के लिए आईना हैं,
उनकी उन्नति के दिव्य-द्वार।
आलोक-दिशाएँ खोल रहीं,
सबका ही करतीं उद्धार॥

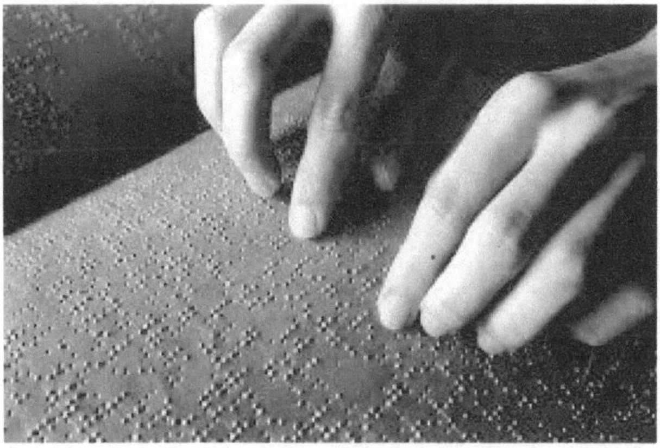

आधी बाजू की शर्ट

मेले के लिए पाँच जोड़ी,
शर्ट और पेन्ट सिलवाए थे।
सफेद वस्त्र विभिन्न समय,
मैंने भेंट में पाए थे॥
गुरू-पूर्णिमा पर ; भण्डारे में,
आश्रम उपहार मिला करते।
कुछ सालों में हो एकत्र,
बस इसी तरह सिला करते॥
कुर्ते-पजामा चार जोड़ी भी,
साथ गए थे सिलवाए।
एक धवल वस्त्र था कुछ छोटा,
उसके बाजू थे कट आए॥
टेलर ने जैसे रखे वस्त्र,
वैसे ही मैंने पैक किए।
न देखी बाजू कहाँ कटी,
न वस्त्र खोलकर चैक किए॥
फिर आज नहाकर निबटा ज्यों,
मैंने शर्ट की तह खोली।
बाजू थीं कटी हुई हाय !
अन्तरात्मा निज रो ली॥
हैं बीत गए पैंतीस वर्ष,
बिन बाजू की शर्ट पहने।
बाजू वाली बनियान-शर्ट,
ही रहे सदा तन के गहने।

गेट नम्बर दस का आसन

प्रात:काल जब मैं ; प्रगति
मैदान को आता हूँ।
तो दस नम्बर के प्रवेश द्वार,
के पास तनिक बैठता हूँ ॥
अशोक-वृक्ष के नीचे आसन,
सघन और है सुखकारी।
कुछ क्षण निभाता यहाँ मैं,
कविता-लेखन-जिम्मेवारी ॥
मेले में तो बस दिनभर ही,
भ्रमण हुआ यहाँ करता है।
पुस्तकों के दर्शन सारा दिन,
आराम नहीं कुछ मिलता है ॥

इसलिए यहाँ मैं तनिक बैठ,
थोड़ा सुस्ता ही लेता हूँ।
संवाद पाठकों से करने,
एक-दो कविता लिख लेता हूँ ॥
यह भी साधना-स्थल है,
सृजन-कला का स्थान।
मेले का एक तप:-स्थल,
पावन-पुनीत यह आसन ॥

अभिनेता अखिलेन्द्र मिश्र

इस अभिनेता ने फिल्म-जगत में,
नाम बहुत कमाया है।
बिहार राज्य का कलाकार यह,
इस मेले में आया है ॥
पचास से ज्यादा फिल्मों में
अखिलेन्द्र मिश्र ने किया काम।
'गंगाजल', 'परवाना', 'ये दिल' ;
'काशी', 'सूर्या', 'लगान' नाम ॥
अध्यात्म और अभिनय पर इनकी,
नई कृति एक आई है।
उस पुस्तक ने इस मेले में,
उनकी पहचान बनायी है ॥
यह प्रथम बार था जब मैंने,
अभिनेता कोई सम्मुख देखा।
उसके अधरों पर खिंची हुई,
गौरव सहित स्मित-रेखा ॥

प्रियदर्शी जी की किताब का लोकार्पण

श्यामलाल राही 'प्रियदर्शी' जी,
दर्जन उपन्यासों के लेखक।
कई गजल-संग्रह लिखे हैं,
इक्कीसवीं सदी की नई दस्तक ॥
यहाँ रवीना-प्रकाशन स्टॉल,
उनकी पुस्तकें विमोचित हुईं।
संग प्रकाशक थे चन्द्रहास,
दोनों कृतियाँ लोकार्पित हुईं॥
इनमें एक था उपन्यास,
'रौजा-ए-मुकद्दस : ताजमहल'।
दूजी कृति 'आहट' पुस्तक में,
उनकी कुछ चुनी हुईं गजल ॥
यह उपन्यास ऐतिहासिक है,
जो उस युग की गाथा कहता।
जब शाहजहाँ के अन्तर में

मुमताज का प्रेम पला करता ।।
जिन श्रमिकों ने मेहनत करके,
वह सुन्दर 'ताज' बनाया है ।
उनके प्रति कृति समर्पित कर,
लेखक ने प्यार जताया है ।।

सुशील जी की दो किताब लोकार्पित

वयोवृद्ध कवि और लेखक,
प्रोफेसर सुशील जी 'राकेश' ।
मानवतावाद-प्रसारक हैं,
जो धरे सृजन-ऊर्जा विशेष ।।
पंत, महादेवी और इलाचन्द्र ;
जिनके संग स्वर्णिम क्षण बीते ।
'जिया जिनके साथ' संस्मरण,
राकेश जी के अछूते ।।
इस पुस्तक के संग एक और,
उनकी कथा की पुस्तक थी ।
जो आज रवीना प्रकाशन पर,
सहर्ष हुई लोकार्पित थी ।।
उनके पुस्तक-विमोचन का,
मुझको आज सौभाग्य मिला ।
इन कृतियों में समाहित है,
कृतिकार की लेखन-कला ।।

माधवगिरि मधुबन की किताबें

आज दो किताबें हुईं विमोचित,
'रवीना-प्रकाशन' के ठौर।
इनमें एक कविता-संग्रह,
'आजादी की वो पहली भोर'॥
माधवगिरि मधुबन ने,
सरल छन्दों में गाईं कविताएँ।
राष्ट्रभक्ति से हैं ओतप्रोत,
पूरी पचासों रचनाएँ॥
दूजी किताब एक उपन्यास,
'कल और आज' पर लिखा हुआ।
यह सामाजिक विषय वाला,
यथार्थवाद पर रचा हुआ॥

ये देहरादून के लेखक हैं,
रचनाधर्मी अति अनुभवी।
कई कहानियों के हैं लेखक,
प्रयोगधर्मी हैं सुकवि॥

धर्मपाल जी की दो किताबें अनावरित

साहित्यसेवी श्री धर्मपाल,
हिमाचल-प्रदेश-साहित्यकार।
जिनकी कृतियों के अनावरण का,
सौभाग्य मिला इस बार॥
डॉ0 दिनेश जी धर्मपाल,
की एक पुस्तक 'आत्मावलोकन'।
जो आत्मकथा का महाग्रंथ,
श्रमपूर्ण हुआ जिसका सृजन॥
दूजी पुस्तक जो लिखी उन्होंने,
गंगाराम जी को लेकर।
वह भी लोकार्पित हुई आज,
प्रसन्न हुआ मैं कर लेकर॥

ये दोनों ग्रंथ महत्त्वपूर्ण,
हो गए आज हैं अनावरित।
पाठकगण को अब उपलब्ध,
जिन्हें देख हुआ मैं अति मुदित॥
एक सौ किताबों के लेखक,
स्वनाम-धन्य हैं धर्मपाल।
माँ शारदा के वरद पुत्र,
भारत माता के श्रेष्ठ लाल॥

विश्वनाथ शिरढोणकर की पुस्तक का विमोचन

शिरढोणकर जी का उपन्यास,
'शुद्ध भारतीय' अति पठनीय।
जिसका विमोचन किया आज,
उपन्यास-कला अति महनीय॥
मूलत: मराठी के लेखक,
कविताओं के भी सृजनकार।
कहानी ; नाटक भी लिखते,
और सिद्धहस्त उपन्यासकार॥
यह उपन्यास देता गवाही,
पारिवारिक सम्बन्धों की।
जो जुड़ी डोर विश्वासपूर्ण,
मृदु वैवाहिक सम्बन्धों की॥

हैं वयोवृद्ध लेखक महोदय,
अब तक भी हैं ये सृजनशील।
हैं दयावान-परोपकारी,

विनम्र-सरल और सहनशील ॥
जीवन के कटु-सत्य अनुभव,
ये साहित्य मे लिख देते ।
यथार्थ आज के जीवन का,
अपनी रचना में कह देते ॥

रंगमंच का सांस्कृतिक-नृत्य

पुस्तक-मेला थियेटर में,
जब शाम हुआ सांस्कृतिक-नृत्य।
थे कलाकार सब मराठी,
अदभुद था उनका यह कृत्य ॥
जब ताल-वाद्य सब बाज उठे,
नेपथ्य से गायन-स्वर आया।
थिरके युवक और युवतियाँ,
दर्शकों के मन नृत्य भाया ॥
थी नृत्य-कला मन को भाती,
दर्शकों ने आनन्द खूब लिया।
नर्तकों को ताली बजा-बजा,
सम्मुख से प्रोत्साहन दिया ॥
दिनभर देख-देख मेला,
जब दर्शकगण थक जाते हैं।
वे मुफ्त देखकर प्रस्तुतियाँ,
अपने मन में हर्षाते हैं ॥

चित्रकला

मेले की पेन्टिंग-वॉल-मध्य,
चित्रकार बनाते भव्य चित्र।
ये युवा चितेरे चित्रों के,
इनके चित्र सब हैं विचित्र ॥
जंगल के पशु-पक्षियों का,
सुन्दर-सा दृश्य बनाया है।
युवकों ने निज तूलिका से,
उपवन सुन्दर सजाया है ॥
ये उत्साह से भरे हुए,
प्रतिभा-प्रेरणा-सम्पन्न।
नवयुग के भाग्य-विधाता हैं,
न किंचित दु:खी-विपन्न ॥
औरों को भी ये सिखा रहे,
कैसे बनें हम चित्रकार ?
अपनी हम चित्रकारी में,
किस तरह लाएँ अच्छा निखार ?

लेखक-मंच

सम्माननीय लेखक-लेखिका,
जब मंच पर आ जाते।

उनके प्रिय पाठक देख उन्हें,
मन ही मन में अति हर्षाते ॥

ऑथर-कॉर्नर पर सारा दिन ही,

चहल-पहल-सी रहती है।

लेखिका गर्व से निज पुस्तक की,

मर्म-कहानी कहती है ॥

दर्शक बैठे साँस रोके,
बस मन्त्रमुग्ध हो जाते हैं।

कृतिकार के सृजन-अनुभव सुन,
तालियाँ खूब बजाते हैं ॥

साहित्यकर्मियों का मंच,

अन्तरराष्ट्रीय ख्याति वाला।

सज गया है प्रगति-मैदान,

उल्लासपूर्ण यह निराला ॥

ईरान की किताबें

ईरान से आई हैं पुस्तक,
सन्देश नया हमको देने।
'पुस्तकें सभी की होती हैं',
सबसे यही बात कहने ॥
न किसी राष्ट्र और किसी धर्म,
का पुस्तक पर एकाधिकार।
पुस्तक तो सदा रखा करती,
सबसे एक-सा व्यवहार ॥
न कोई देश ऐसा जग में,
जो न कोई पुस्तक छापे।
हर देश का हर वासी सदैव,
पुस्तक का राग ही अलापे ॥
आए कुछ ईरानी लेखक,
अपना अनुभव बाँटने को।
भारत के संग-संग कदम मिला,
प्रगति का पथ नापने को ॥

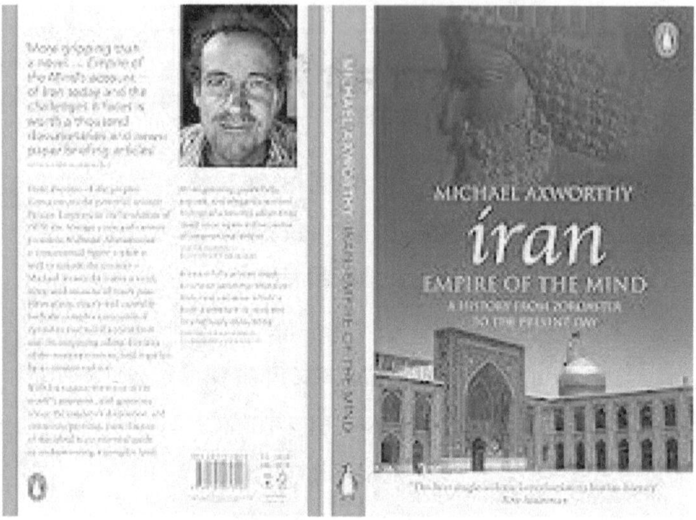
MICHAEL AXWORTHY
iran
EMPIRE OF THE MIND
A HISTORY FROM ZOROASTER
TO THE PRESENT DAY
MICHAEL AXWORTHY IRAN: EMPIRE OF THE MIND

दस रुपए की चार कविताएँ

पुस्तकों का अनावरण करते,
पुस्तक-मेले में देर हुई।
मैं चला शाम को मेले से,
छह बजा रही थी घड़ी-सुई॥
घण्टे-भर का तो समय,
शाहदरा पहुँचने में लगता है।
कड़कड़डूमा से ट्रेन बदल,
वेलकम तक आना पड़ता है॥
फिर वेलकम से शाहदरा,
एक अलग रेल से हैं जाते।
पर कोई असुविधा न होती,
गन्तव्य सुरक्षित आ जाते।
मैं शाहदरा जैसे आया,
ठण्डी-ठण्डी पुरवाई चली।
जम गए मेरे पग प्लेटफॉर्म,
कुर्सी बैठने वहीं मिली।
था समां बँध गया कुछ ऐसा,
मैं निकालकर निज मोबाइल।
लिखने लगा कविता के छन्द,
अपनाकर मौलिक स्टाईल॥
लिखने तो कविता एक बैठा,
पर मुक्त पवन की गन्ध सूँघ।
क्रमश: लिख डालीं तीन और,
आनन्द से दृग फिर लिए मूँद॥
सोचा -- 'मेट्रो का प्लेटफार्म,
है आज मेरे काम आया।
कब बीत गया है एक घण्टा,

मुझको पता न चल पाया ।।..'
यही सोचता मैं जब निकास-द्वार,
के अवरोधक-सम्मुख आया ।
मैंने टिकट का क्यू0 आर0,
टच-स्क्रीन पर दबाया ।।
न द्वार खुला मेरे सम्मुख,
न मिला रास्ता किंचित ही ।
सब अगल-बगल से जाते थे,
मैं खड़ा रहा यों ही वंचित ।।
घबराकर मैं तब पूछताछ,
की खिड़की के सम्मुख आया ।
" न काम टिकट यह करता है "
--- कह क्रोधपूर्वक चिल्लाया ।।
तब इत्मीनान से टिकट मेरा,
मशीन से जाँचा गया भाई !
'समय अधिक हो गया सीमा से',
स्क्रीन पर लिखत आई ।।
बोला अधिकारी, " दस रुपए का,
हर्जाना देना होगा ।
तब ही गेट से सर आपका,
बाहर को जाना होगा ।।.."
जब दिया मैंने दस का सिक्का,
'समायोजित' नया टिकट पाया ।
उसके क्यू0 आर0 को छुवाकर,
दरवाजे से निकल पाया ।।
बोला अधिकारी, " पेनल्टी का,
डर दिमाग में रहता है ।
इसलिए कोई ठलुआ रहकर,
न प्लेटफार्म घूमता है ।। "

अचरज है ; ये सब जाँचें,
ऑटोमैटिक यंत्र किया करते ।
न डाँट-डपट का काम ; तंत्र,
सब अवरोधक हुआ करते ॥

'ऊँची-नीची है डगरिया' पुस्तक विमोचित

विकासपुरी दिल्ली की,
राधा गोयल रचनाधर्मी हैं।
सेवानिवृत्त वे मुख्य लिपिक,
साहित्य की सेवाकर्मी हैं ।।
उनके काव्य और गद्य-विधा के,
ग्रंथ प्रकाशित कई हुए।
सम्मान शताधिक कई मिले,
वे किंचित भी न दम्भ किए ।।
'ऊँची-नीची है डगरिया' कृति,
'हिन्दी श्री' से प्रकाशित।
यह विमोचित जिस समय हुई,
सब ही दर्शक हुए हर्षित ।।
जीवन की डगर का विवेचन,
करती काव्य की यह पुस्तक।
देती खुशहाली-सन्देश,
आशाओं की देती दस्तक ।।

सामान-जाँच-मशीन

है समय बड़ा नाजुक,
धरा पर छाया है आतंकवाद।
बागी ताकतें यही चाहतीं,
भारत होवे बर्बाद ॥
दिल्ली-से वृहद महानगर में,
चाल न उनकी चल पाए।
षड्यंत्र कोई वे रचें नाश का,
विफल सदा ही हो जाए ॥
इसलिए रेल ; मेट्रो-स्टेशन,
रखे गए हैं यन्त्र बड़े।
जन की और उसके बोझ की,
जाँच हो जाती खड़े-खड़े ॥
यदि सावधानी न रखी जाए,
तो हर दिन होवें विस्फोट।
विध्वंसकारी ताकतें करें यहाँ,
गहरी हर दिन नई चोट ॥

'राम कहानी' का लोकार्पण

मिथिलेश श्रीवास्तव ने लिखीं
कथाएँ पूरी सौ एक।
श्रीराम कथा के रहे विषय,
प्रेरणादायक और नेक ॥
वे 'शिखर' नाम से कहानियाँ,
प्रेरणादायक लिखते हैं।
केवल गद्य ही नहीं, काव्य भी,
कुशलता से लिखते हैं ॥
इस बार मेले में 'राम कहानी',
पुस्तक उनकी हर्षाई।
जब इसका लोकार्पण हुआ,
दर्शकों ने ताली बजाई ॥
फिर अपनी पुस्तक के बारे में,
रखे उन्होंने निज विचार।
सम्मानित अतिथियों का,
दर्शकों का पाया बहुत प्यार ॥

'विषाण' पुस्तक लोकार्पित

यतीश अकिंचन जी रचते,
नव-कविताएँ नए ढंग की।
फूँक-वाद्य 'विषाण' नई कृति,
प्रकाशित हुई नए युग की ॥
कृति का लोकार्पण हुआ आज,
पाठक-समाज सब हर्षाया।
सबने सराहा इस पुस्तक को,
सबने इसका यश गाया ॥
इस विश्व-पुस्तक-मेले के,
सम्मानित मंच पर आकर।
गर्वित होता हर एक कवि,
गर्वित लेखक मान पाकर ॥
यह युवा-कवि सुलझा-सा है,
न पूर्वाग्रह से रहा ग्रसित।
इस नई उम्र में इसकी पुस्तक,
खूब होने लगी चर्चित।

मसिजीवी लेखक

मैं कवि-लेखक-मसिजीवी,
कृतियों का सृजन करता हूँ !
पुस्तक मेरा ही संसार,
मैं इसी जगत में जीता हूँ !!
पुस्तक मेरी जीवन-साथी,
और सृजन ही मेरा एक लक्ष्य।
यही एक सहायक जीवन का,
उन्नति का एकमात्र साक्ष्य ॥
मृदु भाव ; शुद्ध विचारों से,
नित सृजन निखारा करता हूँ !
मैं कवि-लेखक-मसिजीवी,
कृतियों का सृजन करता हूँ !!

पुस्तकें ही जीवन की साँसें,
यही मेरा कर्म ; मेरा धर्म।
मेरे जीवन का सार यही,
यही दर्शन मेरा और मर्म ॥
मैं प्रतिदिवस नव-चिन्तन से,
खुद को निखारा करता हूँ !

मैं कवि-लेखक-मसिजीवी,

कृतियों का सृजन करता हूँ !!

पुस्तक-मेले का दूसरा इन्टरव्यू

हो गया आज एक और पुनः,
साक्षात्कार इस जीवन का।
सुन्दर कन्या बुद्धिजीवी ने,
लिया परिचय निज मन का ॥
कितने ही प्रश्न उठे मानस में,
एक-एक कर सब पूछे।
मैंने भी उत्तर दिए सभी,
साहित्य-सृजन का रुख सोचे ॥
'कब सृजन किया आरम्भ,
और किस विधा का लेखन-कार्य हुआ ?
आपके सृजन का कौन विरोधी,
और सहायक कौन हुआ ?'
ऐसे ही प्रश्न नए-नए थे,
जिनका किया समाधान।
क्या रही यात्रा लेखन की,
अनुभव बताए कुछ महान ॥

'साउण्ड-कैमरा-एक्शन' किताब लोकार्पित

'संगम से लेकर सागर तक'
और 'साउण्ड-कैमरा-एक्शन'।
हुई आज पुस्तकें अनावरित दो,
हर्षाया है हम सबका मन ॥
'जुर्मान', 'सूरज', 'आज का रावण',
और 'कहानी किस्मत की'।
ये चार फिल्म बनाई जिन्होंने,
और बाद में 'बॉर्डर' की ॥
सुरेन्द्र श्रीवास्तव लेखक,
जिनका फिल्मों में बड़ा नाम।
'संगम से सागर तक',
जीवन-यात्रा का बड़ा काम ॥
फिल्मों के निर्देशन की पुस्तक,
'साउण्ड-कैमरा-एक्शन'।
हो गई आज है अनावरित,
सब हुए हैं खुश ; आनन्दमग्न।

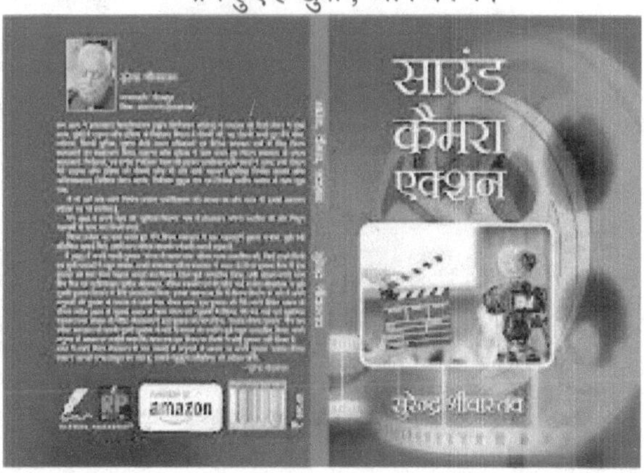

नवोदित को सम्बोधन

यही कहा मैंने इंटरव्यू में,
वे नए-नए जो लेखक हैं।
पुस्तक के जोड़ें नव-रिश्ता,
जो रचनाकार नवोदित हैं ॥
अपना भारत सबसे महान,
जहाँ प्रतिवर्ष ग्रंथ छपते।
वे बड़े अभागे नारी-नर,
जो किंचित पुस्तक न पढ़ते ॥
हर एक ग्रंथ देता हमको,
एक नया ज्ञान, नया अनुभव।
वह दूर जटिलता को करता,
सन्तोष-धैर्य करता संभव ॥
पुस्तक मेला अवसर देता,
पुस्तक को मीत बनाने का।
लेखक-कवियों से जीवन के,
अनुभव का लाभ उठाने का ॥

फिल्मी-जगत की महान हस्ती से मुलाकात

गोरखपुर-स्थल में जन्में,
और प्रयागराज शिक्षा पाई।
श्रीमान सुरेन्द्र श्रीवास्तव से,
मुलाकात रही सुखदाई ॥
वे कई फिल्म के निर्माता,
फिर भी तो सरल रहा करते।
उनकी पत्नी हैं मिलनसार,
सन्तुष्ट गृहस्थ जीवन जीते ॥
जो युवा सिनेमा के पथ में,
पाना चाहते सफलता।
उनके लिए लिखे दो ग्रंथ,
जिनमें है इनका मन बसता ॥
जे0 पी0 दत्ता, धर्मेन्द्र, मिथुन दा ;
कितनों के संग किया काम।
लिख रहे एक और पुस्तक,
आउटडोर-शूटिंग के नाम ॥

मेले का पास

प्रवेश-पास था रखा हुआ,
कुछ दिन से भलीभाँति रक्षित।
अपने रवीना-प्रकाशन के,
श्री चन्द्रहास जी से इच्छित ।।
पर प्रतिदिवस हम बातों में,
इतने डूबकर खो जाते।
'वह पास रखा हुआ मेरा'
यह तथ्य बिसरा ही देते ।।
कल चन्द्रहास जी को सहसा,
उस गेट-पास की याद आई।
यह भेंट मुझे देकर ; मेरी,
चिन्ता टिकट की मिटवाई ।।
सुप्रीम कोर्ट मेट्रो-स्टेशन,
टिकट न क्रय करना होगा।
बस गेट-पास दिखा मेले में,
सीधा ही आना होगा ।।

अभिनेता मनोज तिवारी का आगमन

है आज सातवाँ दिन मेले का,
मनोज तिवारी आए हैं।
वे संग नया उल्लास और,
प्रेरणा नवीन ले आए हैं ।।
आरती योगेश खण्डेलवाल,
अपनी किताब लेकर आईं।
प्रातः की नौ आदतें,
सफलता हेतु जो काम आईं।।
अपनी किताब की भेंट,
आरती जी ने उनको सौंपी है।
सांसद महोदय को पुस्तक दे,
श्रद्धा-कलिका रोपी है ।।
जो आदतें लाती निखार,
मानव के जीवन में सूने जीवन में।
बेहद हुए प्रसन्न तिवारी,
कृति देखकर निज मन में ।।

सुधांशु त्रिवेदी जी की अध्यक्षता

लेखक हेमन्त शर्मा जी ने,
किताब लिखी -- 'राम फिर लौटे' ।
उसका विमोचन हुआ आज,
मेला-मंच पर कुछ हटके ॥
इस कार्यक्रम में आए थे,
विद्वान सुधांशु त्रिवेदी जी ।
संग उनके बैठे थे सांसद,
मनोज कुमार तिवारी जी ॥
कई अन्य लोग थे विद्वान,
समीक्षक और आलोचक थे ।
प्रभात प्रकाशन संस्थान,
के अधिकारी-प्रबन्धक थे ॥
जब यह कार्यक्रम शुरू हुआ,
नारा लगाया -- " श्री राम ! "
बड़ा ही भक्तिभावमय,
कार्यक्रम हुआ यह अभिराम ॥

'काव्य-शतक' का लोकार्पण

कवयित्री जया मोहन जी की,
सौ चुनिंदा कविताएँ।
आकर्षित रूप में सज-धज निकलीं,
ये मनमोहक रचनाएँ ॥
रवीना प्रकाशन : चन्द्रहास जी,
ने किया प्रकाशित है।
कविता का यश अमिट रहा,
जो सत्य-चिरन्तर-शाश्वत है ॥
श्रीमती जया मोहन जी की,
सब भावपूर्ण कोमल रचना।
सौ छन्दों वाली 'छन्द-शतक',
इस पुस्तक का वाह ! क्या कहना !!
कई और ग्रंथ कविताओं के,
जया मोहन जी ने लिख डाले।
सब छन्द एक से एक श्रेष्ठ,
इस पुस्तक के हैं निराले ॥

सुनीता सिंह की तीन पुस्तकों का विमोचन

इस बार सुनीता सिंह जी की,
तीन नई किताबें आई हैं।
लेकिन किसी कारण वे,
पुस्तक-मेले न आ पाई हैं॥
इसमें एक है खण्ड-काव्य,
गीता-ज्ञान पर आधारित।
उसका नाम 'प्रज्ञानिका' है,
उसे देख हुआ मैं उत्साहित॥
दूजी पुस्तक 'तुलसी-गाथा,
भक्त-चरितामृत-आधारित।
वह महाकाव्य आध्यात्मिक है,
है ज्ञान-विषय से अनुशासित॥
अंग्रेजी की पुस्तक उनकी,
है सवा सौ कविता वाली।
जिसका शीर्षक 'माइलस्टोन',

जो आकर्षित कवर वाली ॥
चन्द्रहास प्रकाशक जी के संग,
ये तीन ग्रंथ हुए अनावरित ।
इनका विमोचन देख शारदा,
माँ भी हुई अति हर्षित ॥

सुरेन्द्र श्रीवास्तव जी का सम्मान

मेले में सुरेन्द्र श्रीवास्तव जी,
धर्मपत्नी के संग आए।
अपनी 'साउण्ड-कैमरा-एक्शन',
कृति पर श्रेष्ठ मान पाए॥
इस सम्मान-कार्यक्रम में,
मधु शर्मा, जहीर ललितपुर जी।
ओमपाल सिंह जी और हमारे,
चन्द्रहास प्रकाशक जी॥

सब हर्षित होकर खड़े हुए,
देते बधाई लेखक को।
फिर सुरेन्द्र जी ने एक-एक कर,
हस्ताक्षरित-प्रति दी सबको॥
पुस्तक-मेले में सृजनकार का,
सुन्दर यह समागम था।
वह क्षण खुशी का होली और,
दीवाली से न कुछ कम था॥

यह फिल्म जगत की उस हस्ती,
का था भावमय सम्मान।
जिसने बनाई कई फिल्म,
सिने-जगत की अति महान॥

'एक रास्ता चाँद का' किताब लोकार्पित

नेहा जैन 'अजीज' कविता,
सुन्दर रस की लिखती हैं।
वे ललितपुर की जानी-मानी,
प्रतिभावान कवयित्री हैं।।
उनकी पुस्तक को श्रेष्ठ कृति का,
मेले में दिया पुरस्कार।
'एक रास्ता चाँद का' पुस्तक,
का किया गया सत्कार।।
जहीर ललितपुरी जी शायर,
जो ललितपुर से आए थे।
नेहा जी के हैं शुभ-चिन्तक
यह पुरस्कार वे पाए थे।।
क्योंकि अपरिहार्य कारणों से,
कवयित्री जी न आ पाईं।
नेहा जी ने हम सबकी खातिर,
शुभकामना भिजवाई।।

प्रो0 सुशील राकेश जी : श्रेष्ठ कृति से सम्मानित

कन्नौज-निवासी सुशील जी,
वयोवृद्ध कवि ; सुलेखक हैं।
इस बार मेला न आ पाए,
लेकिन अब भी सृजनरत हैं॥
उनके कविता-समग्र-खण्ड को,
मिला साहित्यिक सम्मान।
उनकी पुस्तक ने पाया,
वर्ष की श्रेष्ठ कृति का मान॥
कवि का महत्त्वपूर्ण पुरस्कार यह,
मेरे कर में दिया गया।
पावन लेकर अवार्ड यह,
मैं हर्ष से गदगद हुआ॥
वे शत वर्ष जिएँ भू पर,
ऐसी हम सबकी अभिलाषा।
वे इसी तरह सिखलाएँ सभी को,
साहित्य-सृजन-परिभाषा॥

मधु शर्मा की पुस्तक 'किन्नर की कन्या' का भव्य-विमोचन

'दिल्ली-रत्न' और 'राजधानी,
गौरव अवार्ड' से सम्मानित।
रेडियो-दूरदर्शन पर रह चुकीं,
कई वर्ष वे सेवारत ॥
मधु शर्मा जिनका नाम ; लेखिका,
भावमयी और विदुषी।
वे लाईं सभी को उपहार,
स्नेह-सूत्र में, खुशी-खुशी ॥
'किन्नर की कन्या' ; प्रथम,
कहानी-संग्रह उनका आया है।
जिसने वर्ष की श्रेष्ठ कृति का,
पुरस्कार अब पाया है ॥
इस अवसर पर हम सभी,
सृजन के शुभ-कर्मी थे विद्यमान।
नव-रचनाधर्मी लेखिका ने,
पाया सभी का स्नेह-मान ॥

अखिलेश कटियार की दो पुस्तकें लोकार्पित

कटियार हैं लेखक विद्वान,
शिक्षा-जगत से जुड़े हुए।
डिग्री-कॉलिज के संचालक,
लेखन-कर्म में मुड़े हुए ॥
कृषि और विकास की दो किताबें,
उनकी नई-नई आईं।
अपनी कृतियों को देख आत्मा,
उनकी अतिशय हर्षाई ॥
'भारतीय कृषि का विकास'
और 'आत्मनिर्भरता की ओर'।
हुईं अनावरित ये दो कृतियाँ,
मच उठा हर्षमय मृदुल शोर ॥
मैं ; सुरेन्द्र जी, और हमारे,
प्रकाशक श्री चन्द्रहास।
पुस्तक-विमोचन करते थे,
खड़ीं निभा जी रख सौम्य हास्य ॥

मेरी पुस्तक को सम्मान

'प्रार्थना-स्वर' मेरी पुस्तक,
कॉलेज दिनों की लिखी हुई।
हो गई प्रकाशित ; अध्यात्म की,
कविताओं से रची हुई ।।
वर्ष -- 2023 का इसको,
मिला 'श्रेष्ठ-कृति-सम्मान'।
श्री चन्द्रहास जी साथ हमारे,
प्रकाशक वे अति महान ।।
इस कार्यक्रम में सुरेन्द्र जी,
पत्नी के साथ उपस्थित थे।
शायर जहीर ललितपुरी,
और ओमपाल सिंह लेखक थे ।।
श्री निभा जी ने सम्मान का,
प्रशंसा-पत्र भेंट दिया।
पुस्तक-मेले में प्रकाशन का,
जलता जगमग शान्त दीया ।।
यह समारोह था अदभुद-अनुपम,
सबकी अंखियाँ हर्षाईं।
हम सबको देख हर्ष से भरा,
माँ शारदा मुस्काईं ।।

श्रेष्ठ-कृति-पुरस्कार प्रमाण-पत्र

बीते बर्ष की जो कृतियाँ,
रवीना प्रकाशन श्रेष्ठ रहीं।
उनको मिले हैं पुरस्कार,
जो पुस्तकें उत्कृष्ट रहीं ॥
हमारे रवीना प्रकाशन ने,
तीन हजार किताबें छापी हैं।
कर्मठ सेवी श्री चन्द्रहास,
विनम्र और निष्पाप हैं ॥
वह 'प्रार्थना-स्वर' ही थी पुस्तक,
अध्यात्म-ज्ञान से ओतप्रोत।
परमेश्वर परमपिता 'शिव' ही,
उसके लक्ष्य ; लेखन-स्रोत ॥

उस पुस्तक पर अवार्ड मिला,
अन्तर्मन हुआ है विभोर।
उपेक्षाभाव की बेचैनी
उर में करती न अधिक शोर ॥
पुस्तक-मेले का पुरस्कार यह,
मेरे लिए बड़ा बल है।
सम्मानित हुआ यहाँ आकर,
इसलिए मेरा उज्ज्वल कल है ॥

पुरस्कार का स्मृति-चिन्ह

बीते वर्ष श्रेष्ठ लेखक का,
मुझको मिल चुका सम्मान।
इस बार मेरी लिखी पुस्तक का,
मेले में हुआ बहुत मान ॥
'प्रार्थना-स्वर' अध्यात्म-काव्य,
पुस्तक को मिला पुरस्कार।
यह विश्व-पुस्तक-मेले का,
मुझको नवीनतम उपहार ॥
स्मृति-चिन्ह जो मुझे मिला,
यह लेखक-जीवन का गौरव।
इसकी गूँजती किलकारी में,
अमर आत्मा का कलरव ॥
मसिजीवी को जग-जीवन में,
कुछ और चाहिए शेष नहीं।
सम्मान मिले चाहे जैसा,
वह बहुत बड़ा ; सर्वस्व वही ॥

कनिका (बुलबुल)

बुलबुल को रहता अफसोस,
वह सुबह ही शाला जाती है।
उसको सारा दिन छवि मेरी,
किंचित भी न दिख पाती है॥
मैं सुबह निकल आता मेला,
फिर रात्रि को लौटता हूँ।
वह सोने को होती है जब,
मैं बना के भोजन खाता हूँ॥
उसको आशा थी ; रविवार,
शायद मेला मैं न जाऊँ।
उसके संग घूमूँ मैं पार्क में,
कुछ देर तक बतियाऊँ॥
लेकिन वह निकला इतवार,
कल पुनः रविवार आता।
कल मेले का अन्तिम दिन है,
कैसे मैं घर में सो सकता ?

शायद कल भी न रहूँ संग,
इन बच्चों के ; पछताऊँगा।
लेकिन मैं वायदा करता हूँ,
सबको चॉकलेट खिलाऊँगा॥

मेले की भीड़

है आज बढ़ चुकी भीड़ बहुत,
मेले में आते कई लोग।
सब हँसते-बतियाते चलते,
न किसी को किंचित कोई रोग ॥
थक गए जाँच करते टिकट,
और बोझ-भरे सामान की।
सुरक्षाकर्मी शान्त खड़े,
उनको चिन्ता हर जान की ॥
सबकी दिशा दाहिनी-ओर,
बस पुस्तक-मेले की तरफ।
कुछ और रुचि न अन्य रही,
बस मेला ही एक रुचि सिर्फ ॥
आज और कल सप्ताह-अन्त,
मेला चढ़ेगा परवान।
फिर कल रात्रि को होगा,
इसका गौरवमय अवसान ॥

डॉ0 मुश्ताक अहमद शाह 'सहज' की गजलें

मुश्ताक साहब का गजल संग्रह,
नया एक अभी आया है।
'तेरी नाराजगी और मेरी गजलें',
ने नाम कमाया है।।
जीवन से जुड़ी हुई गजलें,
जीवन का राग सुनाती हैं।
जीवन के सुख-दुःख-अनुभवों का,
सुन्दर राज बताती हैं।
हुई अनावरित यह कृति आज,
प्रकाशक चन्द्रहास जी संग।
यह लाल-गुलाबी पुस्तक है,
जीवन का लिए नया रंग।।
इस पुस्तक की गजलें सुन्दर,
उल्लास हृदय का बढ़ातीं।
जीवन-पथ चलते राहगीर का,
विश्वास द्विगुणित करतीं।।

'हे राम !' किताब लोकार्पित

इस नए काल में हुई प्रकाशित,
मेरी पुस्तक हे राम !
जीवन से जुड़े मूल्यों वाली,
यह कृति नयनाभिराम ॥
मेरे पिता 'श्री रामवीर' संग,
अन्तिम दिनों की रचना है।
उनकी सेवा और सत्कार का,
साक्षी सुन्दर गहना है ॥
माँ-बाप की सेवा ; श्रीराम का,
सुन्दर है आदर्श रहा।
पिता के वचनों का पालन ही,
रामायण का सुख-सार रहा ॥
इस बार अवधपुर के अन्दर,
श्री राम हुए हैं प्रतिष्ठित।
सारी दुनिया यह देख रह गई,
हैरान या कि चकित ॥
हुई आज विमोचित मेरी पुस्तक,
चन्द्रहास जी के संग-संग।
वे मेरे कृति-प्रकाशक हैं,
उनका प्रकाशन नया ढंग ॥

'जागता कश्मीर' का लोकार्पण

पुस्तक-मेले में कश्मीर का,
ग्रंथ हुआ है लोकार्पित।
यह बड़ा अपन्यास मेरा,
पाठकगणों से अनुशंसित ॥
इसकी कथा है बड़े फलक की,
काश्मीर की गाथा है।
आतंकवाद का सत्य-कथन है,
राष्ट्रप्रेम की गाथा है ॥
इस उपन्यास के खण्ड अनेकों,
हुआ प्रकाशित पहला है।
'गाँव और शहर' की है कहानी,
काश्मीर का मेला है ॥
जग रहा काश्मीर का वैभव,
उन्नत हो रहा राज्य यह।
आतंकवाद की छूट रही है,
कलंकित काली सतह

'द स्ट्रीट ऑफ अलीपुर' उपन्यास का विमोचन

इम्तियाज गदर जी की पुस्तक,
'द स्ट्रीट ऑफ अलीपुर' ।
मुस्लिम-जनता की अर्थ-समस्या,
लिखी बेहतरी की खातिर ।।
इस पुस्तक के लोकार्पण में,
इम्तियाज पत्नी के संग आए।
अपनी अंग्रेजी पुस्तक का,
विमोचन देख हर्षाए ।।
इम्तियाज गदर की कई कथाएँ,
उपन्यास प्रकाशित हैं।
सरल-विनम्र हैं कृतिकार,
अब तक भी वे सृजनरत हैं ।।
उनकी कृतियों ने सुन्दर कई,
पुरस्कार भी हैं पाए ।।
शिक्षा क्षेत्र में गदर साहब ने,
ऊँचे नाम हैं कमाए ।।

उर्दू की किताबें

पुस्तक-मेले में उर्दू की,
अनेक किताबें आई हैं।
उर्दू-विकास में इन सबने,
भूमिका श्रेष्ठ निभाई है ॥
उर्दू भाषा विकास परिषद,
सरकारी एक तन्त्र रहा।
उर्दू को प्रोत्साहन देना,
इसका प्रमुख एक मन्त्र रहा ॥
उर्दू के कितने सारे शायर,
इस परिषद से छपे हुए।
उर्दू भाषा की सेवा में,
नख से शिख सारे पगे हुए।
भारत की विविध भाषाओं में,
उर्दू की अपनी महिमा।
उर्दू भाषा से महक रहा है,
इस देश का सकल समा ॥

हमारी बुक-स्टॉल पर

प्रगति-मैदान का हॉल दूसरा,
पी-पन्द्रह यह बुक-स्टॉल।
मैं बैठा रवीना-प्रकाशन,
हैं आसपास ग्रंथों के मॉल ॥
कितने सैंकड़ों प्रकाशक,
इस पुस्तक-मेले में आए।
सब रंग-बिरंगी देख पुस्तकें,
मन ही मन में हर्षाए ॥
पुस्तक के प्रति उमड़ा है प्यार,
मेले का अन्तिम दिवस आज।
इस मेले में करती हैं पुस्तक,
सबके दिल पर सहज राज ॥
हम अपने बुक-स्टॉल बैठे,
पाठक आते हैं झूम-झूम।
अपनी पसन्द की पुस्तक को,
क्रय कर लेते वे हृदय चूम ॥

ट्रैक्टर की गवाही

यह किसान का है मकान,
ट्रैक्टर गवाही देता है।
इस यंत्र से ही तो 'भूमि-पुत्र',
जग में उन्नति पाता है ॥
गुजरा जमाना चला गया,
जब हल से खेती होती थी।
सारा दिन श्रम करते-करते,
काया स्वेदमय होती थी ॥
कृषिजीवी के लिए ट्रैक्टर,
खेती का उत्तम आदर्श।
ट्रैक्टर के जरिए पाता है,
जीवन का उत्तम वह हर्ष ॥
हल-बैल की तरह ही ट्रैक्टर,
कृषि-जीवन की आवश्यकता।
सबसे बड़ी निधि यह उसकी,
इस पर कृषक निर्भर रहता ॥

हमारे प्रकाशक की सहधर्मिणी

जिनकी मोहक मुस्कान देख,
मुरझाए चेहरे खिल जाते।
स्वर्गस्थ देव जिनकी करुणा पर,
सौ-सौ बार गर्व करते ॥
वे चन्द्रहास प्रकाशक जी की,
सहधर्मिणी-हमराही।
मातृत्व-भाव-कोमलता-शुचिता,
जिन्होंने उर में अवगाही ॥
वे प्रतिदिवस पुस्तक-मेले में,
प्रात:काल जब आती थीं।
अतिथि कवि-कृतिकार को,
रसगुल्ले खिलातीं थी ॥
रवीना-प्रकाशन तीन हजार,
पुस्तकों का प्रकाशन-तंत्र।
आदर-सम्मान-सत्कार,
देना ही इसका बीज-मंत्र ॥
इनके नाम से 'निभा' पत्रिका,
वर्षों से छपती आई।
घनघोर मुसीबत में यह नारी,
किसी काल भी घबराई ॥

बोलती रामायण

यह कौन भला जानता था,
धार्मिक ग्रंथ भी बोलेंगे ?
वे खुद अपने उर का रहस्य,
अपनी वाणी से खोलेंगे ?
एक समय आएगा ऐसा भी,
जब मानव बहुत व्यस्त होगा।
किसी ग्रंथ-पोथी को पढ़ने का,
न उसके पास वक्त होगा ॥
तब ग्रंथ करेंगे बार-बार,
अपनी वाणी की आवृत्ति।
जन उसका पावन पाठ करने की,
जुटा न पाएगा शक्ति ॥

तब छन्द पर अंगुलि रखने से ही,
बोल उठेगा वह मधुर।
पुस्तक के पृष्ठों से निकलेगा,
गीता : रामायण का सुर।
पर हुआ यही संभव,
गीता ; रामायण ने बाजी मारी।
सब बोल उठे ये मधुर ग्रंथ,
अब शेष ग्रंथ की तैयारी ॥

धौलपुर वाली बस

महाकौशल-ट्रेन एक्सप्रेस,
जिससे मैं दिल्ली आया था।
उसका एक सौ पाँच रुपया,
केवल मात्र किराया था॥
जबकि दिल्ली तक लाने में,
बस साढ़े तीन सौ लेती है।
इस तरह रेल से सीधी बचत,
ढाई सौ की होती है।
इस बार न मेरे साथ पुस्तकों,
का कोई भारी बोरा था।
बस केवल कपड़े पास मेरे,
और हृदयस्थ मन कोरा था॥

एक पुस्तक राधास्वामी की,
चालीस रुपए में क्रय की थी।
और दो पुस्तकें कृतिकारों की,
स्नेहपूर्ण उपहारित थीं॥
सोचा ; बोझा कुछ अधिक नहीं,
अत: रेल-यात्रा हो जाए।
और श्रम से संचित पूँजी की,
थोड़ी बचत भी हो जाए॥
था चार बजे का समय ; इसलिए,
मैं सुबह को नहा-धोकर।

खाना पकाकर और खाकर,
कुछेक कविताएँ लिखकर ।।
कुछ क्षण सुस्ताकर बुआ-घर,
दोपहर चला मैं एक बजे ।
सोचा ; पहुँचूंगा निजामुद्दीन,
मैं आराम से तीन बजे ।।
हाँ तीन बजे ही आ पहुँचा मैं,
स्टेशन से टिकट लिया ।
फिर लगा ढूँढने निज ट्रेन,
जब न मिली तो पूछ लिया ।।
बोला दूकान से एक व्यक्ति ---
" अब कहाँ रही महाकौशल !
हो चुकी रवाना कबकी वह,
कबकी दिल्ली से गई निकल !! "
मैं ठनकाकर माथा अपना,
वापिस आया टिकट-खिड़की ।।
रूपया तीस काटकर,
सत्तर की मुद्रा दी मुझे खरी ।।
रखकर बैग अपना सिर पर,
मैं सराय काले खाँ आया ।
इस बार मेट्रो के कारण,
दूर स्टेशन को था पाया ।।
यद्यपि दस दिन के कपड़ों का,
मेरा बैग भी भारी था ।
लेकिन परवाह नहीं थी कुछ,
वह मेरा ही हमराही ।।
आकर के बस-स्टैण्ड,
लगा मैं बस की प्रतीक्षा करने ।
बज चुके चार से ज्यादा थे,

मैं व्यग्र हुआ यात्रा करने ॥
जब पाँच बजे तक कोई भी,
बस धौलपुर की न आई।
तो छतरपुर-झाँसी वाली,
बस ने आवाज लगाई ॥
मैंने सोचा ; छह घण्टे की,
इस यात्रा में ऐसा न हो।
मैं पहुँचूं आधी रात मध्य,
घर में नींद-सन्नाटा हो ॥
फिर बिना बात ही घरवालों की,
नीद को उखाड़ा जाए।
हम गाड़ी में सोते जाएँ,
और उनको जगाया जाए ॥
बस में रख अपना सामान,
मैंने कन्डक्टर से पूछा --
" कितना किराया धौलपुर का,
साढ़े तीन सौ समूचा ? "
परिचालक बोला -- " नहीं महाशय,
किराए में हुई वृद्धि।
तीन सौ नवासी रुपया है,
किराया-धौलपुर कतई ॥ "
मैं कह रहा था एक युवा,
छतरपुर के सहयात्री से ---
" बढ़ गए किराए रोडवेज के,
वायुयान की दर से ॥
वह बोला --- " छतरपुर-टिकट,
आठ सौ सोलह की आई।
यात्रा हुई दुश्वार हाय !
मँहगाई की दुहाई है !! "

दिल्ली की गाली

जब चला विदा ले दिल्ली से,
दुर्गापुरी-चौराहे आया।
नौ दिनों में मैंने दिल्ली को,
अति अनुकूल-शान्त पाया ॥
सोचा कि मेरा भी शहर,
देहली के जैसा हो जाए।
भगवान करे धौलपुर-जनों,
को भी सद्बुद्धि आ जाए ॥
चौराहे पर था जाम लगा,
मनचला एक युवक आया।
वह अन्य युवक की मोटरसाइकिल,
से तनिक-सा टकराया ॥
उस समय सोचता मैं मन में,
'यह नगर सभ्य और सुन्दर है।
यहाँ लोग न देते हैं गाली,
हर सदन यहाँ देव-घर है ॥...'
इतने में बाईक वाला चीखा --
" तेरी माँ ले जाए लंगूर !
कुत्ता तेरा बाप काटे,
बहिना को होवे नासूर !!
साले ! हरामजादे !! रुक जा,
इस तरह सड़क पर मंडराता ?
मैं तोड़ूँगा तेरी हड्डी,
तेरा खत्म करूँ जग से नाता ॥..."

नदी को बहने दो

पुस्तक प्रकाशित हुई नई,
है नाम --- 'नदी को बहने दो' ।
अविराम मुक्त बहती नदी को,
अशेष कथा निज कहने दो ॥
सुनील श्रीवास्तव की कृति,
हार्डबाउण्ड हुई है प्रकाशित ।
जिसका बना अभिराम कवर,
विविध रंगों से जो सज्जित ॥
श्री चन्द्रहास जी ने किया,
इस सद्य:कृति का विमोचन ॥
पुस्तक का है आलोक सूत्र,
अपना रवीना प्रकाशन ॥
सुनील युवा नव-सर्जक हैं,
मानव-मुक्ति के पक्षकार ।
वे नए विमल मुक्त-भावों के,
ओजस्वी कवि-कथाकार ॥

प्रो0 सुशील राकेश : वयोवृद्ध कवि-लेखक

तन की मजबूरी के कारण,
बाबूजी दिल्ली आए नहीं।
वय वर्ष पचहत्तर कुछ माह,
तब भी अब तक घबराए नहीं ॥
रवीना प्रकाशन ने छापा,
उनपर पूरा एक विशेषांक।
उनके व्यक्तित्व-कृतित्व का,
संग्रहणीय यह बड़ा अंक ॥
बाबूजी अपना अंक देख,
अन्तर्मन में अति हर्षाए।
पुस्तक-मेले में संदेश शुभ,
उन्होंने अपने भिजवाए ॥
इस बार मिला उनकी पुस्तक को,
श्रेष्ठ कृति का सम्मान।
उनके नव-ग्रंथ का अनावरण,
हुआ ; जिसकी थी एक नई शान ॥

लेखिका यशेन्द्रा भारद्वाज सम्मानित

जिनकी वाणी पर मात् शारदा,
की कृपा विराज रही।

जिनकी मनमोहक मुस्कान की,
द्युति सृष्टि का राज रही॥

वे यशेन्द्रा भारद्वाज,

जो अब तक भी सृजनरत हैं।

संकल्प सिद्ध लेखिका सरल,

सेवा-उपासना दृढ़-व्रत है॥

उनकी कृति हुई पुरस्कृत,
उसको उचित सम्मान मिला।

स्मृति-चिन्ह ; प्रमाण-पत्र,
खुशियों का सब सामान मिला॥

अत्यंत जुझारू और प्रखर,

व्यक्तित्व की हैं रचनाकार।

उनके लिए बस पुस्तक ही,

जीवन का एकमात्र सार॥

महिला लेखक : महिला प्रकाशक

श्रीमती निभा जी 'रवीना-
प्रकाशन' की उपनिदेशिका।
वे सरल-नम्र-स्वभावपूर्ण,
अपनी कृतियों की प्रकाशिका ॥
कवयित्री और लेखिकाओं के,
भाव-मधुर जानतीं हैं।
उनको लगाकर हृदय-कण्ठ,
खुशियाँ हर एक बाँटतीं हैं ॥
महिला-रचनाकारों को देतीं,
सहर्ष वे सम्मान।
उनको बहिन और मित्र समझ,
उन पर लुटातीं हैं जान ॥
पुस्तक-मेले के दसों दिवस,
निभाजी अपने साथ रहीं।
दस दिवस लेखिकाओं से दिल की,
खट्टी-मीठी बात कही ॥

नगर-परिक्रमा

धौलपुर-आश्रम के बगल नया एक,
सुन्दर मन्दिर था निर्मित।
लेकिन उसमें न देव-मूर्तियाँ,
हो पाईं थीं स्थापित॥
कल सारे दिन ही पूजा का क्रम,
अनुष्ठान विशेष चला।
प्रतिमाओं की आँखों का परदा,
किंचित भी था नहीं खुला॥
मैं रहा शाम तक आयोजन में,
धार्मिक जिम्मेवारी ली।
फिर आज सुबह आया यहाँ,
गुंजारित करने सड़क-गली॥

तय था ; प्रभु का जयघोष-गान कर,,
झूमते और गाते।
नव-देवमूर्ति-संग परिक्रमा,
सकल नगर की लगाते॥
हम बैंड-बाजों के संग निकलेंगे,
पूरी तरह सज-धज कर।
आगे मन्दिर की देव-मूर्तियाँ,
पीछे बाराती निडर॥
मैं सुबह इस्त्री करके,

नई ड्रेस पहनकर आया था।
दिल्ली से जो खरीदा,
सिर में खुशबू-तेल लगाया था।।
सोचा ; नगर में मूर्तियों की,
बारात जब निकलेगी।
मेरे श्वेत परिधानों को ही,
विस्मित दुनिया देखेगी।।

पर नगर-परिक्रमा से पहले,
मुझको नया आदेश मिला ---
" बेलपत्र बहुत से लाने हैं,
भरकर बोरा ; बड़ा झोला ।।..."
मैं पालीथीन का बोरा लेकर,
चढ़ा साईकिल के ऊपर।
झटपट नर्सरी जा पहुँचा,
सैंकड़ों उगे थे वृक्ष जिधर।।
बेलपत्र-विटप पर साबुत पत्ते,
ज्यादा ऊँचाई पर थे।
यद्यपि छहफुटिया था ; किन्तु,
न मेरे हाथ पहुँचते थे।।
फिर वापिस आया मैं मन्दिर,
बारह फुट लम्बा बाँस लिया।
हँसिया बाँधा उसके शीर्ष,

पुनः नर्सरी को गमन किया ॥
तब मैंने शिव का ले नाम,
बेलपत्र तोड़ने शुरू किए।
तोड़ता रहा मैं देर तलक,
परमेश्वर का शुभ नाम लिए।
टहनियाँ तोड़ साबुत-साबुत,
बेलपत्रों को मैंने छाँटा।
बोरा तो भरा नहीं ; किन्तु,
वह कार्य भी मैंने न बाँटा ॥
इतने में प्रभु की बारात के,
स्वर उठे मधुर-मद्धम।
बारात नर्सरी से गुजरी,
बाराती भक्त ढहाते सितम ॥
मन किया कि मैं भी छोड़ नर्सरी,
परिक्रमा के साथ चलूँ।
देखूँ नागरिक-स्वागत मैं,
बैण्ड-बाजों के संग निकलूँ ॥
तब याद आ गया व्रत अपना,
कोई काम अधूरा न रखना।
जो काम मिला छोटा या बड़ा,
उसे अवश्य पूरा करना ॥
फिर सोचा --- ' प्रभु की बारात में,
एक जना ही कम होगा।
लेकिन बेलपत्रों के बिना,
शिव-अनुष्ठान नहीं होगा ॥
' मैं तो रात को सपने में भी,
नगर-परिक्रमा दे सकता।
केवल मनुज ही नहीं ; देवों के,
साथ सहज घूम सकता ॥

पर प्रत्यक्ष शिव-पूजन तो,
बेलपत्र-संग ही होना है।
तब ही मन्दिर का अनुष्ठान,
सहर्ष पूरा होना है॥
यहाँ नर्सरी में शान्त-भाव से,
बेलपत्र मैं तोड़ रहा।
थक जाने पर विश्राम पूर्ण,
छन्दों का सृजन कर रहा॥
मेरे अन्तर के इष्ट हृदय में,
शान्त-भाव से बैठे हैं।
छन्दों के वाहन पर सवार हो,
नगर-परिक्रमा देते हैं॥

वह दिन कब आएगा माई ?

वह दिन कब आएगा माई,
जब छल-प्रपंच-व्यवसाय छोड़।
पुस्तक-बाजार बड़ा होगा,
पीछे जग-कारोबार छोड़ ?
ट्रक भर-भर के अनमोल ग्रंथ,
चारों दिशा में जाएँगे।
शब्दों के नूतन प्रकाश से,
जग का तिमिर हटाएँगे ॥
मानव का दिल भर जाएगा,
जग के इन काले धन्धों से।
पुस्तक को ह्रदय बसाएगा,
गाएगा उसको छन्दों से ॥
कब वह दिन आएगा मैया,
कृतियाँ होंगी जब शीर्षस्थ ?
वह देंगी सब जग को राहत,
हो जाएगा जब वह त्रस्त ॥

अमरूद का खोखला अजूबा पेड़

बेलपत्र तोड़ने मैं सरकारी,
नर्सरी में आया था।
वहाँ एक अजूबा विटप देख,
मेरा माथा चकराया था॥
वह अमरूद का पेड़ ; तना,
जिसका सारा खोखला था।
कहाँ गया जायलम सारा ही,
सचमुच ही वह पोला था॥
न समझ सका ; इसकी जड़ से,
जल ऊपर कैसे जाता है ?
किस चमत्कार से यह शिखर पर,
सगर्व हरियाता है ?
मैं संचित वनस्पति-शास्त्र का,
सब दिमाग लगाता हूँ।
दारू ऊतक का ओर-छोर भी,
इस स्तम्भ न पाता हूँ॥

पुस्तक-मेले का गर्व

अन्तत: प्रकाशित हो ही गया,
पुस्तक-मेले का इण्टरव्यू।
'समाचार-क्लब' की नेत्री का,
आ गया मधुर और सुन्दर व्यू ॥
पुस्तक-मेले की यह रिपोर्ट,
सबका ही ध्यान खींचती है।
न्यूज कवरेज में अदभुद ही,
संयमित गति-लय दिखती है ॥
यश बढ़ा आज एक पग आगे,
मिथ्या अभिमान नहीं आए।
यही दयालु प्रभु से विनती है,
आलस्य सृजन में न आए ॥
अविराम चले कलम अपनी,
यश डिगा न पाए अपना पथ।
बस चलते जाएँ सृजन-क्षेत्र,
चाहें धूल से हों लतपथ ॥

ऑटोग्राफ सहित पुस्तक

पुस्तक-मेले में सद्य: प्रकाशित,
सुरेन्द्र जी का ग्रंथ हुआ।
हम लेखक-कवियों के लिए,
'उपहार' स्नेह का पंथ हुआ ॥
उदार-भाव से हस्ताक्षर कर,
प्रति हमें वे देते थे।
निर्देशक वे महान ; सभी को,
अपने जैसे लगते थे ॥
कितनी सारी फिल्मों का,
सुरेन्द्र जी ने है निर्माण किया।
उनके फिल्म-लेखन-अनुभव का,
उज्ज्वल जलता दिव्य दीया ॥
सत्तर के पार उम्र है किन्तु,
युवकों-सा उत्साह भरा।
बॉलीवुड का कर्मठ योद्धा,
नहीं किसी से कभी डरा ॥
युवकों के वे आदर्श ; वृद्ध,
न करते हैं वृथा चिन्तन।
ईर्ष्या-द्वेश से परे ; सृजन में,
लगाए रखते अपना मन ॥

कल्कि न्यूज

मधु शर्मा ऐसी सृजनकार,
जो सरल-विमल उर रखती हैं।
लेखिका होने के संग-संग,
मानवता धारण करती हैं ॥
उनका नवीनतम ग्रंथ विमोचित,
'किन्नर की कन्या' हुआ।
'विश्व-पुस्तक-मेला, दिल्ली' में,
उसका भव्य-समारोह हुआ ॥
इस समारोह में लाईं लेखिका,
सबके लिए उपहार।
और सभी सृजनकारों को दिया,
जी-भर अपना मृदुल प्यार ॥
साहित्य के ऐसे सर्जक,
दुनिया में विरले ही होते हैं,
जो करते न कुछ भेद मनुज में,
सबको गले लगाते हैं ॥

अखिलेश कटियार जी के मित्र-पाठक

महान युवा लेखक ; जिन्होंने,
सहकर पत्नी-विछोह।
लिखना न छोड़ा और न त्यागा,
स्वाध्याय से तनिक मोह ॥
कोरोना-बीमारी के कारण,
पत्नी का देहांत हुआ।
पर अखिलेश की सृजन-कला का,
किंचित भी न अन्त हुआ ॥
उनके लिखे दो ग्रंथ हुए,
पुस्तक-मेले में लोकार्पित।
मेले में आए साथ-साथ,
उनके कई शुभ-चिन्तक युवा-मित्र ॥
सबने मिलकर फिर एक-एक,
पुस्तक अपने कर लेकर।
सामूहिक फोटो खिंचवाया,
की प्रशंसा कृति को पढ़कर ॥

मशहूर शायर : जहीर ललितपुरी जी से मुलाकात

पुस्तक-मेले में जहीर साहब से,
अपनी मुलाकात हुई।
वे शायर-संग विद्वान-मनीषी,
जिनसे अपनी बात हुई॥
दर्जनों गजल-संग्रह उनके,
दो-तीन वर्ष में प्रकाशित।
'यंग सीनियर सिटीजन', 'अंधेरा' ;
उपन्यास हो गए लोकार्पित॥

कोरोना-काल में उपन्यास,
'सोशल डिस्टेंस' खूब चला।
जहीर ललितपुरी जी के अन्दर,
कथा-सृजन की दिव्य कला॥
वे जितने अच्छे शायर हैं,
उतने हो अच्छे हैं मानव।

अंग्रेजी की अनुवाद कला के,
उनमें गुण भरपूर हैं सब ।।
हमने मेले में बैठ ; जिन्दगी के,
अनुभव किए साँझा ।
सब बातों का था यही सार ---
'जहीर साहब दिल के राजा' ।।

तूलिका और रंग

जिस समय मैं था दिल्ली,
पुस्तक-मेले की मौज उड़ाता था।
हर दिन ही पुस्तक-स्टॉल पर,
ग्रंथ-विमोचन करता था ॥
धौलपुर निज गृह आते ही,
एक काम मिला चित्रकारी का।
सड़क-सुरक्षा ; अग्नि-रक्षा,
के कुछ चित्र बनाने का ॥

हिन्दी के संग-संग जीव-शास्त्र,
का भी मैं पहले छात्र रहा।
इसलिए चित्रकारी का थोड़ा,
गुण भी मेरे साथ रहा ॥
मित्रों ! काव्य की तरह,
चित्रकारी भी धैर्य सिखाती है।
ये मधुर कलाएँ जीवन को,
सरस-रंगीन बनाती हैं ॥
लेकिन चित्र भौतिक होता,

वह समय तो अधिक लेता है।
पर उसकी भाषा अनपढ़ या
निरक्षर भी समझता है ।।

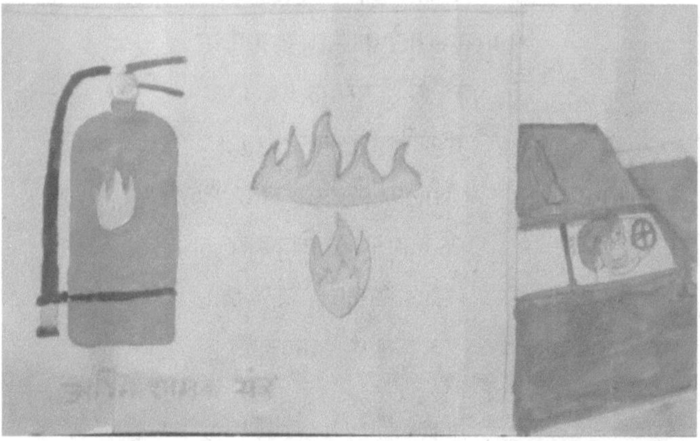

ललितपुर के कलमकार : जहीर ललितपुरी

जिनकी गजलें हैं धारदार,
ललितपुर के वे कलमकार !
वे ललितपुर के एकमात्र,
बहु-प्रतिभावान साहित्यकार !!
'जिन्दगी कितनी हंसीं है' पुस्तक,
जहीर जी की इक्कीसवीं।
नए गीत-गजल-नज्में-दोहों की,
सम्भाले है यह सुन्दर छवि ॥
इसमें कितात और रुबाईयात,
हिन्दी में अनुभव का सार !
जिनकी गजलें हैं धारदार,
ललितपुर के वे कलमकार !!
वे ललितपुर के एकमात्र,
बहु-प्रतिभावान साहित्यकार !!!
जहीर साहब ने ललितपुर का,
जग में रौशन किया नाम।
ऐसे कर्मठ मसिजीवी को,
हम करते हैं शत बार प्रणाम ॥
साहित्य-जगत के स्तम्भ,
युवको का मिलता उन्हें प्यार !
जिनकी गजलें हैं धारदार,
ललितपुर के वे कलमकार !!
वे ललितपुर के एकमात्र,
बहु-प्रतिभावान साहित्यकार !!!

शादी-वर्षगाँठ मुबारक हो

कौशल को और भावना को,
शादी-वर्षगाँठ मुबारक हो !
दोनों में प्रेम अटूट रहे,
हँसती-मुस्काती दुनिया हो !!
यह कल की ही तो बात,
भतीजे ! तुम्हारी शादी में नाचा।
तुम लाए बहू भावना को,
रिश्ता जोड़ा तुमने साँचा ॥
सिद्धि बिटिया भी तुम्हें देखकर,
रहती सदा ही हर्षित हो !
कौशल को और भावना को,
शादी-वर्षगाँठ मुबारक हो !!
दोनों में प्रेम अटूट रहे,
हँसती-मुस्काती दुनिया हो !!!
भावना बहू हैं मिलनसार,
सबका आदर किया करतीं।
घर आने वाले अतिथि का,
सेवा-सत्कार किया करतीं ॥
ऐसी व्यवहारकुशल ; पुण्यवती,
सहधर्मिणी मुबारक हो !
कौशल को और भावना को,
शादी-वर्षगाँठ मुबारक हो !!
दोनों में प्रेम अटूट रहे,
हँसती-मुस्काती दुनिया हो !!!
दिन कितने जल्दी-जल्दी,
कौशल ! जग के यों बीत जाते।
कल तुम खेले ; आज सिद्धि,

बिटिया को गोद हम खिलाते ॥
गोदी का प्यार रहा वही,
चाहे युग की नव-दस्तक हो !
कौशल को और भावना को,
शादी-वर्षगाँठ मुबारक हो !!
दोनों में प्रेम अटूट रहे,
हँसती-मुस्काती दुनिया हो !!!

पुस्तक-मेला का फुव्वारा

मेला-हॉल के बाहर जो,
यह पानी का फुव्वारा है !
आकर्षण-केन्द्र सबके मन का,
यह उत्साह हमारा है !!
जलकुण्ड से अविरल फूट पड़ीं,
प्रशान्त सलिल की धाराएँ।
ये श्रमित-थकित मानव-तन को,
क्षण-भर में विश्राम दिलाएँ।।
फव्वारे के बुलबुलों से,
सबका ही तन-मन हारा है !
मेला-हॉल के बाहर जो,
यह पानी का फव्वारा है !!
आकर्षण-केन्द्र अपने मन का,
यह उत्साह हमारा है !!!
पुस्तक-मेले में घूम-घूम,
दिनभर ; जब मैं थक जाता था।
तो बैठ फव्वारे के तट पर,
मन में आनन्द मनाता था।।
प्रगति-मैदान का शिल्प-सृजन,
सारे ही जग से न्यारा है !
मेला-हॉल के बाहर जो,
यह पानी का फव्वारा है !!
आकर्षण-केन्द्र अपने मन का,
यह उत्साह हमारा है !!!

पवित्र-साहित्य

इस बार भी चन्द्रहास जी ने,
मुझको मेले में मान दिया।
मेरे साहित्य को स्टॉल पर,
जीभर कर सम्मान दिया ॥
वे कहते हैं -- "अन्तिम श्वॉस तक,
पुण्य कार्य यह कर जाऊँ।
साहित्य आपका जो पावन,
उसको प्रकाशित कर पाऊँ ॥"
मैं कहता -- "सुनो प्रकाशक !
हम-तुम सौ वर्ष तक जीवेंगे।
कृति-सृजन और प्रकाशन से,
जग-भर की दुआ पावेंगे ॥"
मेरे प्रकाशक से मेरा,
अब जुड़ा ह्रदय का नाता है।
एक-दूजे को देखते ही,
उल्लास ह्रदय भर जाता है ॥

एक एक कर आपकी कम से कम 1000 किताब पब्लिश कर दुगा। अगर मै जीवित रहा।
--- चन्द्रहास (रवीना प्रकाशन)

एक हजार अभी और लिखनी है। भगवान हमारे शुभ भावों को गति अवश्य देंगे। प्रभु ही हम सबके सहारा हैं भाई साहब। उनसे कभी उम्मीद मत तोड़ना। मानव जीवन और जगत चमत्कारों से भरा है। हम सब तो ईश्वर के हाथों की बस कठपुतलियां हैं।
---- डॉ0 पवित्र कुमार शर्मा

अद्वितीय शर्मा जी --- राजनाथ तिवारी (सरकारी अधिकारी, लेखक व कवि) Rajnath Tiwari
आप विद्वान मनीषी कवियों का स्नेह है।

---- डॉ0 पवित्र कुमार शर्मा

आप महान लेखक व कवि हैं। प्रणाम स्वीकार करें, सादर।

----Rajnath Tiwari

अरे आप इतने बडे सरकारी ऑफिसर हैं। मैं तो तुच्छ सा सामान्य लेखक हूँ सर।

---- डॉ0 पवित्र कुमार शर्मा

वर्ल्ड बुक फेयर में स्वागत है आपका

आइए शौक से श्रीमान !
श्रीमती !! आपका स्वागत है !
प्रगति-मैदान सजा मेला,
भरपूर हृदय से स्वागत है !!
ऐसा अवसर भू पर भला,
कहाँ रोज-रोज सुन्दर आता ?
माँ सरस्वती की कृतियों का,
कहाँ हर दिन दरबार लगता ?
यह सृजन-भाव की पुण्य-कला,
परमार्थ लिए नवागत है !
आइए शौक से श्रीमान !
श्रीमती !! आपका स्वागत है !!
प्रगति-मैदान सजा मेला,
भरपूर हृदय से स्वागत है !!!

तुम युवा ; राष्ट्र के कर्णधार,
इस उज्ज्वल-पथ बढ़े आओ ।
जो भाव-ज्ञान है ग्रंथों में,
उनको सहजता से पाओ ॥

पुस्तक ही जीवन की गति है,
यही मन-बुद्धि की ताकत है !
आइए शौक से श्रीमान !
श्रीमती !! आपका स्वागत है !!
प्रगति-मैदान सजा मेला,
भरपूर हृदय से स्वागत है !!!

प्रगति-मैदान : थिएटर की भीड़

पुस्तक-मेले की यह,
प्रगति-मैदान-रंगशाला है !
दिन-भर के थके दर्शकों को,
जैसे आनन्द का प्याला है !!
अन्तर्राष्ट्रीय-पुस्तक-मेला,
सारा दिन मैं घूमा करता।
सैंकड़ों भव्य स्टॉलों पर,
पुस्तकों का अवलोकन करता॥
हर साँझ थके तन और मन को,
थिएटर ने संभाला है !
पुस्तक-मेले की यह,
प्रगति-मैदान-रंगशाला है !!
दिन-भर के थके दर्शकों को,
जैसे आनन्द का प्याला है !!!

जैसे ही रवि अस्त होते,
आलोक मंच पर भर जाता।
हर नारी-नर ; बालक-वृद्ध,
हर्षोत्साह में इतराता॥
इस रंगमंच ने सूर्यास्त से,

हर एक दिल को पाला है !
पुस्तक-मेले की यह,
प्रगति-मैदान-रंगशाला है !
दिन-भर के थके दर्शकों को,
जैसे आनन्द का प्याला है !!

दिल्ली अशोक नगर : दयानन्द पार्क

श्री दयानन्द-पार्क को मैंने,
पहले जैसा ही पाया।
प्रात: दौड़कर उद्यान,
तन और मन को हल्का पाया ॥
इस वर्ष बजे नौ खा-पीकर,
मैं उद्यान चला आता।
फिर उद्यान के चहुँओर,
फुल ड्रेस में दौड़ा करता ॥
भोजन करने के बाद देह,
न ही हल्की रह पाती है।
पग दौड़ में भारी पड़ते हैं,
देह शीघ्र गर्म हो जाती है ॥

पर दूर था घर ; सो बार-बार,
कौन उधर आता-जाता ?
इसलिए दौड़ता हुआ पार्क में,
शाहदरा निकल पड़ता ॥
वर्ना दिल्ली में कई साल से,
मेरा नियम यह रहा।
खाली पेट ही सात बजे,
पार्क में करता दौड़ रहा ॥

कवितानुशीलन-ग्रंथ

जिनकी जन्म-भू है प्रयाग,
और कर्मभूमि कन्नौज रही।
रहे अर्थशास्त्र के प्रोफेसर,
गायन करती यह सकल मही ।।
बचपन बीता ग्राम्यांचल,
माता की शीतल छाया में।
जीवन-भर रहा संघर्ष,
जगती की नश्वर माया में ।।
पर हार मानता नहीं पथिक,
अवसान-काल तन का चाहे।
अब भी उसके बूढ़े तन में,
सृजन का पौरुष अवगाहे ।।
उनकी कविता-अनुशीलन का,
यह मेरा प्रथम पुण्य-ग्रंथ।
यह शोध-परक और मूल्यनिष्ठ,
कृति-समीक्षा-आलोक-पंथ ।।

ऑटो का सहारा

दिल्ली नगर में कुछ साल से,
घटा है वाहन-प्रदूषण।
पा चुके वहाँ सी0 एन0 जी0 और,
इलेक्ट्रिक-वाहन सारे गण॥
वैसे तो हर दिन पुस्तक-मेला,
मैट्रो-रेल में जाता था।
बस शाहदरा तक मुझको,
प्रतिदिन ऑटो लेना पड़ता था॥
देहली की सड़कें भीड़-भरी,
सड़कों पर लगता प्राय: जाम।
चौराहे की सिग्नल-बत्ती बस,
दे पाती है सदा काम॥
अब मानव-चालित रिक्शा तो,
दिल्ली में रहे कुछ दिन को।
जन शीघ्र पहुँचना चाहते हैं,
न देते वे संतोष मन को॥

यंत्रचालित-सीढ़ियाँ

देहली के मेट्रो-स्टेशन में,
यंत्रचालित-सीढ़ियाँ हैं।
ये आवा-गमन के झूले हैं,
पथिकों के सुख की लड़ियाँ हैं॥
ये झूले मेले के जैसे,
एक तरफ पैर रख चढ़ जाओ।
और एक तरफ गगनगामी,
फरिश्ते-से उतर आओ॥
हो बोझा मन-भर ही चाहे,
मेहनत का कोई काम नहीं।
पल में सीढ़ी पर रख पाओ,
ऊपर वाला स्थान वहीं॥
मैंने ऐसे युवा देखे,
जो यांत्रिक-सीढ़ी को फलांग।
पल में चढ़ जाते थे ऊपर,
लेकर के अपनी डेढ़ टाँग॥

मैट्रो-पथ

कड़कड़डुमा से जो रेल,
सुप्रीम कोर्ट तक जाती है।

वही मुझको प्रगति-मैदान,
मेला-स्थल पहुँचाती है॥

मेरी बुआ का घर ; नन्दनगरी,
अशोक-नगर पड़ता।

ऑटो वाला मुझको रोज,
शाहदरा-स्टेशन लाता॥

फिर 'शाहदरा' से अगला,
स्टेशन 'वैलकम' आता है।

वेलकम से एक अन्य रास्ता,
कड़कड़डुमा जाता है॥

एक युवती ने मोबाइल पर,
अपने पति का मुख चूमा।

बोली प्यार से -- " प्राणनाथ !
आया है अब कड़कड़डुमा !! "

फुड-कोर्ट

फैला है दूर-दूर तलक,
पुस्तक-मेले का मैदान।
है अद्वितीय सारे जग में,
इसकी निराली नई शान ॥
दोपहरी को जब भूख लगे,
जन मैदान में आ जाते।
सब अपने-अपने टिफिन खोल,
जैसे कि पिकनिक मनाते ॥
पर जो अमीर जन होते हैं,
'ऊँचे-भोजन' के शौकीन।
वे कभी पराँठे न लाते,
न खुले में खाते कौर बीन ॥
उनके लिए ए0 सी0 वाले,
मेले में फुड-कोर्ट बने।
पिज्जा-बर्गर और मोमोज,
खाते जिसमें धनवान जने ॥

भोजन-मंच

पुस्तक-हॉलों के बाहर जो,
मैदान सुविस्तृत दिखता है।
यहीं भोजन का बाजार लगा,
सब कुछ खुले में बिकता है॥
चाहे चाय या समौसा,
पूड़ी-जलेबी-मिठाई।
छोटे-भटूरे-दही-बड़े,
टिक्का-पनीर हो सुखदाई॥
सब लेते अपना स्वाद देख,
और जेब देख भोजन लेते।
कोई घर से लाए भोजन से,
अपना आनन्द मनाते॥
पुस्तकों का अवलोकन करते,
यदि दोपहरी तुम थक जाना।
तो 'सीताराम-बाजार' आकर,
निज पसन्द का भोजन खाना॥

पुस्तक-मेले में आमंत्रित हस्तियाँ

इस बार के पुस्तक-मेले में,
अतिथि रजत शर्मा आए।
आईं अदाकारा 'अदा',
सन्दीप बालकृष्ण आए॥
प्रणव मुखर्जी की पुत्री,
शर्मिष्ठा मुखर्जी आईं।
अपने पिता की दास्तान,
निज पुस्तक से सुनाई॥
सौरभ द्विवेदी लेखक ने,
सबको बताया कथा-मर्म।
मीनाक्षी जैन जी ने भारत की,
संस्कृति का कहा धर्म॥
नीरजा चौधरी पत्रकार ने,
सबसे अपनी बात कही।
अजय बिसारिया ने पाक-
सम्बन्धों की सच्चाई कही॥

राइट्स-टेबल

विद्वान-मनीषी आकर के,
जहाँ करते हैं विषय-विमर्श।
तन तो लगभग स्थिर रहता,
मन आन्दोलित, उर भरा हर्ष॥
यही राइट्स-टेबल है प्यारे,
जहाँ होती साहित्यिक चर्चा।
लेकिन इसमें शामिल होने,
पहले भरा जाता पर्चा॥
मैं घूम-घामकर मेले में,
जब इस मंच पर पहुँच गया।
तो मंच से पहले सुन्दर एक,
युवती ने मुझे टोक दिया॥
उसका कहना था ; यहाँ बैठना,
पहले तय किया जाया।
अर्जी देकर पहले से ही,
अपॉइण्टमेंट लिया जाता॥

पुस्तक-परिचर्चा

रामवृक्ष बेनीपुरी पर पुस्तक,
हंस प्रकाशन से निकली।

डॉ0 अजीत कुमार पुरी लेखक,
समाजवाद की कृति खिली॥

इस पुस्तक की परिचर्चा में,
डॉ0 ओम निश्चल पधारे।
दिल्ली विश्वविद्यालय से संजीव,
तिवारी प्रोफेसर आए॥

राजेश राव जी के संग अन्य,
विद्वानों ने भाग लिया।

रामवृक्ष जी के साहित्य का,
अदभुद रूप प्रचार किया॥

लेखक-मंच पर सुन्दरतम यह,
कृति रही बेहद चर्चित।
श्रोतागण भी नव-आलोक पा
वक्ताओं से ; हुए चकित॥

शिक्षा मंत्रालय
भारत सरकार
MINISTRY OF EDUCATION
Government of India
nbt.india
ITPO
New Delhi
World Book Fair
10-18 February 2024
"When Citizens Read, The Country Leads"
नई दिल्ली
विश्व पुस्तक मेला
10-18 February 2024

'काम' काव्य का प्रकाशन

बिचपुरी-कॉलेज एम0 एस-सी0 में,
नाटक लिखे थे प्रथम वर्ष।
दूजे वर्ष सप्त-काव्यों का,
होता गया सृजन-उत्कर्ष ॥
लिखे 'क्रोध' और 'काम' काव्य,
'विष-प्याला' मधुशाला-लय पर।
'काव्यांजलि' ; 'भोर की पहली किरण',
दो और काव्य लिखे बेहतर ॥
अब तीस वर्ष के बाद प्रकाशन,
प्रथम काव्य का होता है।
तम में विराजते रचना-सुत को,
देख मेरा मन हँसता है ॥
धन्यवाद 'रवीना-प्रकाशन',
तुमने दिया इसको जीवन।
यह काव्य श्वॉस ले पाएगा,
नाचेगा होकर हर्षित मन ॥

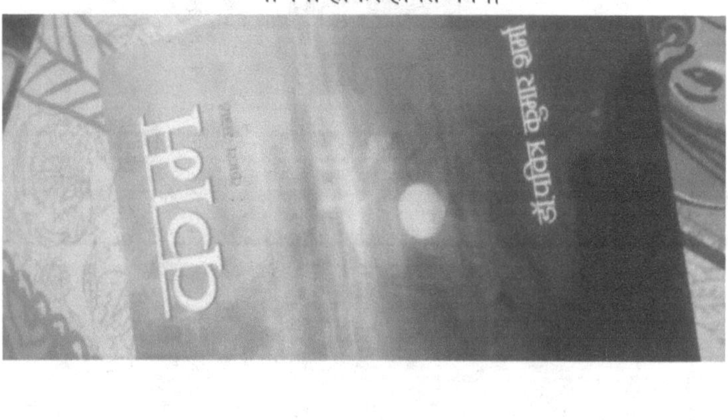

मेरा शोध-ग्रंथ : प्रकाशन की प्रक्रिया में

केवल उनतालीस वर्ष आयु,
उस मसिजीवी ने पाई।

जिसने डेढ़ सौ श्रेष्ठ ग्रंथ की,
निज कर से की लिखाई ॥

दक्षिण भारत के 'तिरूमल्लै
नंबाकम वीर राघव आचार्य'।
जो 'रांगेय राघव' कहलाते,
जिनके पिता 'श्री रंगाचार्य' ॥

'कब तक पुकारूँ' उपन्यास का,
सीरियल जिनका चर्चित था।

जिनकी सैंकड़ों कहानियों का,
मैं दीवाना बेहद था ॥

एम0 एस-सी0 करके पहले मैंने,
हिन्दी से किया एम0 ए0।
हिन्दी के प्रति था भाव-समर्पण,
हिन्दी में हर श्वॉस लिए ॥
डॉ0 गोविन्द रजनीश,
समालोचक थे विद्वान।
बने शोध-निर्देशक मेरे वे,

प्रोफेसर आगरा के महान ॥
जीते-जी उनकी अभिलाषा थी,
शोध-ग्रंथ यह छप जाए।
हिन्दी-जगत रांगेय जी का,
नव-कथा-आलोक पाए ॥

यदि काश ! आज सर होते तो,
वे कितने ही प्रसन्न होते।
उनकी जन्म-भू भी 'वैर',
जहाँ 'राघव' कथा-सृजन करते ॥

तेईस साल के बाद शोध,
मेरा प्रकाश में आता है।
इसका श्रेय 'श्री चन्द्रहास',
'रवीना-प्रकाशन' को जाता है॥

दर्द और हर्ष की तस्वीरें

मैं रहता वहाँ आसपास,
जहाँ दर्द बोलता ठहर-ठहर ।
चाहे वह पुस्तक-मेला हो,
कोई गाँव हो या कोई हो शहर ॥
मेरी कृतियों के प्रकाशक
मेरी ही भाँति चन्द्रहास,
संग-साथ खड़े वहाँ दिखते हैं,
मन में दृढ़ धारे नेक आस ॥
नवोदित रचनाकारों के,
हम दोनों बन जाते सम्बल ।
व्याकुल-से रचनाकारों को,
मिलता है हमसे अदभुद बल ॥

मैं सृजनकार और चन्द्रहास,
नव-कृतियों के प्रकाशक हैं ।
हम दोनों सरल-सन्तोषी,
निज अन्तर्मन के शासक हैं ॥
हम सभी जुड़े उस डोरी से,
जो है 'रवीना-प्रकाशन' ।
इस प्लेटफार्म पर पाता है,
ऊँचाई हमारा विकसित मन ॥

नवनिर्मित हॉल

प्रगति-मैदान बना एक,
सुन्दर हॉल चौदहवाँ है।
है बड़ा भव्य-सुन्दर मण्डप,
वास्तु-कला-नवरचना है॥
प्रतिवर्ष ही होता है यहाँ,
मण्डप और हॉलों का विकास।
प्रतिमाह होते हैं आयोजन,
दुर्व्यवस्था का होता ह्रास॥
प्रतिमाह उन्नति होती है,
इस भूमि का जग से नाता।
इस कारण यह क्षेत्र दिल्ली का,
'प्रगति-मैदान' कहलाता॥
सारे सरकारी-व्यापारिक,
वृहद-आयोजन हुआ करते।
प्रतिवर्ष लाखों लोग यहाँ,
विकास की धारा से जुड़ते॥

कृष्ण-उपहार

राधा बहिन जी ने निज भूमि,
सत्संग हेतु दान में दी।
आश्रम बन रहा अब उस पर,
आई है नवयुग की सदी॥
और लाखों खर्चा करके मन्दिर,
भव्य एक बनवाया है।
पति नरेश जी ने अपने श्रम का,
सारा धन लगाया है॥
भगवान को मान लिया सब कुछ,
माना उनको ही संतान।
ईश्वर पर सब कुछ सौंप दिया,
अपना तन-मन-संकल्प-प्राण॥

आज हमारे आश्रम में,
राधा जी ने भोग लगाया।
कान्हा जी का उपहार लघु,
मेरे हाथों से है पाया॥
ऐसे मानव होते विरले,
जो त्याग-भाव मन में रखते।
केवल कहते ही नहीं ; परन्तु,
त्याग करके दिखलाते॥

उन पुण्य-जनों को परमेश्वर,
देते हैं फल अगले जीवन।
सम्पन्न-दिव्य-कुल पैदा होते,
प्रभु से लगाए रखते मन ॥

बुक फेस्टीवल : किताबों का उत्सव

यह बुक-फेस्टीवल प्रकाशन,
ग्रंथों का उत्सव लाया।
यहाँ ढेर सारे सदग्रंथ देखकर,
हर एक युवा हर्षाया ।।
विज्ञान-गणित-साहित्य ; यहाँ पर,
हर विषय की पुस्तक है।
तकनीकी वाली नई किताबें,
नई सदी की दस्तक हैं ।।
यह मन और बुद्धि का भोजन,
जिसको 'किताब' हम हैं कहते।
गुणी-विद्यावान मनुज ही जिसका,
अमृतपान किया करते ।।
बेहतर पुस्तकें पढ़ने और,
पढ़ाने का प्यारा मौसम।
पुस्तक-मेले का जोश निराला,
और बड़ा इसका दम-खम ।।

बुक फेस्टिवल

यह पुस्तक का त्यौहार है भइया,
पुस्तक का त्यौहार !
नई सदी का उत्सव सुन्दर है,
पुस्तक-मेला-संसार !!
जन कहाँ-कहाँ से उमड़-घमड़,
पुस्तक-मेला आते।
अपनी रुचि की नई-नई किताबें,
देख हर्षाते ।।
सबका एकमात्र ही पुस्तक पर,
बरसा जाता प्यार !
नई सदी का उत्सव सुन्दर है,
पुस्तक-मेला-संसार !!

बालक, युवा ; वृद्ध सब ही,
जितने भी नर-नारी।
सबने पुस्तक पढ़ने का प्रण,
है किया और की सब तैयारी ।।
सबने माना --- एक पुस्तक ही,

सारे जीवन का सार !
नई सदी का उत्सव सुन्दर है,
पुस्तक-मेला-संसार !!

भरतपुर-प्रस्थान

कई साल बाद ऐसा अवसर,
मेरे जीवन में आया है।
जब ज्ञान-जन्म-भू भरतपुर से,
मुझे बुलावा आया है ॥
वह भरतपुर ही था ; जहाँ पर,
बीस वर्ष का मैं युवक।
पाने गया उच्च शिक्षा,
अध्यात्म-ज्ञान की हुई दस्तक ॥
फिर वहीं 'तीन कमरों वाला',
मुझे विश्वविद्यालय एक मिला।
आलोक ज्ञान का पाया मैंने,
नवजीवन का कमल खिला ॥
वह एक पुण्यवान-तीर्थ,
जहाँ सुबह-शाम सत्संग होता।
वहाँ आज तलक भी अविराम,
अध्यात्म-योग-साधन होता ॥

ज्ञानप्रकाश बाबूजी को श्रद्धांजलि

सदज्ञान-योग की मूरत थे,
तपधारी पूज्य बाबूजी !
जो प्रभु पिता के हर निर्णय में,
सदा-सदा रहे राजी !!
सबको ही देना ज्ञान-दान,
सत्कार सभी जन का करना।
मृदु-मुस्कान के साथ ; प्रेम से,
आलोकित दृष्टि देना ॥
कितने वर्षों तक सघन साधना,
करते रहे बाबूजी !
सदज्ञान-योग की मूरत थे,
तपधारी पूज्य बाबूजी !!

मैं विद्यार्थी था कॉलेज का,
जब प्रथम बार उनको देखा।
एक दिव्य फरिश्ता उनके तन से,
सदा सरस होकर चहका ॥
निष्ठा-त्याग-सेवा-लगन सब,
सिखा गए हमें बाबूजी !
सदज्ञान-योग की मूरत थे,
तपधारी पूज्य बाबूजी !!

मर्यादाएँ नवयुग की सुन्दर,
बाबूजी ने सिखलाईं।
उनके तन के अन्दर दिखती थी,
ब्रह्मा बाबा की परछाई ।।
नष्टोमोहा का मूल मंत्र,
दे गए हमें प्रिय बाबूजी !
सदज्ञान-योग की मूरत थे,
तपधारी पूज्य बाबूजी !!

रेलगाड़ी-जैसी भीड़

यद्यपि देहली में भीड़ बड़ी,
पर सुगम गमन के साधन हैं।
मेट्रो-ट्रेन-बस हजारों,
न होता परेशान जन है ॥
पर यहाँ भरतपुर रोडवेज,
बस ठीक समय पर आतीं हैं।
आतीं जयपुर से भरी हुई,
न सीट कोई दे पाती हैं ॥
मैं आधा घण्टे से खड़ा,
करता था इंतजार बस का।
कोई आएगी बस खाली,
जिसमें लाभ होगा सीट का ॥

बस हीरादास पर आई तो,
लेकिन जयपुर से भरी हुई।
बस में पब्लिक पहले से ही,
अपनी सीट पर खड़ी हुई ॥
फिर और घुसे यात्री अन्दर,
बस का निकला जाता है दम।

मैं खड़े-खड़े कविता लिखता,
यह नवयुग-मोबाइल का दम ।।

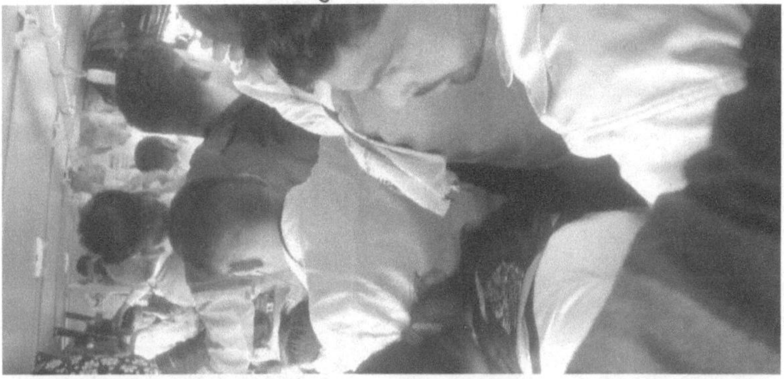

ज्ञान-जन्मभूमि

यह ज्ञान-जन्मभूमि मेरी,
शत बार नमन इसको करता।
कई वर्ष बाद इस तीर्थ के,
मैं पुन: पुण्य-दर्शन करता॥
हुआ बीस वर्ष से अधिक समय,
मैं यहाँ नहीं था आ पाया।
लेखन-कार्य में रहा व्यस्त,
न गमन इधर को कर पाया॥
अब समय आ गया कुछ ऐसा,
मिल गया निमंत्रण आश्रम से।
मैं प्रात:काल चला आया,
प्रकट हुआ यहाँ एकदम से॥
जैसे देह की जन्मभूमि,
न कभी भुलाई जा सकती।
वैसे ही ज्ञान-जन्मभूमि,
कैसेकर विस्मृत हो सकती ?

महाशिवरात्रि-कार्यक्रम की तैयारी

कल आश्रम के ही प्रांगण में,
मंचीय एक कार्यक्रम होगा।
सम्मानित अतिथि आएँगे,
सत्संग बहुत मनोरम होगा॥
इसलिए सजाया गया मंच,
शिवलिंग भाव से स्थापित।
शोभा मंच की देख मेरा,
मन हुआ हर्षमय और चकित॥
अध्यात्म-जगत की कुछ हलचल,
परिवर्तित कर देती विचार।
पथ से भटके हुए मानव के,
यह शीघ्र बदलती व्यवहार॥
मुझको पुकारता कर्म मेरा,
मैं कैसे भला ठहर सकता ?
कर्त्तव्य जिन्दगी का भारी,
मैं राही, केवल चल सकता॥

भरतपुर आश्रम के कलश

कल शिवरात्रि के कार्यक्रम की,
प्रभात फेरी जब निकलेगी।
एक-एक कलश पावन कन्या,
निज शीश धारण करेगी॥
सब हाथ पकड़कर शिव-ध्वजा,
शिव की जयकार लगाएँगे।
कुछ वक्ता पथ चलते-चलते,
अध्यात्म-ज्ञान सुनाएँगे॥
ये कलश ज्ञान-घट के प्रतीक,
मानव में परिवर्तन लाते।
'संकल्प शुद्ध हों मानस के',
महान रहस्य ये समझाते॥
तन के घट-भीतर अमर आत्मा,
निर्विकार हो रहती है।
वही शीत-घाम-दु:ख-दर्द-शोक,
हर एक विपदा को सहती है॥

भरतपुर-आश्रम के चित्र

इस विश्व-शान्ति-भवन का जो,
सत्संग-हॉल सुन्दरतम है।
अपने में बड़ा ही अदभुद है,
यह नहीं किसी से भी कम है ॥
चहुँओर ज्ञान के चित्र लगे,
जो दिव्य-प्रभा से आलोकित।
मन करता जिन्हें देखने को,
ये करते हैं हृदय हर्षित ॥
आत्मा-परमात्मा-तीन लोक,
त्रिमूर्ति और सृष्टि-चक्र।
इनमें ज्ञान समाया है,
अति ऊँचा और उज्ज्वल-उदग्र ॥
शिव-ज्ञान-यज्ञ के यही चित्र,
साधन-सत्सग के आधार।
यही दु:खी-अशान्त मानवों के,
करते जीवन का उद्धार ॥

भरतपुर के पार्क

दोपहर-काल कार्यक्रम-स्थल से,
मैं जब आश्रम को आया।
तो मध्य-मार्ग कॉलोनी के,
पार्कों को सुनसान पाया ॥
प्रात:काल तो उद्यान,
ये खूब चहकते ही होंगे।
यहाँ बाल टहलते और युवा,
सरपट दौड़ते ही होंगे ॥
झूला-दोलन-फिसलन-यंत्र की,
किंचित भी यहाँ कमी नहीं।
पादप यहाँ सब हरियाते,
हरियाली की यहाँ कमी नहीं ॥
यहाँ कॉलोनी-मौहल्लों में,
मैंने सुन्दर उद्यान देखे।
देखभाल-सुरक्षा अच्छी है,
सब खुली आँख मैने निरखे ॥

बस ने धोखा दिया

जब पता चला आखिरी बस,
धौलपुर को जाती तीन बजे।
तो निकल पड़ा मैं भरतपुर के,
आश्रम से ठीक दो बजे ॥
ऑटो में बैठ 'कृष्णानगर' से,
'हीरादास' पहुँच गया।
इंतजार किया बस का भारी,
फिर भीड़ भरी बस बैठ गया ॥
काफी देर तक खड़े-खड़े,
चलती बस में कविता टाँकी।
फिर बन्द हुई बस ठहर-ठहर,
एक ढाबे की जहाँ झाँकी ॥

गियर में कोई खराबी थी,
हम आधा घण्टे खड़े रहे।
जिन्हें सीट मिल चुकी थी बस में,
वे उसी सीट से जड़े रहे ॥
वह राजमार्ग था बहुत व्यस्त,
दिन-रात गाड़ियाँ चलती थीं।
पर कोई भी बस सूनसान-पथ,

तनिक वहाँ न रुकती थी ॥
निदान ; बैठकर ऑटो में,
मैं उसी जगह फिर जा पहुँचा।
जहाँ 'हीरादास' था बस-स्टैण्ड,
वहीं लौट के बुद्धू आ पहुँचा ॥
इस बार तनिक आराम से मैं,
बैठा आगरा की बस में।
लिखने का मिला माहौल,
न जान फँसी अब आफत में ॥
अब सीधे पथ से मैं मुड़कर,
बाया आगरा जाता था।
आराम और अवकाश मिला,
धन्यवाद प्रभु का करता था ॥

बाबूजी का तृप्ति-अनुष्ठान

जिस समय सुदेश भाई के घर,
मैं भरतपुर-नगर पहुँचा।
उस ब्रह्मचारी-कुमार-वृद्ध को,
मैंने अति उदास देखा॥
हाँ ; तीस वर्ष पहले उनका,
युवा कुमार भाई गुजरा।
फिर माँ ने भी साथ छोड़ा,
अब पिता का साथ भी बिगड़ा॥
उनकी देवी छोटी बहिना,
जो 'ब्रह्माकुमारी' कहलातीं।
सारे भरतपुर के आश्रम,
अति निष्ठा से वे संभालतीं॥

हम छब्बीस ब्राह्मणों को वहाँ,
था निष्ठा से भोजन खाना।
धर्मानुष्ठान करवा ; दिवंगत,
को श्रद्धांजलि देना॥
मैं जानता हूँ ; जब मात-पिता,
आलोक-मार्ग को जाते हैं।

सुत असहाय-से ; दुःखी बहुत,
किंकर्त्तव्यविमूढ़ हो जाते हैं ।।

ब्राह्मण-भोज की चीजें

यह भारत की है परम्परा,
यहाँ जब भी भोज हुआ करता।
हर एक ब्राह्मण मानपूर्वक,
भेंट-दक्षिणा को पाता ॥
कल भरतपुर में माला ; लोटा,
जनेऊ ; माथे का चन्दन।
आसन, पुस्तक और श्वेत वस्त्र,
पाकर प्रसन्न हुआ निज मन ॥
और भेंट की राशि से पहले,
भोजन के बाद पान दिया।
इमरती-खीर-रसगुल्ले और,
कचौड़ी का था भोज हुआ ॥

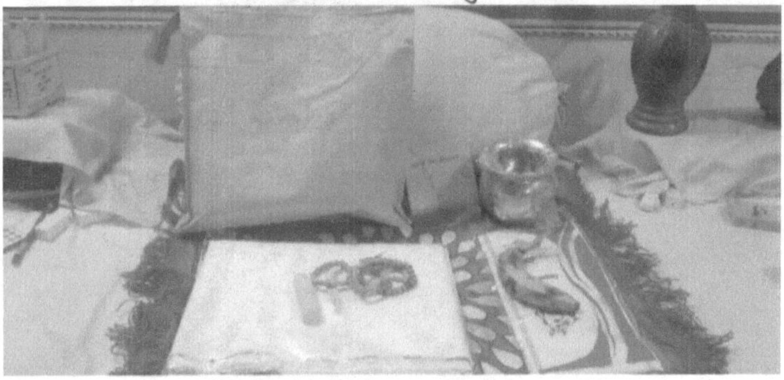

सब्जियाँ देखकर स्वादिष्ट,
मुँह में मेरे पानी आया।
मटर-पनीर और छोलों ने,
स्वर्गिक-द्वार-सा दिखाया ॥
अचरज की यह थी बात,
ज्ञानियों ने बनाया था भोजन।
उस योगपूर्ण खाने में मेरा,
लगा रहा आखिर तक मन ॥

थी एक कचौड़ी मोटी-सी,
आधी ही उसको खा पाया।
उसकी आँख में विदा-समय,
करुण एक आँसू आया॥

महिला सशक्तिकरण

क्यों एक दिवस ही महिला की,
शक्ति के लिए समर्पित है ?
क्यों आठ मार्च ही 'महिला-दिवस',
के रूप में चर्चित है ?
हम वर्ष के बाकी दिन क्योंकर,
नारी-शक्ति भूल जाते ?
क्यों उसे गृह के अन्दर हम,
बस यन्त्र मात्र ही समझते ?
नारी बस जननी नहीं,
और न उसे भोग्या तुम समझो।
वह 'शिव की शक्ति' अधीश्वरी,
उसकी ताकत को तुम समझो ॥
है कौन जगत का कठिन कार्य,
जिसको नहीं वह कर सकती ?
नर देह-पिण्ड हो सकता पर,
नारी सूक्ष्म नाड़ी होती ॥

शिवरात्रि-उत्सव

शिव भोला-भण्डारी का,
पावन त्यौहार फिर से आया !
सब लगे झूमने और गाने,
सबने शिव का ध्वज लहराया !!
सब युवा-बाल और बूढ़े जन,
आश्रम के प्रांगण जुट आए।
शिव से अपना सम्बन्ध जोड़,
मन का अलौकिक सुख पाए ॥
सबने ही शिव के सम्मुख,
श्रद्धा-सहित भाल निज झुकाया !
शिव भोला-भण्डारी का,
पावन त्यौहार फिर से आया !!

शिव ज्योतिर्बिन्दु निराकार,
ब्रह्मा और विष्णु के कर्ता।
वे पापकटेश्वर-मुक्तेश्वर,
नव-स्वर्णिम-सृष्टि के रचता ॥
जिसने भी याद किया शिव को,
उसने अलौकिक वर पाया !

शिव भोला-भण्डारी का,
पावन त्यौहार फिर से आया !!
शिव-ज्ञान-सूर्य की किरणें,
जग का हरती हैं अज्ञान-तिमिर ।
वे सुख-शान्ति-सदभावना,
करती हैं जग में स्थिर ॥
सुख के सागर शिव का प्यार,
हर एक मानव ने है पाया !
शिव भोला-भण्डारी का,
पावन त्यौहार फिर से आया !!
सब लगे झूमने और गाने,
सबने शिव का ध्वज लहराया !!!

विश्व-वैज्ञानिक-पुस्तकें

'वर्ल्ड-साइंटिफिक-लो-प्राइज-एडीशन',
जहाँ किताबें वैज्ञानिक।
मिलतीं हैं सस्ते दाम सभी को,
होती हैं वे प्रामाणिक ॥
अनेक ग्रंथ मिलते विदेशी,
जिनका ऊँचा दाम नहीं।
वैज्ञानिक-अभिरुचि के छात्र,
इनको देते सम्मान यहीं ॥
तकनीकी और प्रौद्योगिकी की,
मिलती यहाँ किताबें हैं।
सबका वैज्ञानिक दृष्टिकोण,
उन्नत-विकसित किताबें हैं ॥
दिल्ली कॉलिज के छात्र सभी,
अंग्रेजी- विद्या पढ़े हुए।
पुस्तकें खरीदते हैं यहाँ,
निज स्वाभिमान से भरे हुए ॥

कविताओं की सौगात

मैं तो यह समझे बैठा था,
कि युग गुजरा जो कविता का।
अब नहीं लौटकर आएगा,
वरदान वह विधाता का ॥
लेकिन फिर चन्द्रहास जी ने,
मुझको धैर्य था बंधाया।
कोरोना-काल में कहा उन्होंने ---
" कविता का युग फिर आया। "

'जागते रहो' ; 'जनता कर्फ्यू',
'गीता-ज्ञानामृत', 'गौ-पुकार'।
'जीवन-गीत' ; 'शरद-मेला',
'काव्य-सरिता', 'साकेत' उपहार ॥
'महासमर' ; 'प्रेमालाप' और,
'गुमनाम प्रेम' काव्य छापे।
'भारत-गाथा' ; 'मंगलाचरण',
चन्द्रहास जी ने सब छापे ॥
अब वे ही रवीना-प्रकाशन से,
कविता-महाग्रंथ लाए।
यह पीत-प्रकाशित पोथी देख,
मेरे नयना अति हर्षाए ॥

भारत माता

धौलपुर का यह आरोग्यधाम,
जहाँ गर्भवती भारतीय नारी।
देतीं जन्म संतानों को,
सहकर प्रसव-पीर भारी॥
जीवन उनका मर-खप जाता,
बच्चे को सुखी बनाने में।
सहतीं पीर वे हर दिन ही,
सुख न पातीं जमाने में॥
जग पूछता है इस धरती से ---
" वह कौन भला है भारत माँ ? "
जिसका देव पूजन करते,
उसके जैसा कोई और कहाँ ?

वह धरती-जैसी सहनशील,
बच्चों की जननी 'महतारी'।
जिसकी महानता के आगे,
दुनिया की ताकत थक-हारी॥
वह अपने जैसी मानवीय,
भौतिक तन धारे है नश्वर।

श्रीराम-कृष्ण की वह जननी,
पावन शक्ति वह अनश्वर ॥

नवजात-रक्षा

धौलपुर 'केसर महारानी' का,
'मातृ-शिशु-स्वास्थ्य-संस्थान'।
यह 'नवजात-शिशु-विशिष्ट-
चिकित्सा-इकाई' स्थान ॥

इस केयर-यूनिट में होती है,
नवजातों की देखभाल।
ऑपरेशन से उत्पन्न बालकों,
की होती सारी संभाल ॥

इस यूनिट में कुछ घण्टों पहले,
आई जिन्दगियाँ लेटीं।
ये नन्हीं आशाएँ जग की,
कभी किलकारी भरकर रोतीं ॥

ये मासूम सारे प्राणी,
इस जगती से हैं अनजान।
असहाय और सुकोमल ये,
इनका रक्षक बस भगवान ॥

नन्हीं जिन्दगी

नौ माह गर्भ में धारण कर,
वह जिसे जन्म देती भू पर।
मासूम जिन्दगी होती है,
नव-कली सुपावन अवनि पर ॥
ये दिव्य सुमन-स्वर्गिक-कोमल,
ईश्वर जिनको सौंपता है।
उनके पोषण के लिए माँ के,
स्तन में पय को भरता है ॥
ये मातृ-हृदय का लघु अंश,
माँ की आशा के केन्द्र-बिन्दु।
संभावनाएँ इनमें विराट,
हर नयन समाया स्वप्न-सिन्धु ॥
ये भावी भारत का भविष्य,
इनका सब जन सम्मान करो।
कोई कष्ट न हो नवागत को,
इनके दृग-अश्रु-कष्ट हरो ॥

नन्हीं परी

सुदूर लोक में परमेश्वर,
सत-चित-आनन्द-मग्न रहते।
वे दिवस-रात वसुधा-जन के,
जीवन की चिन्ताएँ करते॥
भगवती-सती-देवी ; उनकी,
जो 'शिव-शक्ति' कहलाती हैं।
उस शक्ति-सिन्धु के घेरे में,
प्रचण्ड-प्रकम्पित रहती हैं॥
जब भक्त दु:खी-व्याकुल होकर,
शक्ति का आराधन करते।
वे उनकी कृपा प्राप्त करने,
दृग से अश्रु नि:सृत करते॥
तब देवी की वह दिव्य शक्ति,
नवजात शिशु तन में रखकर।
एक नन्हीं परी भेज देते,
करुणाकर जग पीड़ा लखकर॥

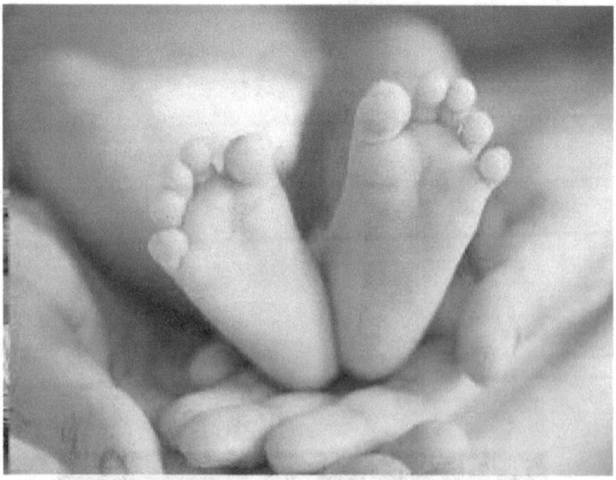

जनाना अस्पताल में मर्दाना

यह एक जनाना अस्पताल,
जहाँ महिलाओं का प्रसव-कक्ष।
महिला-चिकित्सा-अधिकारी,
प्रसूति-कार्य में यहाँ दक्ष ॥

हम पुरुष जनाने किसी तरह,
महिला-वॉर्ड न रुक सकते।
हम वार्ड के बाहर धरती पर,
विश्राम और शयन करते ॥

मर्दाने हम सारे मानुष,
डेरा जमाए हैं बाहर।
मानों हम रक्षा में बैठे,
बन पहरेदार निडर नाहर ॥

यह अस्पताल भी एक भारत,
जहाँ विविध संस्कृति के जन आकर।
सहयात्री बन ठहरते हैं,
अपबीती अपनी सुनाकर ॥

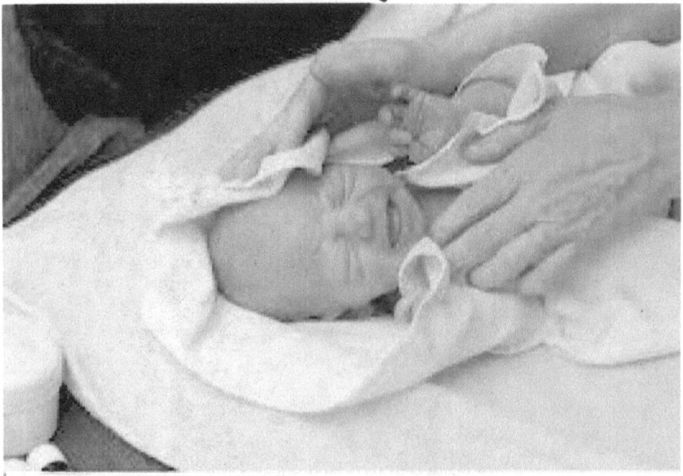

shutterstock.com · 82758175

नारी-जीवन

ईश्वर ने नर को पुष्ट-देह,
दृढ़-तनधारी बनाया है।
फिर भी उसके सिर से जगती का,
सारा बोझ हटाया है॥
और नारी पारिजात-सुमन,
कोमल गन्ध सी जो हल्की।
वह बोझ उठाती बच्चों का,
संभाला करती है गृहस्थी॥
उसको घर के सब कामों के,
सौंपे हैं प्रभु ने कठिन बोझ।
संघर्ष किया करती जग में,
नारी बच्चों के लिए रोज॥
वसुधा-सी सहनशील नारी,
अपने लिए न कुछ रखती।
सम्मान-नेह-सुख-अभिलाषा,
वह औरों को लुटा देती॥

नारी में एक अन्य जीवन

अपने लिए कहाँ वह जीती ?
उसके औरों के लिए सपन !
उसकी ही प्रतिकृति बन जाता,
नारी में एक अन्य जीवन !!
नौ माह कोख में धारण कर,
निज लोहू का पोषण देती।
जगभर की सारी ही खुशियाँ,
अपने शिशु पर वारा करती ॥
अपनी साँसों से अधिक कीमती,
समझती उसका जीवन-धन !
अपने लिए कहाँ वह जीती ?
उसके औरों के लिए सपन !!

प्रभु ने माँ के उदर में कैसा,
संस्थान बनाया है ?
कुदरत के सहज उपायों से,
मानव-जीवन प्रकटाया है ॥
माँ बनकर सेवा करती जीवन-भर,
लेती न कुछ वेतन ॥

अपने लिए कहाँ वह जीती ?
उसके औरों के लिए सपन !!
उसकी ही प्रतिकृति बन जाता,
नारी में एक अन्य जीवन !!!

युग-युग से सहती प्रसव-पीर

तब भी नारी अति सहनशील,
उर में धारे संयम-धीर !
संतान-भार लिए फिरती,
युग-युग से सहती प्रसव-पीर !!
उसके हिस्से सब कार्य-बोझ,
लांछन और दर्द आए।
नारी ने अपने अश्रु पोंछ,
वे सब के सब ही अपनाए।।
जग सदा खींचता रहता है,
उसका जीवन-सम्मान-चीर !
संतान-भार लिए फिरती,
युग-युग से सहती प्रसव-पीर !!

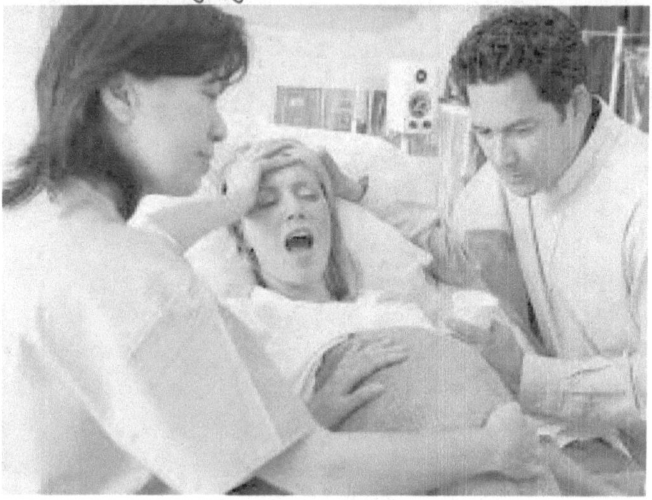

क्या यह नारी अवनि पर,
केवल कष्ट सहन करने आती ?
क्यों नहीं स्वयं की खातिर यह,
निमिष मात्र भी जी पाती ?
आँचल में दूध लिए शिशु को,

जीती पलकों में लिए नीर !
संतान-भार लिए फिरती,
युग-युग से सहती प्रसव-पीर !!
तब भी नारी अति सहनशील,
उर में धारे संयम-धीर !!!

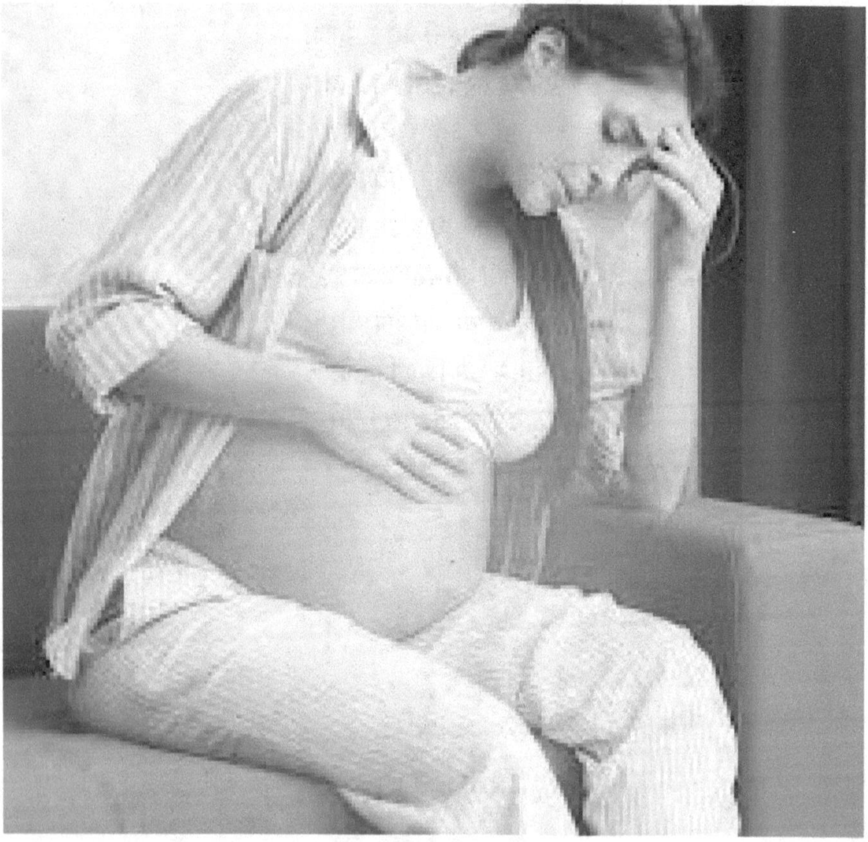

पहियों पर गर्भवती

यह गर्भवती जो प्रसव-पीर,
सहकर वार्ड में जाती है।
नौ माह के जो गर्भ-बोझ से,
आज ही मुक्ति पाती है ॥
पर इसे जिन्दगी के भार से,
मुक्ति न मिल पाएगी।
हो तनिक स्वस्थ घर के कामों का,
सारा भार उठाएगी ॥
नारी को अपने दायित्वों से,
छुटकारा कहाँ मिलता ?
उसके कन्धों पर हर दिन जग का,
जुआ-भार धरा रहता ॥
नारी-जीवन का सार यही ---
औरों के सुख हेतु जीना।
अपनी अभिलाषा और सपनों का,
हँसकर के त्याग करना ॥

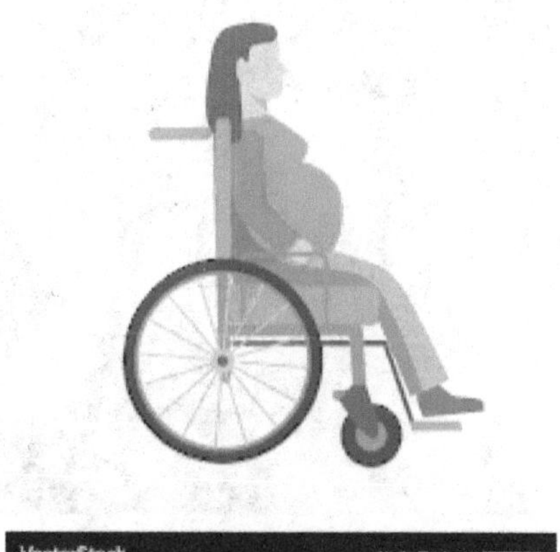

नारी : सहनशीला वसुधा

जब कभी सोचता मानस में,
'नारी इतनी कोमल होकर।
क्यों भार सहा करती सारा,
दु:ख सहती रहती रह-रहकर ?'
क्यों नहीं पुरुष की तरह वह,
सब भारों को तज देती है ?
संतान-कोख-गृहकार्य और
आँसू को बिसरा देती है ?
सच है ; वह धरती माँ जैसी,
सबका ही बोझ सहन करती।
स्वीकार उसे है अश्रु-पान,
लेकिन न मुख से 'उफ्' करती ॥
विपदाओं से डरकर भगना,
उसका पुरुषों-सा काम नहीं।
जीवन-भर श्रम करते रहना,
अन्तत: पाना विश्राम यहीं ॥

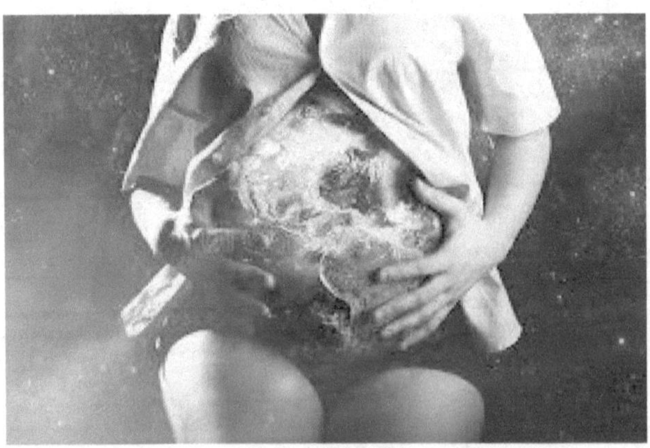

लेखक-मंच

पुस्तक-मेले में लेखक को,
प्रख्यात-भव्य-मंच मिलता।
पाठक मिलते हैं सुग्राही,
अभिव्यक्ति का अवसर मिलता ।।
जहाँ वे लोगों को बतलाते हैं,
अपनी कृति के बारे में।
कृति का बतलाते मूल-भाव,
समझाते सूक्ष्म इशारे में ।।
कविता, कहानी ; उपन्यास,
जो होती पुस्तक प्रकाशित।
उसकी समीक्षा होती है,
फिर कृति हो जाती है चर्चित ।।
यह अन्तरराष्ट्रीय मंच एक,
जो देता है उनको अवसर।
जिनकी कृतियाँ होती सुग्राह्य,
जो होतीं जन के लिए रुचिकर।

उत्तर-गमन

सब्जी-मण्डी में खड़ी है बस,
आगरा को जाने वाली है।
रोहता-बाग है सत्संग,
महफिल वहाँ जमने वाली है ॥
शिवरात्रि-उत्सव की आभा,
अब तक भी चमक रही स्वर्णिम।
हर दिन ही शिव का उत्सव है,
हर दिन त्यौहार की है रिमझिम ॥
मैं शिवलिंग एक लोहे का,
अपनी गोद में लिए चला।
जो बीस बरस से पुत्र-तुल्य,
मेरे आँचल में सहज पला ॥

कितने ही हमने शिवोत्सव,
इसके संग-संग मनाए हैं।
प्रभात-फेरियाँ निकालीं,
शिव-नारे सरल लगाए हैं ॥
मैं अष्ट-देवी बहिन-माता,
संग-साथ में अपने लिए चला।

हम चले धर्म-ध्वजा फहराते,
और जीतने धर्म-किला ॥

ज्ञान-मण्डली की माताएँ

यह सफर एक ही घण्टे का,
हँसते-गाते बीतता है।
शिव-गीत सुनाती माताएँ,
घट नहीं ज्ञान का रीता है ॥
जो धर्म-यात्रा अक्सर कर,
महिलाओं के संग होती है।
उसका अलग एक अनुभव है,
वह रमणीक अति होती है ॥
भारतीय नारियाँ सत्संग,
या कभी तीर्थ को जाती हैं।
प्रभु-गीत-भजन सदभाव-सहित,
वे गातीं-गुनगुनाती हैं ॥
और पुरुष बेचारा बदकिस्मत,
करता है धन्धे का चिन्तन।
वह तीर्थ-व्रत करता है ; पर ---
रोजी में लगता उसका मन ॥

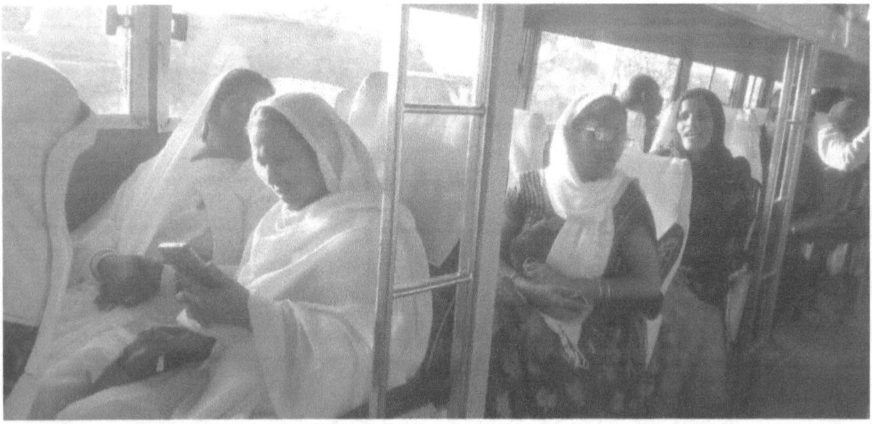

वही शिवलिंग प्यारा

मैं लाया प्रात:काल गोद,
ये वही शिवलिंग है प्यारा।
इसके संग बीस वर्ष से हम,
मनाते शिव-उत्सव न्यारा ॥
हमने मिलकर इस ठेल-तख्त पर,
शिव-भगवान सजाए हैं।
शिव भोला-भण्डारी सबके मन,
अतिशय खूब लुभाए हैं ॥
प्रभात-फेरी के लिए सजावट,
खूब हुई शिव की प्यारी।
ज्ञानी-जनों की मथुरा-नगरी,
तीन-लोक से है न्यारी ॥
शिव अजन्मा-अकर्त्ता हैं,
वे निराकार सबके स्वामी।
जग के रचता ; पालनकर्त्ता,
स्वयंभू और अन्तर्यामी ॥

सत्संग-मंच तैयार है

सज गया मंच प्रवचन-खातिर,
श्रोताओं को कुर्सियाँ हैं।

यही सत्संगी-जन का जीवन,
उसकी निराली दुनियां है ॥

कुछ समय बाद आगन्तुक,
अतिथि मंच-दिशा में बैठेंगे।
श्रोता कुर्सी पर बैठ ज्ञान सुन,
हर्षमग्न हो झूमेंगे ॥

आयोजन बड़ा सुखद,
ज्ञान के सभी चित्र मनोरम हैं।

ध्वनि-प्रसारक-यंत्र-व्यवस्था,
स्थल पर अति उत्तम है ॥

बैठेंगे अतिथि आठ सामने,
संचालक एक होगा।
सत्संग-प्रवचन-केक-कटिंग,
और नृत्य-प्रदर्शन भी होगा ॥

प्रभात-फेरी शुभारम्भ

शिव के निकट आए सारे,
ब्रह्माकुमारी भाई-बहिन।
सबके ही दिल में लगी हुई है,
परमेश्वर की मधुर लगन॥
शिव की शोभा-यात्रा में,
शामिल होने सब पहुँच गए।
सबने ही पहने परिधान,
उज्ज्वल-धवल ; जैसे नए॥
शिव की ध्वजा लेकर कर में,
जयकारे सारे लगा रहे।
'ओम् शान्ति', 'ओम शान्ति' के,
मीठे तराने गा रहे॥
शिव-वन्दन कर सबके मस्तक पर,
मंगल-तिलक लगाया है।
नारियल फोड़कर शिव'-वाहन,
धीरे-से सहज बढ़ाया है॥

प्रभात-फेरी

सब भाई-बहिन और माताएँ,
शिव का ध्वज लेकर निकल पड़े।
शिव के ज्ञान-गीत गाते,
सन्देश सुनाने निकल पड़े।
एक लहर उठी सबके मन में,
मानव का अन्तर्मन जागे।
अज्ञान-बुराई-काम-क्रोध,
आलस्य-मोह को जन त्यागे॥
अन्तर्जग में सदभाव जगा,
हम पूज्य देव-स्वरूप वरें।
मानस के क्षुद्र-भाव त्याग,
हम शिव-रूप को प्राप्त करें॥

'कलियुग जाता ; सतयुग आता,
--- नारे मिलकर सब लगा रहे।
'बन जाओ मानव देवतुल्य,
--- सन्देश ये शिव का सुना रहे॥
माताएँ प्यारे भजन ज्ञान के,
मीठे सुर में सुना रहीं।

'सब याद करो मिलकर शिव को',

होकर विनम्र यह बता रहीं ॥

ध्वजा-वाहिकाएँ

अब तक भारत की नारी ने ही,
धर्म-ध्वजा को थामा है।
पुरुषों ने लेकर धर्म-नाम,
केवल किया हंगामा है ॥
मैंने तो देखा यही ; नारियाँ,
स्वार्थ-भाव न रखती हैं।
वे भजन या कि योग-साधन,
बस सच्चे मन से करती हैं ॥
पुरुषों की सेवा-तप-त्याग,
अपने को श्रेष्ठ बनाना है।
जग में महानता हासिल कर,
अपने को बस पुजवाना है ॥

और नारी वह जो विश्वास के,
पथ पर ही बढ़ी जाती।
सर्वस्व होम कर अपना एक दिन,
इस मिट्टी में मिल जाती ॥
एक दिन सीता भी इसी तरह,
धरती की गोद समाई थीं।
उनकी नींव पर ही नवयुग ने,

सुख की फसल उगाई थी ।।

छाया-विश्राम

चलते-चलते थक गए पथिक !
आओ, छाया में सुस्ता लें।
दो पल कर लें विश्राम जरा,
जल पीकर प्यास को बुझा लें ।।
शिव को लेकर थे निकल पड़े,
हम भोर हुए हँसते-गाते।
सब ओर इधर-उधर घूमें,
शिव के तराने सब गाते ।।
अब वृक्ष की छाया में शिव के,
वाहन को हमने रोक दिया।
थक चुका नारे लगा कण्ठ,
सबको प्रकृति ने टोक दिया ।।
पुन: आगे बढ़ने को बटोही,
तन-मन में शक्ति भर लो।
कुछ ठहर ध्यान करो 'शिव' का,
रग-रग में स्फूर्ति भर लो ।।

त्रिमूर्ति-शिवरात्रि-उत्सव

हर्षित होकर झूमो-गाओ,
शिवरात्रि का उत्सव आया !
हर एक हृदय में शिव का ध्वज,
आनन्दभाव से लहराया !!
शिव सत-चित्-आनन्दरूप,
अनादि और अकर्ता हैं।
वे अखिल सृष्टि के हैं पालक,
दु:खहर्त्ता हैं, सुखकर्त्ता हैं ।।
वह धन्य-धन्य हुआ मानव,
जिन पर पड़ी उनकी छाया !
हर्षित होकर झूमो-गाओ,
शिवरात्रि का उत्सव आया !!

जीवन के कितने विविध रंग,
अध्यात्म-रंग निराला है।
जिसने पिया ज्ञान-प्याला,
आकण्ठ हुआ मतवाला है ।।
जो याद प्रभु को करता है,
उसके संग ही शिव का साया !

हर्षित होकर झूमो-गाओ,
शिवरात्रि का उत्सव आया !!
हम मग्न रहें अन्तर्मुख हो,
न जग-मृगतृष्णा में उलझें ।
संतोष और धीरज को ही,
जीवन का परम-सुख समझें ।।
'शिव' नाम प्रभु का सच्चा बस,
झूँठा जग, माया और काया !
हर्षित होकर झूमो-गाओ,
शिवरात्रि का उत्सव आया !!
हर एक हृदय में शिव का ध्वज,
आनन्दभाव से लहराया !!!

मंचीय कार्यक्रम

मैंने साहित्य-सृजन-कार्य,
कैशोर्य-काल में शुरू किया।
और युवाकाल में आकर के,
अध्यात्म-ज्ञान का लाभ लिया॥
पर साहित्य ने नहीं, मंच ;
अध्यात्म ने प्रदान किया।
ईश्वर की अनुकम्पा ने,
सदा ही मेरा सत्कार किया॥
अध्यात्म या साहित्य-सृजन,
समाज-सेवा-क्षेत्र होवे।
हम निष्ठावान रहें केवल,
आचरण दुहरा न होवे॥
हम करें कोई भी कार्य सदा,
मन से रहें होकर सच्चे।
निर्मल होकर हम रहें सदा,
हम समझें निज को प्रभु-बच्चे॥

भगवान का जन्मदिन

शिव अपने भोले भगवान,
वे परमधाम में रहते हैं।
अदृश्य-स्वयंभू कभी-कभी ही,
इस धरती पर आते हैं॥
शिव की अमृतमय बेला में,
हम जन्म-दिवस हैं मनाते।
सब मिलकर शिव के बर्थ-डे का,
केक सहज काटते॥
तुम सबका जन्मदिन जगती में,
धूमधाम मनाते हो।
सब यार-दोस्तों के संग मिल,
उत्सव आयोजन करते हो॥

उस परमेश्वर को भी हक,
अपना जन्म-दिवस मनाने का।
निज अवतरण के पश्चात,
सबके संग खुशी मनाने का॥
कई बार प्रभु धरती पर आया,
हमने उसको जाना ना।
हम देख न पाए ; उस प्रभु ने,

कर्त्तव्य-कर्म किए नाना ॥

फ्री-बस-सेवा

पुस्तक-मेले का टिकट तो केवल,
बीस रुपए में मिलता है।
किन्तु यह मेला-दर्शक को,
सुविधाएँ बहुत ही देता है ॥
सबसे पहले तो मेन गेट पर,
फ्री में बस मिल जाती है।
वह पुस्तक-मेला-स्थल तक,
आसानी से ले जाती है ॥
फिर खाने-पीने और घूमने,
की अनेकों सुविधाएँ।
उत्तम शौचालय साफ-धुले,
मक्खी तक वहाँ नहीं पाएँ ॥
लेकर टिकट तुम सारा दिन,
मेले में चाहे जहाँ घूमो।
पुस्तकें खरीदो मनचाही,
उसको अधर-उर से चूमो ॥

ई-जादुई-पिटारा

पुस्तक-मेले में एक पिटारा,
ऐसा इलेक्ट्रॉनिक आया।
जिसने खेल-खेल में ही,
कई भाषाओं को सिखलाया॥
यह पिटारा बच्चों को तेरह,
भाषाओं का देता ज्ञान।
इससे भाषा की हर समस्या,
का हो जाता समाधान॥
बच्चे मजे से खेल-खेल में,
भाषाएँ सीख लेते।
वे विविध अक्षरों की ताकत का,
चमत्कार जान लेते॥
जादुई पिटारा यह मोबाइल,
कम्प्यूटर पर खुल जाता।
भाषा सीखते हुए बालक का,
मनोरंजन भी हो जाता॥

राष्ट्रीय पुस्तक न्यास (नेशनल बुक ट्रस्ट)

इस अन्तर्राष्ट्रीय बुक फेयर का,
प्रतिवर्ष जो करता आयोजन।
वह राष्ट्रीय पुस्तक न्यास ही है,
पुस्तकों का शासकीय प्रकाशन ॥
सन सत्तावन में शिक्षा-मंत्रालय,
के अधीन यह गठित हुआ।
मानव-संसाधन-मंत्रालय का,
यह एक उप-विभाग हुआ ॥
हिन्दी-अंग्रेजी और कई,
भारत की प्रमुख भाषा में,
पुस्तकें प्रकाशित करता यह,
राष्ट्रोन्नति की आशा में ॥

अंधों के लिए ब्रेल-लिपि की,
पुस्तक यह छापता है।
यह सृजनधर्मियों की अभिव्यक्ति,
का उज्ज्वल रास्ता है ॥
अनेक कहानी-काव्य-ग्रंथ,
उपन्यास और जीवन-गाथा।

बच्चों की पुस्तक रंगीली,
उन्नत करतीं अपना माथा ॥
हर साल ही पुस्तक-मेले में,
जो निभाता निज भागीदारी ।
पूरे नौ दिन तक मेले की,
निभाता हर जिम्मेदारी ॥

सत्संग-सौगात

सत्संग-ज्ञान में सौगातें,
कुछ ऐसी दिव्य मिला करतीं।
साधना-लगन की आकांक्षाएँ,
जिनसे ही बढ़ा करतीं॥
अक्सर करके ही चित्र मधुरतम,
उपहार दिए जाते।
जो भारतीयों का प्रेम सदा ही,
देव-संस्कृति से बढ़ाते॥
जब भी हमारे आश्रम प्रभु का,
भण्डारा हुआ करता।
ब्रह्माभोजन करके ग्रहण,
मन सदा ही तृप्ति-सुख पाता॥
सत्संग-ज्ञान की सब बातें,
अन्तर को सदा लुभाती हैं।
कितने बरस बीते ; ये बातें,
खत्म नहीं हो पाती हैं॥

अक्षय भण्डारा

हो गए तीस बरस ; भण्डारा,
आश्रम पर चला आता।
जब जिसका काम सँवर जाता,
तब भोज वह दिया करता ॥
हलवाई नहीं कोई ; सत्संगी,
माता-बहिन बनाती हैं।
वे जो कि प्रात:काल उठ,
ईश्वर से योग लगाती हैं ॥
वैसे तो हर दिन सत्संग में,
पुरुषार्थी कम ही आते।
पर भण्डारे के दिवस सभी,
आश्रम के दर्शन कर जाते ॥
भण्डारा एक प्रलोभन है,
सबको सत्संग में लाने का।
यह एक मधुर उपाय प्रभु से,
नाता दिव्य जुटाने का ॥

होली की सरगम

सा = सात रंग की होली देखो,
हरी, गुलाबी, पीली है।
शर्ट किसी की लाल हुई और,
किसी की हुई नीली है ॥
रे = रेखा किंचित नहीं लाँघनी,
हमको निज मर्यादा की।
याद करें हम होली पावन,
श्रीकृष्ण और राधा की ॥
ग = गम और दुःख-दर्द सभी,
हम जीवन के भुला देवें।
क्षमाशील हो रहें ; किसी को,
कठिन नहीं सजा देवें ॥

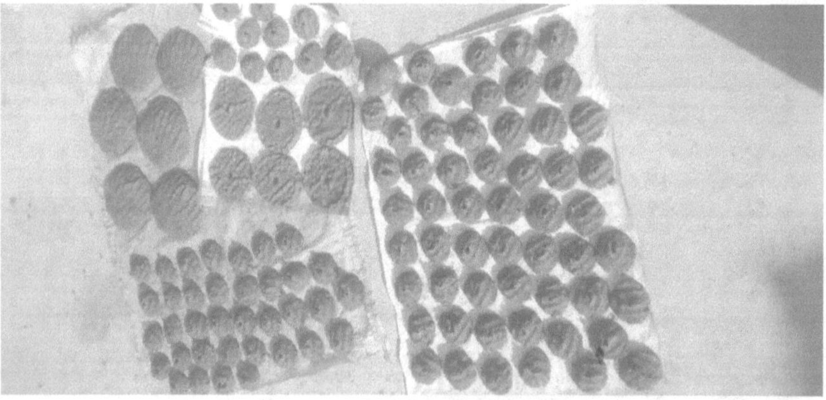

म = मन के सारे कपट-ईर्ष्या,
क्रोध-वैर भुलाएँ हम।
प्रेम-रंगों से खेलें होली,
नांचें-झूमें-गाएँ हम ॥
प = पंचतत्त्व की बनी देह पर,
आओ हम डालें गुलाल।
मन में भर लें उल्लास हम,

जीवन होगा खुशहाल ॥
ध = धन-वैभव का गर्व न कीजै,
वह तो नश्वर माया है।
आचरण हम श्रेष्ठ बनाएँ,
सद्कर्म सुख-छाया है ॥
नि = निर्मल-मधुर बनाएँ वाणी,
सद्गुणों को अपनाएँ।
यह सरगम हर एक द्वार पर,
होली की हम सुनाएँ ॥

प्रेम-रंग की होली

होली के कितने त्यौहार,
हमने अब तक मनाए हैं।
हर साल ही रंग और गुलाल,
एक-दूजे पर बरसाए हैं।।
लेकिन फिर भी न जीवन में,
कुछ प्रेम-प्यार उमड़ पाया।
हर साल रंग से हीन जिन्दगी,
को उखड़ा ही है पाया।।
हम वर्ष के केवल एक दिन ही,
होली खेलते औपचारिक।
उस दिन भी नेह जुटा न पाते,
हम हृदय से व्यवहारिक।।
आओ हम अबकी बार,
स्नेह के रंग से मिल होली खेलें।
जीवन के सारे दु:ख-दर्द,
संकट आओ मिलकर झेलें।।

होली : कटुता और वैर का अन्त

होली चीखकर कहती है --
" कटुता-वैर का अन्त करो।
न भेदभाव रखो मन में,
किंचित परमेश्वर से डरो॥ "
यदि अब तक भी अपने मन में,
स्वाभाविक मृदुता न आई।
यदि आज तलक भी डाल रखी,
हमने निज हृदयों में खाई॥
तो किस हिसाब से हँसकर हम,
होली का पर्व मना सकते ?
यदि स्नेह नहीं हो अन्तर में,
तो कैसे खुशी मना सकते ?
हर एक पर्व निश्छलता से,
जग में मनाया जा सकता।
वहाँ कभी हर्ष न आ सकता,
जहाँ कटुता-वैर पला करता॥

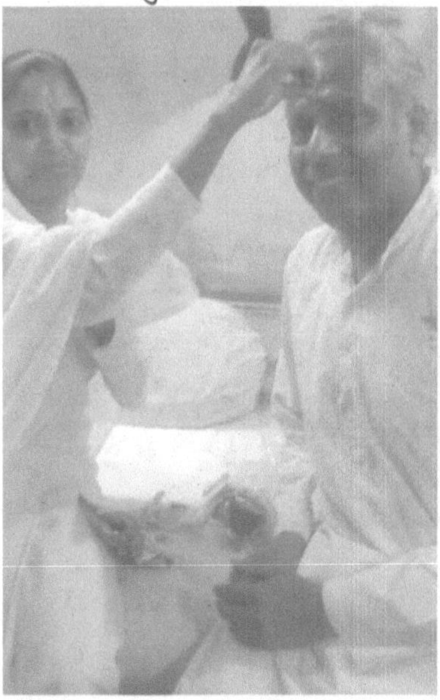

प्रकृति की होली

जब प्रेम-रंग से रंग जाए मन,
तब ही समझो होली है।
उल्लास जगाएँ साँसें नित,
होली की वही ठिठोली है॥
उषा हर दिन क्षितिज-पट से,
हँसकर यह पर्व मनाती है।
वह बिना कहे अरुणाभ रंग,
नभ के पथ में बिखराती है॥
पादप के हरे वर्ण से नित,
प्रकृति खेलती है होली।
उपवन के सुरभित सुमनों से,
वह लगाती मस्तक पर रोली॥
फिर निशा-काल शशि-नक्षत्र,
ज्योत्स्ना का शुभ्र रंग ले।
प्रात: तक पर्व मनाते यह,
जिसके तले जग के स्वप्न पले॥

माँ की गुंझियाँ

माँ ! याद अभी भी आती हैं,
होली की तेरी वे गुंझियाँ।
पापड़ ; अनरसे व्यंजन,
मिष्ठान्न बनाए जो बढ़िया ।।
उस दिन हम दोनों भाई के,
स्कूल की छुट्टी रहती।
और पिता भी न जाते दफ्तर,
त्यौहार-खुशी सब घर मनती ।।
तू बड़ी बहिन के साथ सभी,
पकवान बनाती थी प्यारे।
मठरी नमकीन और मीठी,
हम लेकर खाते चटकारे ।।
माँ ! आज बैठ जब होली के,
गुंझियाँ-पापड़ देखता हूँ।
तेरे आँचल में बिताए वे,
सुखदाई याद पल करता हूँ ।।

होलिका-दहन-मुहूर्त

बज चुके सवा ग्यारह रात के,
होलिका-दहन-प्रतीक्षा है।
'कब आग लगेगी होली में ?'
करता हर एक समीक्षा है।।
जोशी ने आकर चिन्गारी,
हीलिका-ढेर पर प्रकटाई।
फिर शनैः-शनै धूँ-धूँ करके,
जलने लगी होली माई।।
सब गली-मौहल्ले के लड़के,
लेने पावक-खण्ड आए।
'जय होली माई' ; 'जय होलिका'
-- कहकर एक स्वर में चिल्लाए।।
हमने भी अपनी बाल्टी में,
अग्नि का पावन खण्ड रखा।
ले आए अनल अपने घर में,
संग कौशल के बनकर सखा।।

दूज का टीका

एक बहिन भाई के मस्तक पर,
मंगल टीका लगाती जब।
भाई के अन्तर में सारी,
जीवन की खुशी समाती तब ॥
होकर विपन्न भी वह खुद को,
सबसे धनवान समझता है।
जीवन-पथ पर प्रेम भगिनी का,
उसकी रक्षा करता है ॥
भाई-दूज के दिन बहिनें,
भाई से मिलने आती हैं।
अपने आँचल का सकल नेह,
वे बिन माँगे दे जाती हैं ॥
इन पावन पर्वों के कारण,
अब भी रिश्तों में शुचिता है।
वर्षों के बाद बनी हुई,
सम्बन्धों की दिव्यता है ॥

होली का गुलाल

सबके भाल पर सजा दिव्य,
यही तो होली का है गुलाल।
यही बनाता सबके जीवन को,
सुन्दर-सुगठित-खुशहाल ।।
आओ हर्ष से झूमें हम,
होली पर दु:ख भुलाएँ सब।
न बीती बातें याद रहें,
बस याद रहे केवल एक रब ।।
इन रंगों के बीच अपना,
यह अहंकार अब छिप जाए।
अब कोई कर्म न ऐसा हो,
जिससे अपना मन पछताए ।।
गुलाल जिन्दगी का रंग है,
मिलकर मनाएँ हर्षोत्सव।
ईर्ष्या-दैन्यता-चिन्ता के,
मिट जाएँ जीवन में कलरव।

भाषा-थीम-मण्डप

इस बार के पुस्तक-मेले में,
'भाषा-विविधता' थीम रही।
भारत-भाषाओं को लेकर,
चर्चा-परिचर्चाएँ निखरीं ॥
आकर थीम-मण्डप में,
विद्वानों ने निज विचार कहे।
कई प्रशासनिक अधिकारी भी,
कार्यक्रमों के अतिथि रहे ॥
भारत विविधता-भरा देश,
विभिन्न बोलियाँ-भाषाएँ।
सब एक राष्ट्र के दिव्य सुमन,
माँ सरस्वती की रचनाएँ ॥
सब भाषा और बोलियों का,
यह मण्डप करता है स्वागत।
यह सम्मान देता सबको,
हो पुराना या कि नवागत ॥

जम्मू-कश्मीर और लद्दाख मण्डप

पुस्तक-मेले में एक मण्डप,
जम्मू-कश्मीर का भी आया।
विभिन्न चित्रों से वहाँ,
राज्य-संस्कृति को समझाया ।।
मण्डप-द्वार पर झील-मध्य,
सुन्दर-नौकाएँ तैर रहीं।
वे काश्मीर की छोटी झाँकी,
अपने भीतर दिखा रहीं ।।
कश्मीर स्वर्ग है पृथ्वी का,
हो चुका मुक्त उस धारा से।
जिसने वर्षों दंश पाया,
अलगाववाद की कारा से ।।
इस बार कई प्रकाशक भी,
कश्मीर-क्षेत्र से आए हैं।
कश्मीरी-जन ने रंगमंच पर,
सुन्दर रंग जमाए हैं ।।

लेखक-कौना (Author's Corner)

पुस्तक-मेले में विद्यमान,
यह लेखक का एक कौना है।
यहाँ होती है पुस्तक-वार्ता,
इसका रंग-रूप सलौना है ॥
यहाँ संवाद पाठकों का,
अपने प्रिय पाठक से होता।
लेखक स्वरचित कृति के,
बारे में सब कुछ बतलाता ॥
किस तरह कोई लेखक अपनी,
कृतियों का करता है सृजन।
वह यहाँ समझ में आता है,
समझ आता सर्जक का मन ॥
कई बार समीक्षा की जाती,
किसी महत्त्वपूर्ण पुस्तक की।
सृजनानुभव की झाँकी,
सुनने को मिलती लेखक की ॥

देव-संस्कृति का पुनरागमन

अब पुन: धरा पर देव-संस्कृति,
फिर से बसने वाली है।
श्री लक्ष्मी-नारायण की दुनिया,
शीघ्र ही आने वाली है।।
लेकिन आचरण राम के जैसे,
यदि हमने न अपनाए।
सीता के जैसे सत्य-धर्म,
यदि जीवन में न निभाए।।
तो कहो भला फिर किस प्रकार,
भू पर आएगा रामराज्य ?
किस तरह राष्ट्र भारत अपना,
होवेगा स्वर्णिम-अविभाज्य ?

बापू का सपना रामराज्य का,
अब तक पूर्ण न हो पाया।
क्योंकि दशानन भीतर अपने,

आज तलक न मर पाया ॥
आओ हम देवतुल्य बनने का,
अपने मन संकल्प धरे ।
सब कुछ व्यर्थ भुला दें हम,
जो उत्तम होवे ; उसे वरें ॥

माँ की व्यास-पीठ

प्रतिदिवस ज्ञान सुनाने को,
माँ ने मुझको स्थान दिया।
यही उत्तराधिकार है माँ का,
जो मुझको प्यार-दुलार दिया।
मेरी जननी ने तीस साल,
यहीं बैठ सत्संग कराया।
माँ के बाद आसन उनका,
मैंने पुण्यों से है पाया॥
इस व्यास-पीठ में भरी हुई,
अध्यात्म-तपस्या की शक्ति।
माँ का त्याग और स्नेह सकल,
यहाँ भरी हुई है अनासक्ति॥

जो मेरी माँ ने वर्षों से,
सद्व्यवहार-गुण सिखलाए।
सेवा-साधना और संयम,
के सूत्र मुझे थे समझाए॥
उन बीज-मंत्रों का अब भी,
मैं अनुसरण किया करता।
सृष्टि की लघु-तुच्छ वस्तु में,

भी रहस्य ढूँढा करता ॥

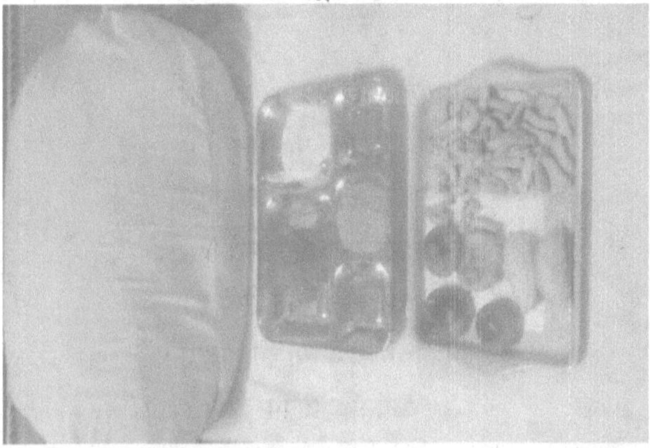

विश्व-पुस्तक-मेले का अग्रिम निमंत्रण

अगले साल सन्-पच्चीस में,
फरवरी माह ; पहले हफ्ते ।
हम सभी चलेंगे लेखक-पाठक,
देहली-राजधानी-रस्ते ॥
इस बार प्रगति-मैदान,
पुन: भव्य आयोजन होवेगा ।
'अतिथि' अपना ईरान,
जो 'देव' तुल्य हर्षित होगा ॥
फिर से लेखकों को सुनना,
और होवेगा उनसे मिलना ।
पुस्तकों का अवलोकन करते,
कविताओं को सुनना-लिखना ॥
जगती का महाकुम्भ यह,
लेखक-प्रकाशक-पाठक का ।
होवे चिरंजीव हर युग,
साक्षी बने जग-नाटक का ॥

ख्याल से किताब तक

'फ्लेयर्स एण्ड ग्लेयर्स' प्रकाशन का,
यही एक नारा है ---
" ख्यालों को पुस्तक-रूप सजाना,
यह प्रयास हमारा है " ॥
देवांजना घटक, प्रेरणा झा,
रितु सचदेवा और जुलेखा ।
सौरव बैनर्जी, सुजॉयता,
शालिनी-से कृतिकार सखा ॥
ये सब ही रचनाकार,
नए इस प्रकाशन से जुड़े हुए ।
सबकी अपनी है अलग कथा,
सब भिन्न शैलियाँ लिए हुए ॥
कविता, कथा और आत्मकथ्य,
सब ही विधा की कृतियाँ हैं ।
यह जगत सृजन से उत्साहित,
पुस्तक से रौशन दुनिया है

अबू धाबी अरबी-भाषा-केन्द्र

संयुक्त-अरब-इमारात की,
राजधानी अबू धाबी।
'अरबी' वहाँ की भाषा है,
'दीनार' मुद्रा धन की चाबी॥
यू0 ए0 ई0 यही चाहता है,
कि अरबी सीखें सभी लोग।
अरब-राष्ट्र की तरह जगत में,
इस भाषा का हो प्रयोग॥
इसलिए अबू धाबी से,
भाषा-केन्द्र दिल्ली चल आया है।
अरबी-भाषी पुस्तकें देखकर,
सबका मन हर्षाया है॥

مركز أبوظبي
للغة العربية
Abu Dhabi Arabic
Language Centre

हम भारतीय जब अरबी भाषा,
को करीब से जानेंगे।
तब ही अरबों का इतिहास,

और संस्कृति को पहचानेंगे ॥
जग की भाषाएँ सीखकर ही,
हम सबके निकट पहुँचते हैं।
भाषा के जरिए सभी लोग,
एक-दूजे को अपनाते हैं ॥

तुर्की पुस्तकें

हजार वर्ष पहले तुर्क से,
जो लुटेरे आते थे।
बर्बर होकर अपने भारत से,
धन लूट ले जाते थे॥
लेकिन सहस्र वर्षों में अब,
ऐसा परिवर्तन आया है।
ला रहा तुर्क अपने ग्रंथ,
शान्ति यहाँ से पाया है॥

तुर्की गणराज्य के संस्कृति,
और पर्यटन-मंत्रालय ने।
पुस्तक-मेले में लगा शिविर,
अचंभित किए लोग इतने॥
अलप्तगीन ; सुबुक्तगीन,
महमूद गजनवी नहीं रहे।
तुर्की लोग हो चुके सभ्य,
बर्बर-लुटेरे नहीं रहे॥
इस समय-चक्र के फिरने से,

इंसान बदल ही जाता है।
बर्बर-लुटेरा अंगुलिमाल भी,
शान्तिदूत बन जाता है॥

भारत ! तुझे प्रणाम

उत्तर से दक्षिण तक दिखती,
तेरी छवि ललाम !
भारत ! तुझे प्रणाम,
सौ बार तुझे प्रणाम !!
उत्तर में है अचल हिमालय,
प्रहरी बनकर खड़ा हुआ।
दक्षिण में सागर ने तेरा,
चरण श्रद्धाभाव छुआ॥
गंगा-यमुना विजय-माल,
पहनातीं सुबहोशाम !
भारत ! तुझे प्रणाम,
सौ बार तुझे प्रणाम !!

तेरी तपोभूमि में कितने,
ऋषि-मुनि जन्मे हैं।
देवों ने भी आकर तेरे,
दिव्य चरण चूमे हैं॥
अखिल विश्व वन्दन करता है,
तेरा आठों याम !

भारत ! तुझे प्रणाम,
सौ बार तुझे प्रणाम !!

बहुभाषी भारत

अपने देश में प्रतिवर्ष,
कितनी पुस्तकें छपती हैं।
उत्तर-दक्षिण ; पूर्व-पश्चिम,
सब पाठकगण में खपती हैं॥
भारत का हर एक राज्य,
खास अपनी ही बोली रखता है।
वह अपने दिल का सुख-दुःख,
अपनी भाषा में कहता है॥
कितनी पचासों भाषाएँ,
भारत में बोली जाती हैं।
स्व-स्थान की संस्कृति का,
वे रहस्य बतलाती हैं॥
आओ हम सब भाषाओं से,
अपने भारत में प्रेम करें।
सबका करें आदर-सम्मान,
सबके ही प्रति शुभ भाव भरें॥

विद्यावाचस्पति गुलाब कोठारी

कोठारी जी की सभी पुस्तकें,
एक मण्डप में आई हैं।
अध्यात्म-ज्ञान और दर्शन की,
ये उज्ज्वल रौशनाई हैं॥
'मानस' और 'अन्तस' के लेखक,
रचनाकर्मी और पत्रकार।
'प्रज्ञा', 'कृष्ण-तत्त्व' ; 'वेदज्ञान',
रचनाएँ जिनकी हैं अपार॥
'सम्वाद-उपनिषद' ; 'दूरदृष्टि',
'योग और प्राण-तत्त्व' पुस्तक।
'ब्रह्म-विज्ञान' ; 'हिरण्यगर्भ-सूक्त',
'मन के प्रतिबिम्ब' की पुस्तक॥
ऐसी कई और किताबें इनकी,
पुस्तक-मेले में आईं।
कोठारी जी की सब कृतियाँ,
अध्यात्म-प्रेमियों को भाईं॥

पुस्तक-मेला-गेट

हर वर्ष ही प्रगति-मैदान,
पुस्तकों का मेला लगता है।
हर साल ही पुस्तक-प्रेमी का,
दिल्ली में जमघट जुटता है ॥
दस नम्बर गेट बना हुआ,
मेले का भव्य-प्रवेश-द्वार।
यहाँ सुरक्षा जाँच करके,
होता है सबका सत्कार ॥
फिर इसी गेट से फ्री में बस,
मेला-ग्राउण्ड तक जाती हैं।
विकलांग, वृद्ध और बच्चों को,
तकलीफ नहीं हो पाती है ॥
उत्साहित युवा सभी आते,
अपनी रुचि के ग्रंथ लेने।
मोबाइल का कुछ मोह छोड़,
पुस्तक-संस्कृति से जुड़ने ॥

'ब्रज की रसोई' पुस्तक का लोकार्पण

पुस्तक-मेले में जगह-जगह,
पुस्तकों के विमोचन होते।
आयोजक-लेखक-प्रकाशक,
मृदुभाव रखे उर से जुड़ते ॥
ब्रजधाम के मधुर व्यंजन की,
पुस्तक हुई एक प्रकाशित,
सम्मानित हुई जगह-जगह,
पाठक-समाज में हुई चर्चित ॥
इस विमोचन का दृश्य देख,
मन हर्षमग्न हो झूम उठा।
मोबाइल-लेखनी साथ लिए,
मैं अपने कर को चूम उठा ॥
लेखिका और लेखक आए,
ग्रंथ-अनावरण के अवसर पर।
ब्रज की पुस्तक का प्रभाव,
पड़ा यहाँ हर दर्शक पर ॥

शान्तिदूत पुस्तक

मैं शान्तिदूत ; मेरी पुस्तक का,
विहग 'शान्ति-दल' लाया है।
पुस्तक का नयनाभिराम,
आवरण देख हृदय हर्षाया है ।।
इस कृति के द्रुत प्रकाशन में,
श्री चन्द्रहास भाई जी ने।
मेहनत अथक की है,
संग उनके रवीना प्रकाशन ने ।।
मुद्रक-प्रकाशक सबका मैं,
कृतज्ञ ; बहुत आभारी हूँ।
मैं आम आदमी के जैसा,
कवि, लेखक हूँ ; संसारी हूँ ।।
कपोत दिव्य लोक का यह,
पैगाम शान्ति का है लाया।
मंगल यह काव्य-कृति निरख,
मन फूला नहीं है समाया ।।

उर्दू बुक रिव्यू

भारत में हिन्दी के संग-संग,
उर्दू भाषा भी है चलती।
इसकी अलग एक लिपि है,
जो दाएँ से बाएँ को चलती॥
इस बार विश्व-पुस्तक-मेला,
हिन्दी के संग उर्दू आई।
उर्दू के भव्य स्टॉलों पर,
भीड़ बहुत उमड़ी पाई॥
यह मण्डप सारा भरा हुआ,
कई उर्दू की किताबों से।
उर्दू के ग्रंथ मिला करते,
यहाँ सहज वाजिब भावों से॥
'उर्दू बुक रिव्यू' ले आया,
उर्दू की बेहतरीन पुस्तक।
नव-ज्ञान, नई-नई अभिरुचियाँ,
देतीं नित मानस में दस्तक॥

माई बुक शेल्फ

कुछ सफल प्रकाशक अंग्रेजी,
नवीन पुस्तकें लाए हैं।
जिनको निरख युवक-युवती,
फूले नहीं समाए हैं॥
इनमें बच्चों की किताबें,
अति आइआकर्षक कवर वाली।
हैं उपन्यास रोमांचपूर्ण,
चेहरों पर लाते खुशहाली॥
पुस्तक-मेले में यह कोना,
विशेष रूप से सजा हुआ।
हर एक वर्ग का साहित्य,
यहाँ करीने से रखा हुआ॥
इस बुक-शेल्फ पर पाठकगण,
कोई भी पुस्तक पढ़ सकते।
पुस्तक को लेकर सम्मति,
अपनी लिखकर भी दे सकते॥

हैप्पी थॉट्स (प्रसन्न विचार)

यह 'तेज-ज्ञान-फाउण्डेशन' की,
नवीन चली है क्रान्ति-मुहिम।
जो अनमोल विचारों से,
जीवन बनाती है स्वर्णिम ॥
यह नई क्रान्ति कहती है --
'अपने भीतर की खोज करें।
भीतर के शान्ति-चमत्कार,
बाहर भी उजागर करें ॥'
'विश्वास करें एक-दूजे पर,
विकसित होवे अपना समाज।
हम जीवें औरों की खातिर,
औरों के हम संवारें काज' ॥
'आत्मा का साक्षात्कार और,
आत्म का स्थिरीकरण होवे।
सदभाव ; आन्तरिक संतुलन,
यात्रा अन्तर्जग की होवे ॥

मोबाइल खाता बचपन

बच्चों का बचपन गिर गया है,
मोबाइल के गर्त में।
बचपन जाने कहाँ समा गया है,
इस धरती की पर्त में ?
सब खेल-खिलौने बचपन के,
बच्चे यकायक भूल गए।
मोबाइल की टच-स्क्रीन पर,
आशिक बन वे झूम गए॥
माँ पुकारा करती सारा दिन,
बच्चे बाहर न जाते हैं।
वे घर के किसी एक कोने में,
बैठ गेम देखते हैं॥
अब खेल ; खेलने की वस्तु न,
दर्शनीय एक दृश्य बना।
इन मृगतृष्णा-से दृश्यों में,
बच्चे भूले खाना-पीना॥

ओपन स्कूलिंग शिक्षण संस्थान

नवम्बर सन्-89 में,
स्थापित हुआ संस्थान।
भारत सरकार के शिक्षा-
मंत्रालय का था यह विधान॥
मुक्त और दूरस्थ शिक्षा पद्धति,
का सक्षम यह प्रवाहक।
यह ग्रंथ छापता विविध विषय,
स्कूल-गतिविधि संचालक॥
बेसिक शिक्षा और माध्यमिक,
स्तर का पाठ्यक्रम देना।
करना शिक्षकों को प्रशिक्षित,
व्यावसायिक भी शिक्षा देना॥
स्टॉल लगा है मेले में,
ताकि शिक्षा जन-जन फैले।
जो अज्ञान सब ओर बसा,
वह किसी तरह जग से टले॥

वैज्ञानिक और औद्योगिक अनुसंधान परिषद

प्रगति-मैदान पुस्तक-मेले में,
सरकारी कई स्टॉल।
जो ग्रंथ छापते सरकारी,
देते हैं ज्ञान अनमोल ।।
वैज्ञानिक और औद्योगिक,
अनुसंधान परिषद का।
शिविर लगा है सुन्दर-सा,
प्रदर्शन भव्य ग्रंथों का ।।
समुद्र विज्ञान, भूभौतिकी,
रसायन, औषधि, जीनोमिक्स।
जैव नैनो प्रौद्योगिकी,
खनन, वैमानिकी फिक्स ।।
उपकरण, पर्यावरण इंजीनियरिंग,
से सूचना-प्रौद्योगिकी तक।
सब विषयों की किताबें हैं,
धरती से लेकर अंतरिक्ष तक ।।

लेखक का कौना (Author's Corner)

जहाँ पंक्तिबद्ध कुर्सी सुन्दर,
मंच के सम्मुख लगाई हैं।
पाठक-श्रोताओं की आँखें,
जो जगह देख हर्षाई हैं ॥
वह पुस्तक-मेले का छोटा,
नयनाभिराम लेखक-कौना।
प्रगति-मैदान का बना हुआ,
जीवन्त-अमूल्य सुन्दर गहना ॥
कवयित्री और लेखिका जी,
आने वालीं बस कुछ ही मिनट।
फिर बैठ वार्ता होवेगी,
जलपान का न कोई झंझट ॥
नर-नारी-युवा-प्रौढ़-वृद्ध,
आने लगे दर्शक सारे।
साहित्य की चर्चा सुनने को,
देखने कविता के तारे ॥

संग्राम मिश्रा की पुस्तकें

कवि संग्राम मिश्रा जी का,
मेले में आया स्टॉल।
उनकी कविता-कहानी की,
पुस्तकों का बेहतर हालचाल ॥
कितनी सारी किताबें,
मिश्रा जी की आई मण्डप में।
अपना प्रकाश फैला रही हैं,
रह-रहकर हर मानस में ॥
ब्लूरोज प्रकाशन ने उनकी,
'फीलिंग्स' किताब को छापा है।
'रिफ्लेक्शन' पुस्तक को उन्होंने,
बड़े चाव से छापा है ॥
'परिवर्तन' ; 'मृगतृष्णा-छाया',
पुस्तक प्रदर्शित मेले में।
यश को पातीं किताबें सब,
न फँसी किसी झमेले म

सेन्टर फॉर फाइनेंशियल अकाउण्टेबिलिटी

वित्तीय जवाबदेही वाला,
यह केंद्र पुस्तकें लाया है।
'जिन्दगी का पहिया' संग यह,
'साइकिल-गाथा' भी लाया है।
'जन-परिवहन' के साथ-साथ,
'वित्तीय-संसाधन' सदग्रंथ।
सेन्टर ने किए हैं प्रकाशित,
दिखलाते जीवन का पंथ॥
किस तरह नागरिक का पैसा,
अच्छे कामों में सदा लगे।
किस भाँति श्रम की पूँजी से,
हर जन का सोया भाग्य जगे॥
पुस्तकें यही सब बतलातीं,
समझातीं जीवन का सार।
न वृथा कार्यों में मानव,
समय गँवाए कभी बेकार॥

लॉजिक सॉफ्ट

यह जमाना कम्प्यूटर का,
सॉफ्टवेयर का नवीन युग।
नवीन तकनीकी वाला है,
परिवर्तनकारी यह कलियुग ॥
लॉजिक सॉफ्ट देता सबको,
उस सॉफ्टवेयर का परामर्श।
जो सहायक बनता है,
पुस्तक-व्यवसाय में आदर्श ॥
किस तरह प्रकाशित हो पुस्तक,
कहाँ विक्रय-वितरण हो उसका ?
किस तरह मुनाफा हो मुद्रक का,
लेखक और प्रकाशक का ॥
इन सब बातों की राह बताने,
'लॉजिक सॉफ्ट' आया है।
यह नई प्रणाली देख,
प्रकाशक का अन्तर हर्षाया है ॥

LOGIC SOFT

SOFTWARE CONSULTANTS

दि रीडर्स पैराडाइज

यह फ्रैण्ड्स पब्लिकेशन्स की ही,
सहायक एक कम्पनी है।
बीस साल पूर्व दिल्ली में,
स्थापित हुई यह कम्पनी है॥
पहले शारीरिक शिक्षा की ही,
पुस्तकें छापी जातीं थीं।
एशिया में ऐसी पुस्तकों की,
माँग भी बढ़ती जाती थी॥
फिर शिक्षा, खेल, मनोविज्ञान के,
ग्रंथ लगे कई छपने।
व्यवसाय बढ़ा विदेशों में,
होने लगे पूरे सपने॥
अब तो साहित्य, कानून,
इन्जीनियरिंग, किताबें पर्यटन की।
पुस्तकालय, आयुर्वेद, योग ;
छपतीं किताबें दर्शन की॥

कलामोस साहित्य सेवा

(Kalamos Literary Services)

सन् दो हजार सोलह में,
श्री अनुज कुमार सज्जन जी ने।
आरम्भ किया यह प्रकाशन,
लेखकों की पीड़ा को हरने ॥
यहाँ एक माह के भीतर,
पुस्तक लेखक की छप जाती है।
वह कृतिकार को अन्तर्मन का,
अक्षय सुख पहुँचाती है ॥
हिन्दी-अंग्रेजी कई पुस्तकें,
कलामोस ने छापी हैं।
इसकी किताबें हुईं यशस्वी,
और हुईं विश्वव्यापी हैं ॥
नवीन लेखकों को प्रकाशन,
उन्नति का अवसर देता।
यह उन्हें जगत में दूर-दूर तक,
प्रसिद्धि दिला देता ॥

आई लव एजूकेशन

दुनिया में कितने लोग,
प्रेम करते हैं एक-दूसरे से।
पर कितने करते नेह ; शिक्षा से,
और सुसंस्कारों से ॥
पुस्तक का पटल सिवा शिक्षा के,
कुछ भी गलत नहीं देता।
शिक्षा-ज्ञान के बल पर मानव,
जीवन में उन्नति पाता ॥
यह स्टॉल जो विद्या से,
करना प्रेम सिखलाता है।
पुस्तक के जरिए यह बुद्धि,
विवेक-द्वार खोलता है ॥
बच्चों के लिए बड़ी बेहतर है,
यहाँ पाठ्य की सामग्री।
लगता है यहाँ ; रंग-बिरंगी,
पुस्तकें एकमात्र सगी ॥

हाय रे गर्मी

धरती तपती ; अम्बर तपता,
तपता घर-आँगन सारा है।
यह जून माह का प्रथम दिवस,
अग्नि ने ज्यों ललकारा है ॥
चूल्हा तपता ; रोटी तपती,
दोपहरी में पानी तपता।
इंसान धरा के मेंढक-सा,
ए0सी0 ; कूलर में छिप जाता ॥
इस गर्मी के मौसम में बस,
शर्बत-आइसक्रीम भाते हैं।
दोपहरी में बाजार-सड़क,
सूने नजर सब आते हैं ॥
इस बार उष्णता के कारण,
जाने कितने ही लोग मरे।
कितने ही स्कूली बच्चे,
चक्कर खाकर बेहोश गिरे ॥

योगी बनो : ज्ञानी बनो (योग-दिवस पर विशेष)

इस बार 21 जून ; अन्तरराष्ट्रीय,
योग-दिवस के अवसर पर।
हो रही किताब प्रकाशित मेरी,
योग-तिथि के मौके पर॥
'ज्ञानी बनो : योगी बनो'
शीर्षक कृति का उत्तम है।
जो योग साध लेता,
तोड़ता जगती का सारा भ्रम है॥
आओ हम भारत की पुरानी,
योग-निधि को पहचानें।
उत्तम स्वास्थ्य के लिए कलाएँ,
योग-जगत की हम जानें॥

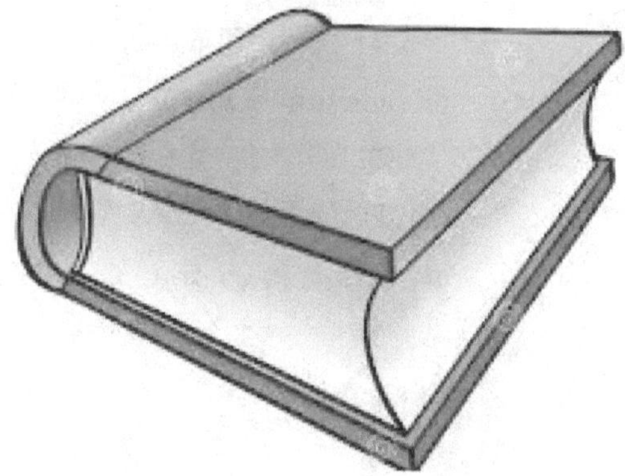

भारत का हर एक वासी जब,
ज्ञानी-योगी बन जाएगा।
तब होगा राष्ट्रोत्थान ; देश यह,
विश्वगुरु बन जाएगा॥
हम करें साधना आध्यात्म की,
अन्तर्शक्ति जगाएँ।
कर इन्द्रियों का संयम ; प्रभु से,

मन की लौ लगाएँ ॥

साइंटिफिक इन्टरनेशनल

सन् उन्नीस सौ तिरानवे में,
स्थापित हुआ यह प्रकाशन ।
दिल्ली की दरियागंज जगह,
अंसारी रोड है शो-रूम ॥
विज्ञान, चिकित्सा, इंजीनियरिंग ;
प्रौद्योगिकी विषय की सब कृतियाँ ।
यूएसए ; यूरोप में प्रकाशित,
नव-तकनीकी की विधियाँ ॥
'मेडटेक' नाम से श्रेष्ठ ग्रंथ,
यह छात्रों के हित लाता है ।
'रीड स्मार्ट' नाम से यह,
बच्चों को पुस्तकें देता है ॥
इसकी किताबों के ग्राहक,
एशिया के कई देशों में ।
अफ्रीका में इसके पाठक हैं,
पुस्तक-बिक्री हर देश में ॥

पुणे पुस्तक महोत्सव

यह संस्थान पूना में,
पुस्तक-महोत्सव सजाता है।
पुणे में पुस्तक मेले का,
प्रतिवर्ष आयोजन करता है॥
दिल्ली के पुस्तक-मेले में,
यह स्टॉल लेकर आया।
इसका मण्डप है बना भव्य,
जिसको देख जन हर्षाया॥
पूना पुस्तक-महोत्सव का,
देने आया यह आमन्त्रण।
हर एक दिल्लीवासी जन को,
दे रहा मेले का निमंत्रण॥
यह कई किताबें संग अपने,
मराठी भाषा की लाया।
मराठी-भाषी-परिवार,
जिसको देखकर हर्षाया॥

अमर चित्र कथा

एक समय वह था ; जब भारत में,
मोबाइल का युग न था।
अमर-चित्र-कथा-कॉमिक्सों,
का दीवाना हर जन था ॥
हम बचपन में कितने चरित्र,
इन कॉमिक्सों में पढ़ते थे।
पुस्तक के महापुरुष चित्रों से,
सदा प्रेरणा लेते थे ॥
अमर चित्र कथा किताबें,
अब तक भी छपा करतीं।
सैंकड़ों जीवनियाँ देश में,
प्रकाशित हुआ करतीं ॥
आओ हम फिर से अपने,
प्रेरक बचपन को चैतन्य करें।
रंगीन चित्रकथाओं के,
अध्ययन में समय सफल करें ॥

प्रथम बुक्स (Pratham Books)

है 'प्रथम बुक्स' का उद्देश्य,
पुस्तक हर एक जगह फैले।
लोकतान्त्रिक होवे यह,
प्रत्येक बालक आनन्द इसका ले ॥
जो बच्चे ज्यादा पढ़ते हैं,
वे सबसे बेहतर सीखते हैं।
स्कूल के संग वे जीवन में,
निश्चित ही सफल होते हैं ॥
सन्-दो हजार चार में,
प्रथम बुक्स की हुई स्थापना।
रोहिणी नीलेकणी ; अशोक
कामथ, ने की थी संस्थापना ॥

PRATHAM BOOKS

A Book in Every Child's Hand

रेखा मेनन ने भी स्थापन-
दायित्व था निभाया।
सन्-2006 में स्टोरी-
कार्ड प्रकाशन का आया ॥

बेंगलुरू का यह प्रकाशन,
कई पुरस्कार-विजेता है।
सैंकड़ों किताबें बालरुचि की,
प्रतिवर्ष छापता है ।।

ओशन ब्लूम बुक्स (Ocean Bloom Books)

'सृष्टि अग्रवाल' लेखिका ने,
बच्चों के लिखे ग्रंथ कई।
जिनमें थी श्रेष्ठ प्रेरणा और,
जीवन की दिव्य आस नई ।।
सन् दो हजार इक्कीस में,
सृष्टि अग्रवाल न सोचा यह --
' क्यों न अपनी ही पुस्तक से,
शुरू करूँ मैं प्रकाशन-गृह ? '
' बच्चों के लिए सद्विचार की,
हम पुस्तकें छापेंगे।
सब देशवासी जिसके महत्त्व को,
आगत कल में आँकेंगे ।।..'
इस तरह नवम्बर -21 में,
ओशन ब्लूम आरम्भ हुआ।
हर दिन ही मिलने लगी,
प्रकाशन को, सबकी आशीष-दुआ ।।

साख्यम् (Sakhyam)

यह संस्थान नन्हें बच्चों का,
प्यारा-सा एक दोस्त बना।
बच्चों के लिए खेल-खिलौने,
पुस्तक का साधन बना॥
राधा-कृष्ण चरित्र यहाँ,
निर्मित गुड्डा-गुड़िया जैसे।
केवल बालक ही नहीं ; युवा भी,
हर्षित होते हैं उनसे॥
कुछ देव-देवियों के मुखौटे,
यह प्रकाशन लाया है।
पुस्तक-मेले में हर एक दर्शक,
देख जिन्हें मुस्काया है॥
यह सखी-भाव का संस्थान,
बच्चों का प्यारा मीत बना।
इसमें बच्चों का बचपन है,
जो कई रंग के साथ सना॥

Sakhyam™
A Friendship That Blossoms

पब सॉफ्टवेयर (PUB Software)

शान्ति के लिए यह,
सॉफ्टवेयर मेले में आया है।
शान्ति का देता समाधान,
जन-जन इससे हर्षाया॥
इसके कारण शान्ति-सूचना,
मोबाइल पर आएगी।
पब की तकनीकी सूक्ष्म,
शान्ति की नई राह बताएगी॥
मन की शान्ति के सब उपाय,
जन की समझ में आएँगे।
जीवन के टेढ़े प्रश्न-चिन्ह,
अब जन को न उलझाएँगे॥
पुस्तक-मेले का स्टॉल,
यह सबमें आस जगाता है।
शान्तिदायक किताबों का,
यह उज्ज्वल-पथ दर्शाता है॥

द बुकोहोलिक्स : पेपर टाउन्स

पुस्तक-मेले में युवकों की,
कितनी सारी है यहाँ भीड़ ।
युवतियाँ भी आतीं हैं रुचि से,
सारे रूढ़ि-बन्धन मीड़ ।।
'पेपर टाउन्स' प्रकाशन गृह,
तीन पाठकगण ने शुरू किया ।
अपने प्रकाशन को इन्होंने,
ऊँचाई पर खड़ा किया ।।
कविता, कहानी, उपन्यास ;
छापे सैंकड़ों श्रेष्ठ ग्रंथ ।
आठ सौ लेखक की कृतियों को,
विश्व-पटल पर दिया पंथ ।।
अंग्रेजी भाषा की पुस्तक,
यहाँ सबके मन को भातीं हैं ।
पुस्तकों की आकर्षक छवियाँ,
पाठक-जन को तड़पाती हैं ।।

PAPER TOWNS
PUBLISHERS

बोलोग्ना बाल-पुस्तक-मेला

(Bologna Children's Book Fair)

इकसठ वर्षों से यह बालहित,
पुस्तक-मेले लगा रहा।
यह संस्थान बच्चों को अच्छी,
पुस्तकें देता रहा॥
बोलोग्ना जानता है कि बच्चे,
पुस्तक कैसी चाहते हैं।
कविताएँ ; बाल-कहानियाँ वे,
आकर सदा माँगते हैं॥
बच्चों के मात-पिता ; अभिभावक,
स्टॉल पर जब आते।
अपने बच्चों की रुचि कोई,
न कोई पुस्तक ले जाते॥
बच्चों को परी ; राजकुमार,
सपनों जैसी पुस्तक भातीं।
ऐसी रंगीन चित्रमयी,
किताबें उनको हर्षातीं॥

BOLOGNA
CHILDREN'S
BOOK
FAIR

मूनलाइट बुक्स (Moonlight Books)

सन् दो हजार सोलह में,
चन्द्रोदय-समान यह उदित हुआ।
अंग्रेजी के संग हिन्दी की,
पुस्तक छपना आरम्भ हुआ॥
यह बालरुचि की और काल्पनिक,
पुस्तक खूब छापता है।
इस प्रकाशन का धर्म और,
आध्यात्मिकता से नाता है॥
मूनलाईट ने पौराणिक, हिन्दू-
ज्ञान-ग्रंथ को छापा है।
इस प्रकाशन को बिक्री का,
टोटा कभी न व्यापा है॥
भोजन, स्वास्थ्य और पाक-कला की,
छपी अनेकों किताबें।
पीतमपुरा, दिल्ली केंद्र में,
छपती रहतीं किताबें॥

MOONLIGHT
Book Box

अश्वथ ट्री बुक्स (Ashwatha Tree Books)

हिन्दू धर्म के कई ग्रंथ,
यह प्रकाशन लेकर आया ।
इसने नन्हें बच्चों को भी,
कुशल लेखक है बनाया ।।
हनुमान चालीसा ; रामायण,
इस प्रकाशन से जब छपीं ।
वे सरल भाषा वाली किताब,
बनकर यशस्वी खूब खपीं ।।
'अश्त्थामा' और 'हिडन हिन्दू',
'सात चिरंजीवी', 'अश्वतथ वृक्ष' ।
'गांधारी', 'कर्ण', 'चाणक्य नीति ;
इस प्रकाशन के दिव्य पक्ष ।।
कई और पुस्तकें बेहतरीन,
निकली हैं इस प्रकाशन से ।
उन्नति पाता प्रकाशन,
अपने मण्डल-अनुशासन से ।।

शैक्षिक एवं बाल-गतिविधि

(Educational And Children Activity)

बच्चों को खेल-खेल में ही,
कैसे शिक्षा दी जाती है।
शिक्षा के खेल-खिलौनों से,
यह बात समझ में आती है॥
ऐसे तार्किक खिलौने हैं,
जो गणित-प्रश्न को हल करते।
रेखागणित के समीकरण,
बच्चे खेल से सीखते॥
ये भाँति-भाँति के उपकरण,
ऊपर से लगते खिलौने।
पर खोलते बुद्धि का ताला,
सच करते उन्नति के सपने॥
इक्कीसवीं सदी की शिक्षा यह,
न बोझ कोई तन पर लगती।
बस सहज खेल-खिलौनों से,
बच्चों की यह पढ़ाई चलती॥

ग्लोब मैक्स

यहाँ छोटे और बड़े मॉडल,
धरती माता के मिलते है।
शिक्षक, छात्र और अभिभावक,
रुचि से जिनको खरीदते हैं।।
है भूगोल का विषय यह,
कि धरती कैसी दिखती है ?
वसुधा पर अलग-अलग राष्ट्रों की,
कैसे संसृति सजती है ?
हर एक छात्र के लिए जरूरी,
पृथ्वी का मॉडल रखना।
दोनों ध्रुव और अक्षांश रेखा के,
गुप्त राज को समझना।।
भूमि के भाँति-भाँति मॉडल,
लेकर आया है ग्लोब मैक्स।
सबकी पसन्द के उपकरण,
चाहे कोई हो वर्ग ; सैक्स।।

एजुकेशनल मिरेकल ब्रिक्स

यह स्टॉल बच्चों के,
शिक्षा-सम्बन्धी खेलों का है।
यह खेल-खेल में बच्चों को,
शिक्षा का साधन देता है ॥
नन्हें-मुन्ने बालक बुद्धि के,
तर्क इन्हीं से सीख रहे।
संख्यागणित के प्रश्नों का,
इनसे समाधान पा रहे ॥
ये खेल-खिलौने बुद्धि का,
बेहतर प्रयोग सिखलाते हैं।
छोटे-छोटे बच्चों को ये,
अति बुद्धिमान बनाते हैं ॥
छोटे बच्चों की शिक्षा यह,
आरम्भिक कोटि कही जाती।
बच्चों को मन और बुद्धि का,
बेहतर प्रयोग यह सिखलाती ॥

वॉशेबल री-यूजेबल बुक्स

यहाँ नोटबुक-पेन बच्चों के,
चमत्कारी मिला करते।
लेखन-सामग्री बार-बार,
सैकण्डों में बच्चे धोते ॥
जब लिखे हुए कलम के अक्षर,
पल में ही मिट जाएँगे।
तो किस प्रकार कागज ढेरों,
शिक्षा में खर्च हो पाएँगे ?
बच्चों की चित्रकला-पुस्तक,
न कभी नष्ट होने वाली।
हर दिन ही चित्र मिटाती वह,
नव-भूमि को देने वाली ॥
यहाँ ऐसी बाल-किताबें हैं,
जो पुनरोपयोगी होतीं।
हर दिन ही यह बालकों को,
पावन-नवीन फलक देतीं ॥

द जूनियर एज

यह बच्चों का है अखबार,
बच्चों का बढ़ाता कौशल।
पुस्तकें प्रकाशित करता है,
देता बच्चों को बुद्धि-बल ॥
इस संस्थान से बच्चों के,
छोटे-बड़े कई ग्रंथ छपे।
बच्चों ने उन्हें पसन्द किया,
वे बच्चों के ही बीच खपे ॥
अंग्रेजी भाषा में प्रकाशित,
बच्चों का न्यूज-पेपर।
अंग्रेजी में ही छपी किताबें,
विद्या और ज्ञान का घर ॥
'द जूनियर एज' प्रकाशन,
बच्चों के लिए हितकारी।
बच्चों का ज्ञान बढ़ाने की,
यह निभा रहा जिम्मेदारी ॥

गगन-संस्कृति (Sky Culture)

बच्चों की पाठ्य-सामग्री,
वस्त्रों के जैसी धुल जाती ।
न किसी पुस्तिका पर स्याही,
किंचित मात्र भी जम पाती ॥
ये वॉशेबल फैब्रिक किताबें,
नए युग की नई देन ।
यहाँ चमत्कारी है नोटबुक,
और चमत्कारी बच्चों के पेन ॥
नन्हें बच्चे अभ्यास की पुस्तक,
कितनी जल्दी भर देते ।
फिर मात-पिता उनके मजबूरन,
नई किताबें खरीदते ॥
यह गगन-संस्कृति उनको ऐसी,
समस्या से मुक्त करती ।
बच्चे कितना ही लिखें पृष्ठ पर,
उसको तुरत धो देती ॥

लर्निंग थॉट फन

यह प्रेरक वैचारिक मंच,
बच्चों को देता सुविचार।
अच्छे विचारों से मानव,
जीवन का करता है उद्धार॥
बच्चे खेल की तरह पुस्तकें,
रुचिपूर्वक पढ़ जाते।
और जीवन के कई सूत्र सरल,
वे पुस्तक से सीख जाते॥
सदाचरण-सदव्यवहार,
ये पुस्तक उन्हें सिखाती हैं।
शिक्षा के साथ मनोरंजन,
भरपूर उन्हें ये देती हैं॥
बच्चों को कोरे उपदेश न,
फन जीवन का चाहिए।
शिक्षा के संग-संग उन्हें,
जिन्दगी बचपन की चाहिए॥

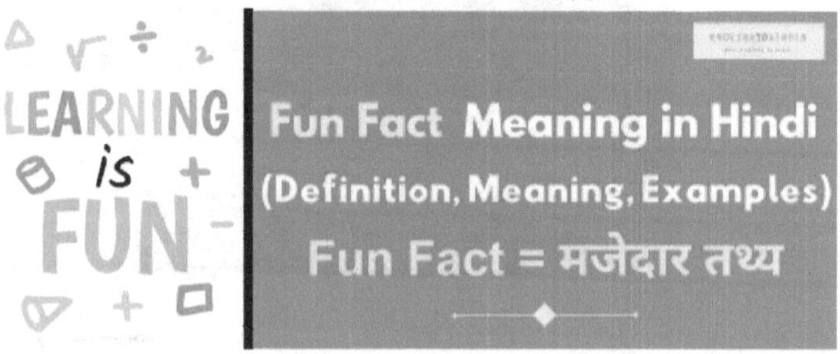

आदिदेव प्रेस

यह गुरूग्राम ; हरियाणा का,
बाल-पुस्तक-प्रकाशन है।
बाल-रुचि की किताबों के,
प्रकाशन में इसका मन है ॥
श्रीकृष्ण-कहानी और,
आदि शंकराचार्य की जीवनियाँ।
हैं शिक्षाप्रद-मनोरंजक,
इस प्रकाशन की कहानियाँ ॥
'हनुमान चालीसा', 'गणेशा' ;
'प्रिया : द जंगल डांसर'।
'स्वामी विवेकानन्द' और,
'ज से जलेबी' कृति मनहर ॥
'एनिमल बैण्ड', 'पी0 टी0 उषा,
बच्चों के हैं अनमोल ग्रंथ।
ये प्रेरणादाई किताबें,
सदमार्ग के हैं श्रेष्ठ पंथ ॥

एल्फाबेट एजूकेशन

किस तरह लेख को सुधारें,
किस तरह करें उसे सुन्दर।
यह सब प्रकाशन सिखलाता,
पुस्तकों के द्वारा बेहतर॥
बच्चा हर कोई चाहता है,
उसकी लिखावट सुन्दर हो।
तारीफ करें फिर सब उसकी,
खुशियों से भरा निज घर हो॥
इस प्रकाशन की किताबें,
बच्चों में कुशलता लातीं।
वे उनकी अभिव्यक्ति में,
अपेक्षित सुधार लातीं॥
जो छात्र लेख सुन्दर लिखता,
वह होशियार है कहलाता।
यश-मान-प्रशंसा-वाहवाही,
अपने समाज में वह पाता॥

Alphabet Education
Exploring Best ways to learn, teach and grow

अहा गुरू

यह प्रकाशन ऑनलाइन क्लासें,
इन्जीनियरिंग की चलाता।
और प्रमुख विषय की किताबें,
प्रतिवर्ष यह छापा करता ।।
' अहा गुरू' में आई0 आई0 टी0,
जे0 ई0 ई0 कोर्स चला करते।
सी0 बी0 एस0 ई0 की कक्षाएँ,
कई छात्र ऑनलाइन लेते ।।
एन0 ई0 ई0 टी0 में गणित विषय,
भौतिक विज्ञान पढ़ाते हैं।
रसायन शास्त्र का सरल ज्ञान,
अहा गुरू जी देते हैं।
कक्षा आठ से बारह तक भी,
लगतीं ऑनलाइन कक्षाएँ।
वाजिब दाम में विद्यार्थी,
घर बैठे ही शिक्षा पाएँ ।।

चार्ल्स बेकर बुक्स

सन् दो हजार में यह प्रकाशन,
अस्तित्व में आया था।
यह बाल-रुचि की पुस्तकों में,
गुणवत्ता को लाया था॥
उद्देश्य यही था ; बच्चे,
खेल-खेल में शिक्षा को पाएँ।
शिक्षा के जटिल समीकरण से,
किंचित वे न घबराएँ॥
नोएडा का यह संस्थान,
बच्चों में प्रतिभा लाता है।
यह बच्चों को सुयोग्य नागरिक,
भारत के बनाता है॥
बच्चे किसी भी हालत में,
बौद्धिक कमजोरी न पाएँ।
सामर्थ्यवान होकर उन्नति,
के पथ पर बढ़ते जाएँ॥

Charles
Charles Baker Books
SPREADING EDUCATION ACROSS THE GLOBE

आरती प्ले ग्रुप सोल्यूशन

गोविन्दपुरी ; दिल्ली का यह,
बालहितकारी है संस्थान।
बच्चों की शिक्षा-खेल-सामग्री,
का जुटाता सामान॥
चित्रों वाले आधार,
बालकों में प्रेरणा नव देते।
ऐसी मनोरंजक सामग्री से,
बच्चे सहज सीख लेते॥
कई चित्र बालकों को,
विविध रंगों का ज्ञान कराते हैं।
और कई पशु-पक्षियों का,
परिचय उनको दिलवाते हैं॥
रेखागणित और बीजगणित के,
बच्चे प्रश्न हल करते।
भाँति-भाँति के चित्र उन्हें,
सारा ही कुछ समझा देते॥

माइण्ड पॉवर एजुकेशनल गेम्स

इस बार के पुस्तक-मेले में,
कई नवाचार हुए शामिल।

दिमागी शक्ति बढ़ाने के,
कई खेल नए हुए शामिल ॥

कैसे दिमाग की तार्किक,
बौद्धिक-क्षमता में वृद्धि हो ?
पुस्तकें मार्ग दिखलाती हैं,
प्रतिभा में कैसे वृद्धि हो ?

अनेक युवा स्त्री-पुरुष,
ऐसी किताबें क्रय करते।

जिनसे मानव जिन्दगी के,
यश में तरक्की को पाते ॥

मैंने तो इस एक स्टॉल पर,
भीड़ बहुत ही देखी है।
बौद्धिक विकास वाली पुस्तकें,
यहाँ बिकती देखीं हैं ॥

क्रिएटिव एजूकेशनल एड्स

(Creative Educational Aids)

सन् उन्नीस सौ सत्तासी से,
यह संस्थान है सक्रिय ।
मजेदार सीखने की विधियाँ,
बच्चों में अतिशय लोकप्रिय ॥
जिगसॉ पहेलियाँ ; बोर्ड गेम,
बच्चों में लाते हैं विकास ।
शिक्षा और जीवन के कौशल,
का सदा ही करते हैं प्रयास ॥
ऑटिस्टिक और डिस्लेक्सिक,
बच्चों की विशेष शिक्षा है ।
बच्चे सीखते तेजी से,
उनका आत्मविश्वास बढ़ता है ॥
फ्लेश कार्ड, पहेली, प्रश्नोत्तरी ;
शतरंज, साँप-सीढ़ी आदि ।
देते ये सृजनात्मक शिक्षा,
बच्चों को सीधी और सादी ॥

लिटिल जीनियस

यहाँ छोटे-छोटे बच्चों की,
मनोरंजक शैक्षिक सामग्री।
अक्षर एल्फाबेट के हैं,
त्रिभुज अलग-अलग डिग्री ॥
कई पशुओं और पक्षियों के,
रुचिकर अनेकों साधन हैं।
छोटे-छोटे मॉडल सबके,
बच्चों के सब मनभावन हैं ॥
कई खेल-खिलौने ऐसे हैं,
बच्चे जिनको पसन्द करते।
ऐसे ही रुचिकर खेलों से,
वे महत्त्वपूर्ण शिक्षा लेते ॥
बच्चे होवें कुशाग्र और,
वे सतत उन्नति को पाएँ।
यही 'लिटिल जीनियस' का लक्ष्य,
सुयोग्य नागरिक बन जाएँ ॥

Little Genius
Preschool • Kindergarten

टिनी एजूकेशनल एड्स

दिल्ली का यह संस्थान,
बच्चों को दिशा दिखाता है।
शिक्षा की देता सामग्री,
बच्चों को गुणी बनाता है॥
रंगीन चार्ट पर बने हुए,
बच्चों के सारे देह-अंग।
हाथों की छोटी कठपुतली,
बच्चों के रहते खेल-संग॥
ए0 बी0 सी0 डी0 वर्णमाला,
छोटे-छोटे मॉडल में है।
सब भाँति-भाँति के विविध रंग,
आकर्षक एक डिब्बे में हैं॥
शैक्षिक-कार्ड कई सारे,
यह संस्थान बनाता है।
भाँति-भाँति के साधन से,
बच्चों का मन लुभाता है॥

रंगोत्सव

मिला ताल से ताल सखि री,
देखो होली आई !
रंगों का त्यौहार है आलि,
सुन्दर होली आई !!
हुआ जगत मदमस्त,
निराले इस होली के ठाठ।
है आया प्यारा फिर से पर्व,
देखते थे हम जिसकी बाट ॥

घर और आँगन, गली-मौहल्ला
खुशियाँ रहीं समाई !
मिला ताल से ताल सखि री,
सुन्दर होली आई !!
बीत गया वह साल,
कोरोना जिसमें देता पीर।
त्रस्त हुए सब लोग,
नहीं बंधता था मन को धीर ॥
होली टीका लाई साथ में,
वैक्सीन वरदाई !
मिला ताल से ताल सखि री,
सुन्दर होली आई !!

लाल, गुलाबी, हरे, बैंगनी
अम्बर में रंग छाए।
बालक, बूढ़े, युवक-युवती
फूले नहीं समाए॥
आज के दिन अश्रु और रोदन,
देता नहीं दिखाई !
मिला ताल से ताल सखि री,
सुन्दर होली आई !!

पिकल योक बुक्स (Pickle Yolk Books)

यह नई दिल्ली राजधानी का,
एक स्वतंत्र प्रकाशन गृह ।
अंग्रेजी की सचित्र पुस्तकें,
पाने की यह श्रेष्ठ जगह ॥
बच्चे पढ़कर इन कृतियों को,
हँसते हैं और मुस्काते हैं ।
वे करते चिंतन और विचार,
कई सूत्र ज्ञान के पाते हैं ॥
इस प्रकाशन के ग्रंथ देते हैं,
खुशियाँ सबको बचपन की ।
नोएडा में ऋचा झा जी ने,
छह वर्ष पूर्व स्थापना की ॥
बच्चों को रुचि की बेहतरीन,
किताबें प्रकाशन देता ।
बनकर बच्चों का सखा-मीत,
संग-संग उनके जीवन जीता ॥

PICKLE YOLK BOOKS

पी0 एम0 पी0 प्लेनेट (मल्टीमीडिया पब्लिशर्स)

यह शैक्षिक स्कूली पुस्तकों,
का प्रमुख प्रकाशन गृह ।
चार हजार विद्यालयों में इसने,
बनाई अपनी श्रेष्ठ जगह ।।
AR ऐप्स, मल्टीमीडिया,
असेसमेंट टूल्स सहित ।
क्वेश्चन पेपर जेनरेटर और
क्विज़ जेनरेटर के सहित ।।
ऐसी नवीनतम तकनीकी,
से लैस हुआ प्रकाशन है ।
भारत के हर एक प्रान्त ; विदेशों,
में इसका पुस्तक-धन है ।।
श्री राजेश बजाज महोदय,
इसके निदेशक महान ।
वे सबके लिए करते हैं,
उत्तम पुस्तकों का संधान ।।

PMP Planet ®
Multimedia Publishers
The Ultimate Resource

वर्ल्ड रीडर (World Reader)

चौदह वर्ष पहले हुई,
इस संस्थान की शुरूआत ।
सिएटल वाशिंग्टन में हुआ,
वर्ल्ड रीडर का प्रभात ।।
अब तो अफ्रीका, एशिया ;
और अमेरिका में यह फैला ।
उत्तम विषय वाली किताबों,
का बनाता यह किला ।।
बच्चों के लिए निर्मित कीं,
लाइब्रेरी अनेक सारी डिजिटल ।
बच्चों को पढ़ने हेतु,
प्रेरित करता है यह हर एक पल ।।
एक बच्चे को पच्चीस किताबें,
पढ़ने को प्रेरित करता ।
सौ से अधिक देशों से यह,
समर्थन-दुआ पाता ।।

Worldreader

क्यू मैथ्स फाउण्डेशन

यह छात्रों को तार्किक रूप से,
सक्रिय बनाता है।
उनमें रचनात्मकता और,
अच्छी मानसिकता लाता है ॥
विद्यार्थी गणित में मज़ा, खेल,
लचीलेपन को हैं पाते।
वे आत्मविश्वास और सबसे बढ़कर,
संतुष्टि अमित पाते ॥
'गणित विषय हो मजेदार',
-- क्यू मैथ्स यह मानता है।
वैदिक गणित का ज्ञान विश्व में,
फाउण्डेशन फैलाता है ॥
जीवन कौशल, बुद्धि-अनुमान,
तार्किक विचार की क्षमताएँ।
फाउण्डेशन ग्रंथों से देता,
बेहतर गणित की रचनाएँ ॥

$$\frac{d}{dx}\left[\log\left(x+\sqrt{x^2+a^2}\right)+C\right]$$

$$=\frac{1}{x+\sqrt{x^2+a^2}}\left[1+\frac{1}{2\sqrt{x^2+a^2}}\times(2x+0)\right]+0$$

$$=\frac{1}{x+\sqrt{x^2+a^2}}\left[1+\frac{x}{\sqrt{x^2+a^2}}\right]$$

$$=\frac{1}{x+\sqrt{x^2+a^2}}$$ which is given Integral Function

इकरा एजूकेशन फाउण्डेशन, मुम्बई

सन् उन्नीस सौ निन्यानवे में,
स्थापित हुआ संस्थान।
इस्लामिक शिक्षा का इसने,
अब तक रखा है सदा ध्यान ॥
शिकागो के इकरा फाउण्डेशन,
का यह है विस्तार।
उर्दू, फारसी, अरबी में ;
इस्लाम-साहित्य का हो प्रसार ॥
यह साम्प्रदायिक सद्भाव की भी,
वृद्धि का रखता है ख्याल।
इस्लाम-सन्देश सुनाने का,
हर दिन ही रखता है ख्याल ॥
हफ्ते भर में पाँच घण्टे,
इस्लाम की शिक्षा को देना।
इकरा का मुख्य लक्ष्य बना,
'सन्देश' सभी तक पहुँचाना ॥

IQRA
EDUCATION FOUNDATION

स्टूडेंट एज (Student Edge)

कुछ पढ़े-लिखे छात्रों के दल ने,
संस्थान यह शुरू किया।
शिक्षा-गुणवत्ता में सुधार,
लाने का पहला लक्ष्य लिया ॥
समग्र विकास हो बच्चों का,
ऐसी पढ़ें वे सामग्री।
पढ़ने की आदत हो विकसित,
जिज्ञासा विकसित हो जल्दी ॥
वैज्ञानिक दृष्टिकोण और,
पर्यावरण के प्रति जागरूकता।
बच्चों में आ जाएँ ये सब,
उनमें फैले नव-मानवता ॥

स्टूडेंट एज विज्ञान-इतिहास,
भूगोल के विषय छाप रहा।
कंप्यूटर, नैतिक शिक्षा और,
जीवन की शैली छाप रहा ॥
'स्टूडेंट एज' अखबार,
खबरें देता जगत भर की।
विज्ञान-संस्कृति-इतिहास,
बातें बताता है सबकी ॥

देहली प्रेस पत्रिका

गृहशोभा, सरिता, सरस सलिल ;
और चंपक जैसी पत्रिकाएँ।
दिल्ली-प्रेस छापता है,
उनमें रुचिकर रचनाएँ ॥
सन् उन्नीस सौ उनतालीस में,
श्री विश्वनाथ जी सज्जन ने।
स्थापित दिल्ली प्रेस किया,
साकार करने को निज सपने ॥
सन् पैंतालीस में 'सरिता' का,
प्रकाशन आरम्भ हुआ।
इस पत्रिका को मिली हजारों,
लाखों लोगों की दुआ ॥
नौ भाषाओं में अब तो,
दिल्ली-प्रेस पत्रिका छाप रहा।
अपनी तीस पत्रिका से,
सबके दिल करता राज रहा ॥

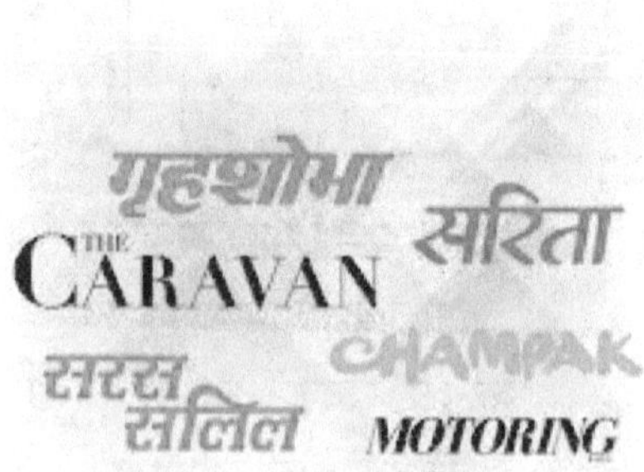

स्टार्टर स्मार्ट लर्निंग और क्रिएटिव कॉन्सेप्ट स्टूडियो

'क्रिएटिव कॉन्सेप्ट्स' सम्पूर्ण,
पुस्तक-डिजाइनिंग-स्टूडियो।
पुस्तकों की बेहतर सज्जा का,
आधुनिक तकनीकी स्टूडियो ॥
सन् दो हजार छह में हुई,
इसकी सहज ही स्थापना।
बच्चों को बेहतर पुस्तकें,
देना रहा इसका सपना ॥
'उत्साह और मूल्य' इसका,
एकमात्र है आदर्श वाक्य।
बच्चों के मन की डिजाइन,
पुस्तकों में देना ही साध्य ॥
यह 'स्टार्टर स्मार्ट लर्निंग',
ले आया बालहित किताब।
पढ़ाई सीखना बच्चों को,
आसान हुआ इससे जनाब ॥

सी0 आई0 ई0 टी0----एन0 सी0 ई0 आर0 टी0

(CIET --- NCERT)

केंद्रीय शैक्षिक प्रौद्योगिकी,
संस्थान CIET कहलाता।
राष्ट्रीय शैक्षिक अनुसंधान,
प्रशिक्षण परिषद से नाता ॥
भारत सरकार के शिक्षा,
मंत्रालय का स्वायत्त संगठन।
शैक्षिक प्रौद्योगिकी को बढ़ाना,
इसका सदा रहा प्रयत्न ॥
सूक्ष्म, मध्यम, वृहद स्तर पर ;
जो भी शैक्षिक समस्याएँ।
उनका हो जाए समाधान,
बालक विकास को सब पाएँ ॥
स्कूल की पाठ्यचर्या की,
गतिविधियाँ होतीं संचालित।
नूतन पुस्तकें बच्चों की,
हर वर्ष ही होतीं प्रकाशित ॥

Central Institute of
Educational Technology
A Constituent Unit of NCERT

एन आइडियाज(An ideaz) मीडिया इन्टरनेशनल

यह नई दिल्ली की कम्पनी,
बच्चों के हित में कार्यरत।
बच्चों के पुस्तक-निर्माण में,
कुछ वर्ष से सेवारत ॥
बच्चों की पुस्तक डिजाइन,
पुस्तक चित्रण का श्रम-कार्य।
वेक्टर चित्रण, ई-बुक निर्माण ;
2-डी एनीमेशन का कार्य ॥
इंटरैक्टिव लाइव वीडियो,
व्याख्यान-सेवा देता।
ग्राफिक डिजाइन सेवाएँ भी,
साथ-साथ करता जाता ॥

उच्च गुणवत्ता वाली वेब,
डेवलप कराता है।
ऐप डेवलपमेंट की सेवाएँ भी,
यह सभी को देता है ॥
ऑडियो-वीडियो-रिकॉर्डिंग,
जिंगल प्रोडक्शन, ई-लर्निंग।
वॉयस-ओवर की सेवाएँ,
संगीत-उत्पादन की ट्रेनिंग ॥

इस तरह कई सेवाओं से,
जन-जन को लाभ पहुँचाता है।
यह प्रकाशकों के कार्य-भार में,
मदद बहुत ही करता है ॥

इन्क मेयो री-यूजेबल (Ink MEO Re-Usable)

यह कैसा विचित्र प्रकाशन है,
मेरी कुछ समझ नहीं आया।
मैंने एक भी पुस्तक को यहाँ,
स्टॉल पर न पाया ।।
किस तरह प्रकाशन-सामग्री,
पुन: उपयोगी हो जाती है ?
दिमाग लगाकर बहुतेरा,
यह बात समझ न आती है ।।
मुझको तो लगता मेले में,
कई लक्ष्य लिए लोग बैठे।
वे जहाँ भीड़ देखते हैं,
वहीं अपनी बात कह देते ।।

शायद चित्रों की यह स्याही,
जो विविध रंग में आती है।
लेकिन उत्तम तकनीकी से,
पुन: इस्तेमाल हो जाती है ।।

यह कलरिंग रोल्स का धंधा है,
न कि पुस्तक का प्रकाशन।
बच्चों तक रंग पहुँचाने का,
उपयोगी लगता यह साधन॥

चिल्ड्रेन्स बुक ट्रस्ट

सन् उन्नीस सौ सत्तावन में,
शंकर ने किया था स्थापन।
राष्ट्रपति राधाकृष्णन ने,
इसका किया था उद्घाटन ॥
दिल्ली के नेहरू हाऊस में,
इस प्रकाशन की नींव पड़ी।
सुन्दर-सचित्र-रंगीन पुस्तकें,
छपने की लग गई झड़ी ॥
यह ट्रस्ट छापता वे पुस्तक,
जो पढ़ने में आसान रहें।
आँखों को दें सुकून और,
बच्चों का जिनमें ध्यान रहे ॥

काल्पनिक जगत सुन्दर
बच्चों का ; पंचतंत्र कहानियाँ।
यह संस्थान देता बच्चों को,
खूबसूरत नई दुनिया ॥
श्री शंकर पिल्लई बालहित में,
कई सुधार लेकर आए।
बच्चों की प्रतिभा चमकाने,
कई प्रयोग वे अपनाए ॥

बृजवासी बुक्स

बच्चों के लिए उचित मूल्य की,
सुन्दर पुस्तक यह लाया।
इस प्रकाशन का रंग,
सभी बच्चों के जीवन में छाया ॥
रंगीन किताबें मनभावन,
सुन्दर-सुन्दर चित्रों वाली।
बच्चों के जीवन में बजातीं,
दो हाथों वाली ताली ॥
रोचक कविताएँ, गीत, कहानी ;
बच्चे रोज पढ़ा करते।
पुस्तक-दोस्तों से बालक,
प्रतिदिन ही मुदित मिला करते ॥
इन आकर्षक किताबों में,
जीवन-शिक्षाएँ छिपी हुईं।
संस्कार-आचरण-व्यवहार की,
नेक बातें सब लिखी हुई ॥

ओसवाल बुक्स

सन् उन्नीस सौ चौरासी में,
श्री नरेश जैन महोदय जी ने।
यह प्रकाशन आरम्भ किया,
लेकर आँखों में कुछ सपने ॥
उनकी दूरदर्शिता आगे,
सफलता-अवसर ले आई।
धन के साथ प्रकाशन ने,
दुआ भी अतिशय कमाई।
ओसवाल बुक्स चालीस सालों से,
शिक्षा बना रहा आसान।
पचास हजार स्कूलों में,
इसका पठन हुआ आसान ॥
इस प्रकाशन ने सात सौ,
किताबें अब तक छापी हैं।
पुस्तक-प्रसार इसका विपुल,
जग में ; राष्ट्र में व्यापी है ॥

एकलव्य पिटारा

बीते तीन दशकों से,
एकलव्य कार्य में लगा हुआ।
यह एकलव्य की तरह लक्ष्य-
अनुसंधान-कार्य में लगा हुआ॥
शिक्षा को मूल-अधिकार और,
बेहतर अनुभव बना देना।
बच्चों के सारे पाठ्य-विषय को,
रुचिकर और सरल करना॥
ऐसे ही स्वप्न हकीकत में,
एकलव्य आज है बदल रहा।
सार्थक शिक्षा के जरिए,
सामाजिक परिवर्तन को ला रहा॥

'हाथी के बच्चे', 'विज्ञान की बातें',
'नाव चली' पुस्तक।
'चूहे को मिली पेंसिल' जैसी,
रंगीन रुचिकर पुस्तक॥
एकलव्य-पिटारे के तोहफे,
ये सब बच्चों के मन भाते।
इनको पढ़कर बालक खुशी से,
फूले नहीं हैं समाते॥

-दूकान

(white lotus bookshop, nepal)

दिल्ली-विश्व-पुस्तक-मेले में,
नेपाल ने भाग लिया।
उसने सुन्दर एक स्टॉल,
पुस्तक से भरा लगा लिया॥
यह श्वेत-कमल प्रकाशन,
शान्ति का सन्देश सुनाता है।
सदभाव-भरे ग्रंथों का यह,
सहज प्रकाशन करता है॥
नेपाल हिन्दू राष्ट्र ; दोस्त यह,
भारत का कहाता है।
श्रीराम-सिया के संग पुराना,
इससे अपना नाता है॥
आओ नेपाली पुस्तक द्वारा,
नेपाल-संस्कृति जानें।
अपना हितैषी राष्ट्र यह,
इसको हम शुभचिन्तक मानें॥

कवि-उमंग प्रकाशन (Pegasus publishers)

वंचित बच्चों को गुणवत्ता,
वाली शिक्षा हो जाए सुलभ।
पेगासस का उद्देश्य यही,
शिक्षा न रह पाए दुर्लभ ॥
शिक्षा सबके जीवन की,
वास्तविकता-हकीकत बन जाए।
भारत का हर बालक,
बेहतर शिक्षा का लाभ पाए ॥
पेगासस का विश्वास, कि हर,
बालक सीखे ; बढ़े आगे।
हर एक सफलता को पाए,
आपसी ईर्ष्या को त्यागे ॥
हो पृष्ठभूमि कुछ भी ; लेकिन,
उन्नतिशील हो हर बालक।
नई पीढ़ी का नेतृत्व करे,
होवे भविष्य का वह पालक ॥

शान्ति पब्लिकेशन

ईसप दंतकथाओं का,
पूरा सैट यह लाया है।
इस प्रकाशन का साहित्य,
बच्चों के मन को भाया है॥
इसके अलावा नन्हें बच्चों,
की रंगीन किताबें।
इनको पढ़कर बच्चे,
जागते हैं, खेलते और खावें।
अंग्रेजी गीतों की पुस्तक,
सुरुचिपूर्ण चित्रों वाली।
गणित और विज्ञान किताबें,
तनिक ज्ञान से न खाली।
कितनी कथाएँ मनभावन,
सचित्र प्रकाशन लाया है।
जिनको पढ़-पढ़कर बच्चों का,
अन्तर्मन अति हर्षाया है॥

मैजेस्टिक बुक क्लब (Majestic Book Club)

इसकी 'स्वर-संगम' पुस्तक,
बच्चों का मन हर्षाती है।
यह विविध रंग के चित्रों से,
बच्चों को मित्र बनाती है॥
बच्चों के लिए गणित की,
रोचक खेलों वाली पुस्तक।
यह बच्चों के मन मस्तिष्क पर,
उज्ज्वल सदी की है दस्तक॥
मानव-शरीर की संरचना के,
सुन्दर पजल निकाले हैं।
बच्चे ऐसे चित्र-ग्रंथों के,
हुए हाय ! मतवाले हैं॥

इसकी किताबें अंतरिक्ष के,
सुन्दर दृश्य दिखाती हैं।
और पजल-टुकड़ियाँ सौर-गृह के,
सब रहस्य समझाती हैं॥
इस बुक-क्लब की कृतियाँ,
बच्चों के सपनों जैसी मनहर।
वे बच्चों के मानस-गगन में,
दिन-रात करतीं सफर॥

एंजिल बुक हाऊस

'हिन्दी-दर्पण' ; 'वत्सल' आदि,
पुस्तकें हैं कितनी नई-नई ।
अंग्रेजी-ग्रामर और गणित की,
आई किताबें श्रेष्ठ कई ।।
रुचिकर किताबें बच्चों की,
एंजिल बुक है छाप रहा ।
बच्चों के कौशल-बुद्धिमता को,
गहराई से भाँप रहा ।।
हिन्दी और अंग्रेजी के संग,
उर्दू भाषा की भी पुस्तक ।
बालकों के लिए हितकारी,
चित्रों वाली, सुन्दर-रोचक ।।
यह प्रकाशन बच्चों की बुद्धि,
के ताले सब खोल रहा ।
' बच्चे बनें विद्वान जगत में '
---- उच्च स्वरों में बोल रहा ।

योग-दिवस

संस्कृति राष्ट्र भारत की है,
प्राचीनकाल से योगमय।
है योग जिन्दगी की शैली,
यह विधि बड़ी आनन्दमय॥
अपना भारत सारे विश्व को,
सृजन-योग सिखलाता है।
विध्वंस-नाश से नहीं,
योग-निर्माण से अपना नाता है॥
हम विघटनकारी मन:तत्त्व का,
कर देंगे जब बहिष्कार।
जीवन में आशा-सकारात्मकता,
का होवेगा जब प्रसार॥
जब मन में संयम-धैर्य और,
अनुशासन पूरा आएगा।
तब यह उष्णमय तप:काल ही,
'योग-दिवस' कहलाएगा॥

योगानुबन्ध

जीवन में समरसता-सहजता,
और सरलता पाओगे !
प्रात:काल उठकर हे मानव,
जब तुम योग लगाओगे !!
कुछ क्षण का योगाभ्यास,
त्रिविध तापों से मुक्ति दिला देगा।
यह तुम्हारी आत्मा का मिलन,
परमात्मा से करा देगा ।।
आनन्द-सिन्धु में उतर,
खुशी से फूले नहीं समाओगे !
प्रात:काल उठकर हे मानव !
जब तुम योग लगाओगे !!

यह योग-साधना जीवन में,
भारी परिवर्तन लाती है।
सार्थकता देती साँसों को,
जीवन-सफलता देती है ।।
सुख और शान्ति की किरणें पाकर,
मन्द-मन्द मुस्काओगे !

प्रात:काल उठकर हे मानव !
जब तुम योग लगाओगे !!

तन स्वस्थ होगा औ' मन निर्मल,
बढ़ती रहेगी रे ! आयु ।
संतोष की पूँजी संग रहेगी,
सक्षम होंगे स्नायु ।।
पाओगे अमृत ; प्रभु पिता से,
यदि तुम ध्यान लगाओगे !
जीवन में समरसता-सहजता,
और सरलता पाओगे !!
प्रात:काल उठकर हे मानव,
जब तुम योग लगाओगे !!!

योग कर !

जीवन हो कष्टों से भरा,
लेकिन न बाधाओं से डर !
संजीवनी यह बूटी है,
बस योग कर, रे योग कर !!
तू योग की दृढ़ कुंजी से,
बुद्धि के ताले खोल ले।
मानस में रख सदभाव और,
अधरों से मीठा बोल ले ॥
रखकर हृदय में धैर्य,
जीतेगा तू जीवन का समर !
संजीवनी यह बूटी है,
बस योग कर, रे योग कर !!

संसार की मृगतृष्णा में,
सारंग-सा तू क्यों फिरे ?
इच्छा-तृषा और वासना में,
मूल्य जीवन का गिरे ॥
है योग प्राचीन संस्कृति,
ऋषियों का निर्भय मुक्त घर !
संजीवनी यह बूटी है,
बस योग कर, रे योग कर !!

इस योग को ही साधकर,
श्रीराम पुरुषोत्तम हुए।
कान्हा कहलाए योगेश्वर,
देवों में सर्वोत्तम हुए॥
जागृत रे कर देवत्व तू ,
हो जा धरा पर तू अमर !
संजीवनी यह बूटी है,
बस योग कर, रे योग कर !!

की-2 (Key-2) प्रेक्टिस वर्क बुक्स

नन्हें बच्चों की शिक्षा की,
सहायक सभी किताबें हैं।
हिन्दी, अंग्रेजी और गणित की,
अभ्यास-किताबें हैं।।
इन ग्रंथों के जरिए करते,
अभ्यास विषय का विद्यार्थी।
प्राथमिक शालाओं के बालक,
इस प्रकाशन के लाभार्थी।।
अभ्यास-पुस्तिकाएँ ये सब,
प्रश्नों को सरल बनाती हैं।
होमवर्क करते-करते समस्या,
अध्ययन की सुलझाती हैं।।
ये सरल भाषा के बाल-ग्रंथ,
शिक्षा की नन्हीं-सी कुंजियाँ।
बुद्धि के ताले खोलने की,
अपने मतलब की यह दुनियाँ।।

दि हिन्दू पब्लिकेशन्स

भारतीय संस्कृति के ग्रंथ,
इस प्रकाशन का श्रंगार।
हिन्दू सनातन सभ्यता ही,
सारे पाठय-विषयों का सार ॥
ये किताबें भारत देश का,
इतिहास समझाती हैं।
गीता-भागवत-रामायण के,
गौरव को बतलाती हैं ॥
'दि हिन्दू' समाचार-पत्र का,
जाना-माना प्रकाशन।
हिन्दू देवता ; कुम्भ आदि,
ग्रंथों का करता प्रणयन।।
अनेक मन्दिरों और हिन्दू,
गुरुओं की छापी हैं पुस्तक।
अध्यात्म-संस्कृति-इतिहास में,
प्रभापूर्ण इसकी दस्तक ॥

THE HINDU

वी0 के0 एजूकेशनल बुक्स

इतिहास, संस्कृति ; विज्ञान,
अंग्रेजी विषयों वाले ग्रंथ।
शिक्षा-ज्ञान देते छात्रों को,
दिखलाते उन्हें नया पंथ॥
प्राणिशास्त्र के विषयों से,
पुस्तकें करातीं हैं परिचय।
नव-यांत्रिकी-प्रणाली का,
मिलता ज्ञान यहाँ नि: संशय॥
नई तकनीकी, नई प्रौद्योगिकी ;
सब इन किताबों में मिलती।
जागृति पुस्तकें लाती हैं,
भ्रम-संशयों से मुक्ति मिलती॥
बेशक इंग्लिश के ग्रंथ सभी,
लेकिन उन्नति-पथ दर्शाते।
बुद्धि के सब कपाट खोल,
उद्देश्य नया एक दिखलाते॥

shutterstock.com · 2292839087

कुशाग्र बुद्धि प्रकाशन (skill acumen inc)

हर माँ-बाप चाहता है,
उसका बालक हो कुशाग्र ।
पढ़ने-लिखने में सदा रहे,
उसका ध्यान भी एकाग्र ॥
बच्चों की और युवाओं की,
बुद्धि शीघ्र होवे विकसित ।
अपने समाज में और जग में,
होवें यशस्वी और चर्चित ॥
ऐसी पुस्तकें कौशल की,
लेकर आया यह प्रकाशन ।
अज्ञान-अंधविश्वास-भ्रम का,
निश दिन करता यह शमन ॥
जिन विधियों से बच्चों का,
बढ़ता है दिमाग बड़ी तेजी से ।
वे इन किताबों में वर्णित,
उनका रिश्ता है उन्नति से ॥

24 जून : मातेश्वरी जगदम्बा दिवस

तप और त्याग की प्रतिमूर्ति,
जगदम्बा माँ तुम्हें नमन !
तुमको याद करता हर बालक,
और धरा का हर एक कण !!
थीं 'ओम राधे' कुमारी,
वीणा मधुर ज्ञान की बजातीं।
सबकी भूलों को कर क्षमा,
तुम दिव्य रूप से मुस्कातीं ॥
तुमने धरती से मनोविकारों,
की मिटाई जलन-तपन !
तप और त्याग की प्रतिमूर्ति,
जगदम्बा माँ तुम्हें नमन !!
तुमको याद करता हर बालक,
और धरा का हर एक कण !!!

ओ यज्ञ-माता ; तुमने जीवन के,
पाठ सहज सब सिखलाए।
साधारण मानव ज्ञान-दान कर,
दिव्य फरिश्ते बनाए ॥
मातेश्वरी ! हर एक वत्स के,
जीवन का तुम अक्षय धन !

तप और त्याग की प्रतिमूर्ति,
जगदम्बा माँ तुम्हें नमन !!
तुमको याद करता हर बालक,
और धरा का हर एक कण !!

मम्मा-डे (स्मृति-दिवस)

चौबीस जून का दिवस,
त्याग-तप का स्मरण ले आया !
इस दिन मम्मा अव्यक्त हुईं,
उनका स्नेह याद आया !!
वे मृदु वाणी में सत्संग की,
बातें श्रेष्ठ सुनाती थीं।
सृष्टि के आदि-मध्य-अंत का,
सब रहस्य समझाती थीं ।।
ब्रह्मा का हर एक वत्स,
मात् को देख हृदय में हर्षाया !
चौबीस जून का दिवस,
त्याग-तप का स्मरण ले आया !!

सब सौंप दिया प्रभु के ऊपर,
अपना कहने को रहा ही क्या ?
तज देह-भान, निराभिमान,
अपनाया धैर्य, क्षमा, दया ।।
जो पहुँचा माँ के आँचल में,
उसने जीवन का सुख पाया !
चौबीस जून का दिवस,

त्याग-तप का स्मरण ले आया !!
जीवन की सीमित साँसों में,
माँ ने महानतम कार्य किए।
कितने दुखियारे-तप्त हृदय,
माँ ने शीतल और शान्त किए ॥

Karachi, Radha Bhawan (1938): Mamma Playing Sitar.

तुमने निज जीवन आदर्श,
प्रेरणा का गृह बनाया !
चौबीस जून का दिवस,
त्याग-तप का स्मरण ले आया !!
इस दिन मम्मा अव्यक्त हुईं,
उनका स्नेह याद आया !!!

मातेश्वरी-दिवस

सन उन्नीस सौ पैंसठ,
मात् ! तुम जून माह अव्यक्त हुईं।
सदज्ञान-योग की कर साधना,
आत्मरूप से तृप्त हुईं ॥
कितनी बड़ी थी कठिन परीक्षा,
नश्वर देह की माया की।
जीती माँ ! योगशक्ति तुम्हारी,
हार हो गई काया की ॥
सम्पूर्ण बन गईं दिव्य फरिश्ता,
आसमान में रहती हो।
अव्यक्त रूप से सारे जग की,
सेवा माँ ! तुम करती हो ॥
हर साल जून चौबीस को,
श्रद्धांजलि तुम्हें दिया करते।
इस पुण्य-पर्व पर कई प्रेरणाएँ,
तुमसे माँ ! हम पाते ॥

श्रद्धा के फूल

श्रद्धा-सुमन स्वीकार करो माँ,
शुभाशीष कृपा का दो !
सद्ज्ञान, जागृति, आत्मभाव ;
वरदान हमें दया का दो !!
हम रहें सदा विनम्र ; अहम् का,
किंचित भी न लेश रहे।
सबके सहयोगी बनें,
जिन्दगी में न कोई क्लेश रहे ॥
मृत हों विकार मन के सारे,
माँ ! अमृत की सुर-धारा दो !
श्रद्धा-सुमन स्वीकार करो माँ,
शुभाशीष कृपा का दो !!
सद्ज्ञान, जागृति, आत्मभाव ;
वरदान हमें दया का दो !!!

चहुँओर तिमिर छाया गहरा,
हर एक मानव जग में भटका।
यश, वैभव, देह के आकर्षण में,
क्षीण-शक्ति लिए अटका ॥

माँ ! प्रश्न अनेकों जग-जीवन के,
तुम ही सबका उत्तर दो !
श्रद्धा-सुमन स्वीकार करो माँ,
शुभाशीष कृपा का दो !!
सद्ज्ञान, जागृति, आत्मभाव ;
वरदान हमें दया का दो !!!

बच्चों का समूह

दिल्ली-पुस्तक-मेला देखने,
बच्चों का समूह आया।
चहुँओर किताबें ढेर देखकर,
मन ही मन में हर्षाया॥
पुस्तकें देख-देखकर जब,
बच्चे थककर के चूर हुए।
सब तरफ घूमकर के सारे,
थकान से भरपूर हुए॥
तब बैठ हॉल में एक जगह पर,
सारे बच्चे सुस्ताए।
बड़ी भूख लगी थी ; सबने मिल,
अपने-अपने भोजन खाए॥
कुछ बालरुचि की किताबें,
बच्चों ने मेले से पाईं।
अपनी पसन्द के ग्रंथ देख,
सबकी ही आँखें हर्षाईं॥

30 जून : मेरा जन्म-दिवस

पल-पल करते दिन बीत रहे,
शुभ घड़ी जन्मदिन की आई !
पर अफसोस ! न साथ हमारे,
पूज्य पिताजी और माई !!
हाँ ; पिता हमारे बचपन में,
हर्षोत्सव यह थे मनाते।
दिन में मौहल्ला जिमाकर,
रात्रि गृह रौशन करवाते ॥
अब मात-पिता-आशीषों की,
ध्वनि न देती सुनाई !
पल-पल करते दिन बीत रहे,
शुभ घड़ी जन्मदिन की आई !!
घर इस दिन को सवेरे ही,
सत्यनारायण की कथा होती।
और सायंकाल माँ की मण्डली,
गीत बधाई के गाती ॥
जो पिता खिलाते पान मधुर,
वह अमृत-जैसा सुखदाई !
पल-पल करते दिन बीत रहे,
शुभ घड़ी जन्मदिन की आई !!
माँ ने इस अवसर पर अन्त तक,
मीठा केक बनाया है।
मुझ पर सुमन बरसाकर,
अपनी दुआओं से सजाया है ॥
सब साथ मेरे, न उन्हें देख,
मेरी आखें हैं भर आईं !

पल-पल करते दिन बीत रहे,
शुभ घड़ी जन्मदिन की आई !!
पर अफसोस ! न साथ हमारे,
पूज्य पिताजी और माई !!!

टीम इण्डिया को बधाई

(टी-20 क्रिकेट विश्व कप 2024)

बीते वर्ष के पराजय का,
अनल दबाए थे उर में।
प्रतिशोध-ज्वाल भरे भीतर,
प्रतिशोध हिन्द के हर घर में ॥
फिर उसी विकट अग्नि को तुमने,
शक्ति निज बना डाला।
अपने प्रण को सम्पूर्ण प्राण-तन के,
रथ पर चढ़ा डाला ॥
जिसने हराया था तुमको,
वह ऑस्ट्रेलिया टीम धोई।
इंग्लैण्ड की सेमीफाइनल में,
जीभर कर के अँखियां रोईं ॥

फाइनल का मुकाबला,
साऊथ-अफ्रीका से था बड़ा कठिन।
हेनरिक क्लासेन आ गया,
लेकर के तूफानी हाय ! दिन ॥
वह भारतीय बॉलरों की,

गेंदों को उड़ाता जाता था।
छक्के-दर-छक्के बार-बार,
बॉलों पे लगाता जाता था॥
उसका तूफानी रूप देख,
मैं सहम गया और घबराया।
होकर दु:खी ; टी0 वी0 बन्द कर,
अपने शयन-कक्ष आया॥
आँसू भरकर मैं लगा सोचने --
' हाय प्रभु ! यह होता क्या ?
क्या नहीं आती है आपको,
टीम-इण्डिया पर दया ?

पहले की तरह मेरे वीर,
एक भी हैं मैच नहीं हारे।
लेकिन इस क्षण लगते मालिक !
जैसे गर्दिश में सितारे॥
मैं पुन: पराजय निज राष्ट्र की,
गोविन्द ! देख नहीं सकता।
रोहित-विराट की आँखों में,
और अश्रु नहीं देख सकता॥...'
कुछ क्षण यों ही पड़ा शैय्या पर,
मन मारे रहा लेटा।

फिर यकायक निशा-सन्नाटे में,
बहुत-सा शोर उठा ॥
यह शोर विजय का गर्व लिए,
मैं इसकी ध्वनि समझता था।
भारतीयों के उल्लास-गर्व का,
वह संकेत समझता ॥

झटपट उठकर टी0 वी0 खोला,
अब पलट चुकी सारी बाजी।
हार्दिक पाण्ड्या ने सोच-समझ,
चतुराई से की गेंदबाजी ॥
अपने आखिरी ओवर को,
इतनी कुशलता से डाला।
घबराए प्रतिद्वन्द्वी ; चारों खाने,
चित्त उन्हें कर डाला ॥
हे भारत माँ ! तेरे बेटे,
न मुश्किल से घबराते हैं।
जो ठान लेते प्रण ह्रदय में,
उसको पूरा वे करते हैं ॥
यह जश्न मनाने का मौसम,

आतप ने ली विदाई है।
आषाढ़ मास ; सुख के बदरा,
घर-घर में खुशी समाई है ॥

है जन्म-दिवस अपना सुन्दर

आधी उम्र कब बीत गई,
न पता चला ; वह गई किधर ?
आओ मिल खुशी मनाओ सब,
है जन्म-दिवस अपना सुन्दर !!
बचपन के पहले पाँच वर्ष,
बस खेल-खेल में बीत गए।
फिर और पन्द्रह वर्ष सभी,
शिक्षा-चकरी में रीत गए ॥
बाकी किताबें लिखने में,
बीते तीस वर्ष मनहर !
आओ मिल खुशी मनाओ सब,
है जन्म-दिवस अपना सुन्दर !!

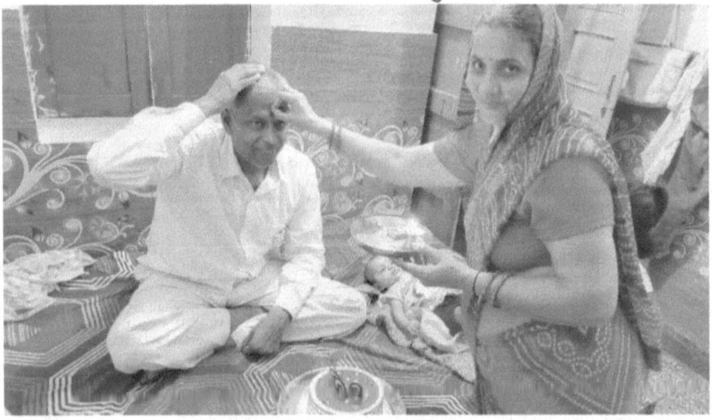

जीवन तो मिलता इसीलिए,
कि पल-पल उसे बीतना है।
और जगती का सारा नाटक,
एक क्षण के लिए न रुकना है ॥
इस जीवन से चुरा लो तुम,
खुशियों के क्षण ; होकर निडर !
आओ मिल खुशी मनाओ सब,

है जन्म-दिवस अपना सुन्दर !!
इस जीवन में जो कोई जन,
अपना लक्ष्य साध लेता।
बस एक उसी का यह नश्वर,
जीवन सफल-अमर होता ।।
केवल न जिओ स्वार्थ में,
कुछ करो दूसरों की फिकर !
आओ मिल खुशी मनाओ सब,
है जन्म-दिवस अपना सुन्दर !!
आधी उम्र कब बीत गई,
न पता चला ; वह गई किधर ?

हर साल मनाना जन्म-दिवस

न हार मानना जीवन से,
चाहे कितनी हो कशमकश !
हर साल मनाना जन्म-दिवस,
चाहे मजबूर हो या परवश !!
यह दिवस स्वयं के मूल्यांकन का,
हमको एक अवसर देता।
यह चिन्ता और तनाव हटाकर,
खुशियों से मन भर देता ॥
हो वर्षगाँठ हर साल सभी की,
बाल, युवा या जरा के वश !
न हार मानना जीवन से,
चाहे कितनी हो कशमकश !
हर साल मनाना जन्म-दिवस,
चाहे मजबूर हो या परवश !!!

हम जन्म-दिवस के बहाने,
जीवन का अभिनन्दन करते।
उत्साह, हर्ष ; नवीन प्रेरणाओं,
से निज झोली भरते ॥

सबको मिलने का अवसर देता,
इसी बहाने प्रतिवर्ष !
न हार मानना जीवन से,
चाहे कितनी हो कशमकश !
हर साल मनाना जन्म-दिवस,
चाहे मजबूर हो या परवश !!
कैशोर्य-काल से सदा ही मैं,
वर्षगाँठ मनाता आया हूँ।
अपने ; औरों के जन्म-दिवस पर,
कविता रचता आया हूँ॥
यह पर्व सदा ही रहा मीत,
मेरी खातिर ही मधुर-सरस !
न हार मानना जीवन से,
चाहे कितनी हो कशमकश !
हर साल मनाना जन्म-दिवस,
चाहे मजबूर हो या परवश !!

जन्मदिन का केक

जन्मदिन का केक कटा जब,
नन्हीं 'श्री' देखती थी।
अपनी नन्हीं-नन्हीं पलकों से,
सारा दृश्य परखती थी ॥
जब बजे रात के साढ़े नौ,
मैं निबटा लेखन-कार्य से।
' बाबाजी चलो केक काटने',
-- बोले बच्चे आशा से ॥
ऋद्धि-सिद्धि-कनिका आदि,
सारे बच्चे भोले-भाले।
कर रहे प्रतीक्षा दिन भर से,
सपने कुछ आँखों में पाले ॥

यह बाल-वृन्द पकड़ मुझको,
अतिथि-कक्ष में ले आया।
फिर सबने मेरा जन्म-दिवस,
खूब धूमधाम से मनाया॥
मैंने पलंग पर बैठ खुशी से,
अपना फिर केक काटा।
भैया-भाभी क्रमशः सबको दे,
हर्षमग्न होकर बाँटा॥

रिद्धि ने खिलाया केक

जब काट चुका मैं केक,
बोले सब हँसकर रिद्धि सिद्धि से --
" अब केक खिलाओ बाबा को,
कहो 'हैप्पी बर्थ डे' खुशी से " ॥
दोनों बहिनों ने सकुचाकर,
देखा मेरे मुख-मण्डल को।
हर्षित हो रहीं थीं दोनों,
उत्साहित थीं वे उस पल को ॥
सिद्धि तो बैठी रही पलंग पर,
किंकर्तव्यविमूढ़ होकर।
मुझे केक खिलाने का उपाय,
न ढूँढ पाई वह उस क्षण भर ॥
लेकिन तब रिद्धि ने केक ले,
मेरे मुख से लगाया।
धीरे-धीरे और बड़े प्यार से,
केक मुझे वह खिलाया ॥
तब सिद्धि को भी उपक्रम,
उसका शीघ्र समझ आया।
उसने भी नन्हें कर से मुझे,
मधुर केक वह खिलाया ॥
फिर सबने मिलकर जोरदार,
तालियाँ खूब ही बजाईं।
'हैप्पी बर्थ डे' की मधुर धुन,
अपने श्रीमुख से गाई ॥

जन्मदिन का मंगल-तिलक

बचपन से ही माँ जन्म-दिन पर,
तिलक करती आई थीं।
आरती उतार कर मेरी,
दुआ-आशीषें देती आई थीं॥
अब मात-पिता न रहे,
सूक्ष्म वे दिव्य-धाम को चले गए।
अपनी दुआ-आशीष-प्रेरणा,
यादगारें छोड़ गए॥
अब घर में केवल भैया-भाभी,
ही बुजुर्ग हमारे हैं।
वे गृह-संचालक, दिशा-प्रदर्शक,
जीवन-नद-किनारे हैं॥
अब भाभी जी ही तिलक,
आरती का दायित्व निभाती हैं।
मस्तक पर मंगल-टीका कर,
वे मन्द-मन्द मुस्काती हैं॥
है केक पाश्चात्य-परम्परा,
तो तिलक-आरती भारतीय।
निज परम्परा न भूलें हम,
गौरव यही निज राष्ट्रीय॥

अनबाउण्ड स्क्रिप्ट

यह मंच किशोर और युवाओं,
को कहानी पहुँचाता।
प्रेरक और शक्तिशाली रचना,
कथा-विधा की यह देता॥
ये कहानियाँ पाठक-दिमाग को,
देती हैं रचनात्मकता।
धारणाएँ सबल बनाती हैं,
मस्तिष्क को देतीं दृढ़ता॥
सन् दो हजार बीस में हुआ,
यह प्रकाशन स्थापित।
यह शीघ्र जगत के लेखक-
पाठक-वर्ग में हुआ चर्चित॥
है प्रीत विहार ; नई दिल्ली में,
इस प्रकाशन का कार्यालय।
वहाँ पावन-मूर्त पुस्तकों का,
सुन्दर-भव्य है देवालय॥

UNBOUND
SCRIPT

क्रिकेट विश्व कप : जीत की खुशी

यह भारत है ; जहाँ विजय-पर्व,
मिलकर के सभी मनाते हैं !
यहाँ अपने सुख-दु:ख सबके हैं,
साँझ हमारे नाते हैं !!
यह हिन्द-राष्ट्र ; जहाँ किसी के दृग से,
गिरता कोई अश्रु यदि।
तो उसे मिला करती संवेदना सबकी,
कहतीं कई सदी ॥
हम साथ-साथ जीने की,
और मरने की कसमें खाते हैं !
यह भारत है ; जहाँ विजय-पर्व,
मिलकर के सभी मनाते हैं !!

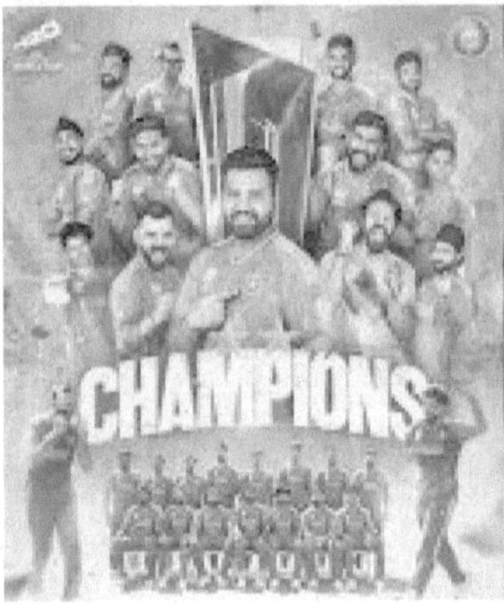

हमने झेली हैं सदियों तक,
मिलकर अनेकों वेदनाएँ।
संग कदम मिलाकर की हमने,
अदभुद महान सर्जनाएँ ॥
हम सब एक भारत माँ के बेटे,
उस पर प्राण लुटाते हैं !

यह भारत है ; जहाँ विजय-पर्व,
मिलकर के सभी मनाते हैं !!
हम श्रम करके भरपूर ; स्वयं को,
बस निमित्त माना करते ।
अभिमान-शून्य होकर सब कुछ,
परमेश्वर पर छोड़ा करते ॥
बस इसीलिए तो दिग-दिगन्त,
युग से अपना यश गाते हैं !
यह भारत है ; जहाँ विजय-पर्व,
मिलकर के सभी मनाते हैं !!
यहाँ अपने सुख-दु:ख सबके हैं,
साँझ हमारे नाते हैं !!!

क्रिकेट विश्व कप--2024 : सम्मान की कद्र

हम भारतीय हैं ; अपने श्रम का,
'विजय-पर्व' मनाते हैं !
सम्मान मिला जो करता उसको,
सिर-आँखों पर रखते हैं !!
हम नहीं जीत का दर्प लिए,
सम्मान को पग-तल पर रखते ।
हम विजय-चिन्ह के साथ ही,
सोते-जगते और खाते-पीते ॥
अपनी विजय की ट्रॉफी की,
सौ बार बलैंया लेते हैं !
हम भारतीय हैं ; अपने श्रम का,
'विजय-पर्व' मनाते हैं !!
सम्मान मिला जो करता उसको,
सिर-आँखों पर रखते हैं !!!

अपनी मंजिल को पाने तक,
तप-भरी जिन्दगी हम जीते ।
दिन-रात लगन के अभ्यास में,
जीवन का सब सुख तजते ॥
प्रतिद्वन्द्वी को भी सहानुभूति से,
अपने गले लगाते हैं !

हम भारतीय हैं ; अपने श्रम का,
'विजय-पर्व' मनाते हैं !!
सम्मान मिला जो करता उसको,
सिर-आँखों पर रखते हैं !!!
जयघोष-मध्य हम जीवन के,
कभी मूल्य नहीं भूला करते।
सम्पूर्ण राष्ट्र के जन को हम,
निज खुशियों में शामिल करते ॥

हम जीत-हार के सभी पर्व,
साँझे मिलकर मनाते हैं !
हम भारतीय हैं ; अपने श्रम का,
'विजय-पर्व' मनाते हैं !!
सम्मान मिला जो करता उसको,
सिर-आँखों पर रखते हैं !!!

कीर्ति चक्र

हो गए शहीद सियाचिन में,
कैप्टन अंशुमन सिंह।
पाया मरणोपरांत कीर्ति चक्र,
अरि से भिड़े सिंह ॥
बीते वर्ष ही तो विवाह,
इस महावीर का पूर्ण हुआ।
पत्नी स्मृति ने अभी-अभी,
यौवन का नवोल्लास छुआ ॥
फिर आई विदा की बेला,
कैप्टन दूर गगन के जा पहुँचे।
राष्ट्रपति-भवन में स्मृति जी के,
नयन गर्व के क्षण सोचे ॥

इस कीर्ति-चक्र ने माँ को,
गौरवशाली पुण्य-क्षण दिया।
माता को और धर्मपत्नी को,
सबसे ऊँचा उठा दिया ॥

शहीद कैप्टन
अंशुमान सिंह

नटखट रिद्धि का जन्मदिन

चंचल-नटखट बालिका सरल,
झरता उसकी वाणी से रस !
सारा गृह मुदित झूमता है,
आया रिद्धि का जन्म-दिवस !!
गए पिता भोर ही रूपवास,
बच्चे स्कूल पढ़ाने को।
दोपहरी को घर लौटेंगे,
संग लेकर आएँगे केक को ।।
आने-जाने का साधन है,
एकमात्र रोडवेज की बस !
सारा गृह मुदित झूमता है,
आया रिद्धि का जन्म-दिवस !!
हुई दो वर्ष की कन्या यह,
सारा ही दिन दौड़ा करती।
हम कहते -- ' बेटा ! ठहर-ठहर ',
लेकिन किंचित न दम लेती ।।
लघु आयु में पुरूषार्थ की,
करती रहती है कशमकश !
सारा गृह मुदित झूमता है,
आया रिद्धि का जन्म-दिवस !!
इसकी जल-राशि सहेली,
पानी को जहाँ देखती है।
बस उसके संग खेला करती,
वारि में मौज मनाती है ।।
उद्योगशील ; यह कर्मठ है,
सुबह उठकर पहले करती ब्रश !
सारा गृह मुदित झूमता है,
आया रिद्धि का जन्म-दिवस !!

Happy Birthday

नन्हीं बिटिया का जन्म-दिवस

नन्हीं अंखियाँ, नन्हीं पलकें,
नन्हीं नासिका, अधर ; कर्ण।
स्फूर्तिमय, बालिका सरल
गौरी-सा जिसका शुभ्र वर्ण ॥
वह परी लघु ; जो मुस्काती,
चितवन में जिसके भरा हर्ष !
सौभाग्यशालिनी वह कन्या,
आओ मनाएँ जन्म-दिवस !!

जिसने जगती के आँगन में,
साहस भरे कदम रखे।
यद्यपि अच्छे और बुरे लोग,
उसने अभी नहीं परखे ॥
केवल अपनी माँ का पाया,
स्नेह-भरा शुचि-स्पर्श !
सौभाग्यशालिनी वह कन्या,
आओ मनाएँ उसका जन्म-दिवस !

वह निज खेलों में ही व्यस्त,
अपनी उज्ज्वलता में खोई।
कभी हँसते-हँसते रो देती,
और मुस्का देती है रोई ॥
सब उसको गोद खिलाते हैं,
मंगलकारी उसका दर्श !
वह परी लघु ; जो मुस्काती,
चितवन में जिसके भरा हर्ष !
सौभाग्यशालिनी वह कन्या,
आओ मनाएँ उसका जन्म-दिवस !!

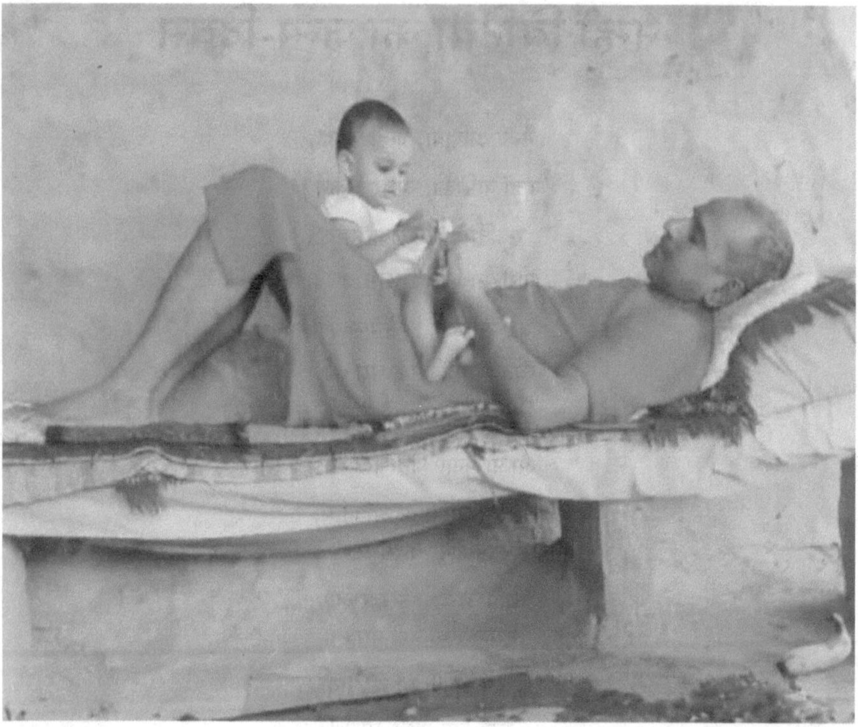

रिद्धि ने केक खिलाया

हर्षाया जन्म का उत्सव,
मौसम सुहाना आया !
सब झूम उठे मुस्काते,
रिद्धि ने केक खिलाया !!
स्कूल से थककर हारे,
सो गए पिता बिस्तर में।
वे चार बजे उठते हैं,
सोए सब सारे घर में ॥
लगती नींद जब प्यारी,
हर कोई लगे पराया !
सब झूम उठे मुस्काते,
रिद्धि ने केक खिलाया !!

इस जन्म-दिवस के पल में,
आकाश में मेघा छाए।
वे नन्हीं-नन्हीं बूँदें,
शीतल जल की बरसाए।
घर का हर एक-एक कौना,
इस अवसर पर मुस्काया !

सब झूम उठे मुस्काते,
रिद्धि ने केक खिलाया !!
दादा-दादी सब मिलकर,
आशीष-दुआएँ देते।
रिद्धि को गोद उठाकर,
' हैप्पी बर्थ डे ' कहते ॥
एक साल प्रतीक्षा की है,
तब शुभ पर्व यह आया !
सब झूम उठे मुस्काते,
रिद्धि ने केक खिलाया !!
हर्षाया जन्म का उत्सव,
मौसम सुहाना आया !
सब झूम उठे मुस्काते,
रिद्धि ने केक खिलाया !!

बड़ी बहिन का प्यार

शुभ जन्म-दिवस के अवसर पर,
दोनों बहिनें मन मुस्काईं !
रिद्धि के जन्मोत्सव पर दी,
सिद्धि ने खूब बधाई !!
दोनों बहिनें प्यारी-नटखट,
एक-दूजे से प्रेम करतीं।
रिद्धि अपनी तुतली बोली में,
सिद्धि को 'जीजी' कहती ॥
सिद्धि ने छोटी बहिना को,
केक-मिठाई खिलाई !
शुभ जन्म-दिवस के अवसर पर,
दोनों बहिनें मन मुस्काईं !!
रिद्धि के जन्मोत्सव पर दी,
सिद्धि ने खूब बधाई !!!
रिद्धि ने इस अवसर पर पहने,
प्यारे-सुन्दर परिधान।
सिद्धि भी छूने लगी सहज,
खुशियों से भरा आसमान ॥
न आज एक पल को किंचित,
दोनों में हुई हाथापाई !
शुभ जन्म-दिवस के अवसर पर,
दोनों बहिनें मन मुस्काईं !!
रिद्धि के जन्मोत्सव पर दी,
सिद्धि ने खूब बधाई !!!
सिद्धि ने चॉकलेट-केक,
छोटी बहिन को खिलाया।
और अपने पिता से दोनों का,

सुन्दर एक फोटो खिंचवाया ॥
इन दोनों नव-कलियों ने बगिया,
अपने घर की महकाई !
शुभ जन्म-दिवस के अवसर पर,
दोनों बहिनें मन मुस्काईं !!
रिद्धि के जन्मोत्सव पर दी,
सिद्धि ने खूब बधाई !!!

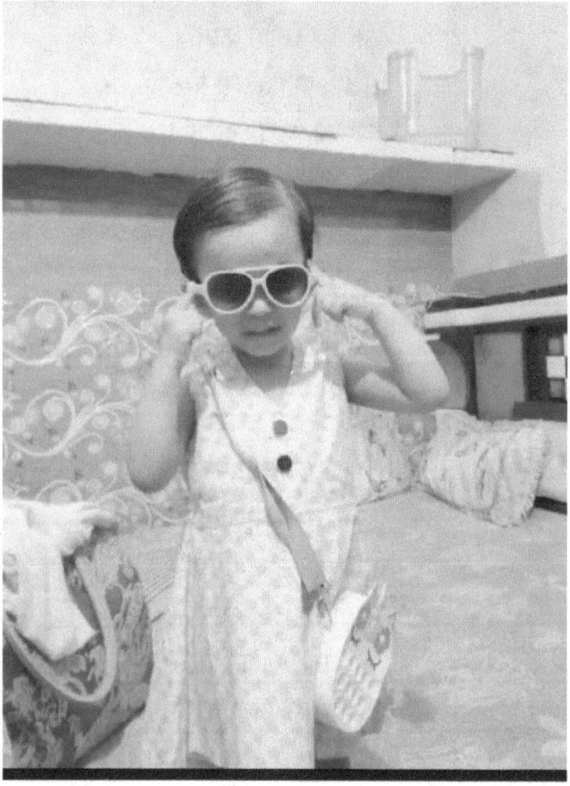

माँ भारती

माँ ! तेरी संतान अमर हम, तुझ पर जान लुटाते हैं।
बारंबार नमन कर तुमको, सौ-सौ शीश झुकाते हैं।
तेरे आँसू के कारक हम, पछताते हैं निज पर।
जन्म वृथा बीतता अपना, दया करो माँ ! हम पर ॥
पेड़ काटकर हरे-भरे सब, बाग तेरे उजाड़े।
कुदरत के स्वरूप सुन्दर सब सोच-समझ बिगाड़े॥
माँ ! हमने जहरीले धुएँ से तुमको नहलाया।
जल को किया है दूषित, हमने दु:ख सदा ही पाया ॥

आज तलक भी अबलाओं पर जोर-जुल्म होते हैं।
अपने ही घर बूढ़े मात्-पिता कष्ट सहते हैं ॥
सरे-आम कन्याओं की हर दिन अस्मत लुटती है।
कंस और दु:शासन की पग-पग बिसात लगती है॥
गुमसुम क्यों रहती हो माता, क्यों कुछ न कहती हो ?
दिल में दर्द दबाए क्यों तुम, चुपचाप रहती हो ?
समझ नही आता पीर, इतनी क्योंकर हो सहती ?
अब भी चुप हे मात भारती ! क्यों न कुछ हो कहती ?
माता ! अपना और तुम्हारा जन्मों का नाता है।
हिन्द का हर एक बालक माता ! तुझ पर बलि जाता है ॥
तेरी गोदी में माँ ! हमने, सीखा हंसना-मुस्काना।

तूने ही सिखलाया माता परदु:ख को अपनाना।
आज दु:खी-सी माँ भारती ! क्यों हमको दिखती हो ?
भला कष्ट क्या ; अब तक भी, जिसको भीतर सहती हो ?

गुरू-पूर्णिमा का शुभ दिन

यह गुरू-शिष्य की परम्परा,
अपने भारत की शान रही।
गुरुओं की शुभ-आशीष-दुआ,
निज-गौरव-स्वाभिमान रही ॥
इस पावन भू पर गुरुओं ने,
सदैव सबको पथ दर्शाया।
विद्या-ज्ञान का आलोक,
सर्वत्र सदा ही फैलाया ॥
जब-जब मानव का हुआ पतन,
गुरुओं ने आकर संभाला।
दुःख-चिन्ता-भय का विष पीकर,
सुख का सब अमृत दे डाला ॥
गुरू-सत्ता को आओ हम सब,
मिलकर के शीश नवाएँ।
उनकी अमूल्य शिक्षा करें धारण,
जीवन सफल बनाएँ ॥

सदगुरू जी (गुरू पूर्णिमा पर्व)

सद्गुरु ! ध्यान भटके हमारा,
तुम इसे स्थिर करना ।
जग की माया-छल-प्रपंच से,
हमें सुरक्षित तुम रखना ॥
हम चलते-चलते जीवन में,
जब भी अपना गुरू ! पथ भूलें ।
तब राह दिखाना दयामय,
जीवन के उन्नति-द्वार खुलें ॥
हो गुरुदेव ! भूल हमसे,
तुम अपने चित पर न रखना ।
अज्ञानी बालक समझ हमें,
हे ज्ञान-सिन्धु ! क्षमा करना ॥
न कभी हमें अपनी क्षमताओं,
का अभिमान जरा आए ।
उर रहे सदा ही निर्मल ; किंचित,
दोष नहीं कुछ लग पाए ॥

गुरु-भूमि भारत

सदियों से भारत सत्य-सनातन,
गुरुओं की तपभूमि रहा।
यह गुरू-ज्ञान से आलोकित,
उनकी पावन कर्मभूमि रहा॥
वशिष्ठ-द्रोण-विश्वामित्र-सम,
यहाँ पूज्य गुरुदेव हुए।
गुरुओं से बना विश्व-गुरु,
भारत; जग ने हैं चरण छुए॥
हर एक युग में गुरुओं ने ही,
नैया को पार लगाया है।
सामान्य शिष्य को गुरुदेव ने,
चन्द्रगुप्त बनाया है॥
आओ स्नेह-श्रद्धा-आदर से,
इस भूमि को नमन करें।
गुरूजन के मानें आदर्श,
भव-शोक-ताप का शमन करें॥

गुरूदेव

अज्ञान में भटके जन को,
ज्ञान-दिशा आलोकित करते।
निज दुआओं से जीवन में,
सुख और समृद्धि भरते ॥
जिन्हें मनाते सारे जग के,
मनुज, देवियाँ और देव !
नि:स्वार्थ, परमसेवी,
जग के कल्याणी गुरूदेव !!
वे वेद-शास्त्र का अध्ययन कर,
सब सार निकाला करते हैं।
जो उपयोगी हमारी खातिर,
समझाया करते हैं ॥

संस्कार नवीन देते हमको,
और मिटाया करते दुर्दैव !
नि:स्वार्थ, परमसेवी,
जग के कल्याणी गुरूदेव !!
जो सच्ची राह उत्थान की,
जीवन में दिखा जाए।
वह लघु जीव चाहे छोटा,
गुरू अपना सच्चा कहलाए ॥

दत्तात्रेय जी ने माना,
उनको अपना आदर्श सदैव !
नि:स्वार्थ, परमसेवी,
जग के कल्याणी गुरूदेव !!

सच्चे गुरू कम ही मिलते हैं

हर एक बगीचे में पुष्प न,
सूरजमुखी के खिलते हैं !
'गुरू' नामधारी तो बहुत जगत में,
सच्चे गुरू कम ही मिलते हैं !!
वह बैठे ध्यान लगाए होंगे,
निज में रहकर सन्तुष्ट ।
न कभी किसी से किसी काल में,
होते हैं वे तनिक रुष्ट ॥
मेले तो लाखों लगते ; लेकिन,
कुम्भ-मेले कम ही लगते हैं !
'गुरू' नामधारी तो बहुत जगत में,
सच्चे गुरू कम ही मिलते हैं !!

उनको न जगत-वासना या,
तृष्णाएँ कभी सता सकती हैं ।
माया की छवियाँ चमकीली,
उनके आगे न आ सकती हैं ॥
संसार सुखी बनाने को,
अपना सब कुछ त्यागा करते हैं !

'गुरू' नामधारी तो बहुत जगत में,
सच्चे गुरू कम ही मिलते हैं !!
हर एक बगीचे में पुष्प न,
सूरजमुखी के खिलते हैं !!!

बच्चे : सच्चे गुरू

बच्चे सदगुरू का रूप,
भाव में ये निर्मल होते हैं !
सदा नि:स्वार्थ ; अभिमान-रहित,
पावन सुमन होते हैं !!
मैं रोज बालकों से सदगुण की,
शिक्षाएँ अनगिन पाता ।
दिन में रोजाना कुछ काल,
संग इनके बैठा करता ॥
ये दान-दक्षिणा हमसे,
केवल स्नेह-प्रीत लेते हैं !
बच्चे सदगुरू का रूप,
भाव में ये निर्मल होते हैं !!

नन्हें बच्चे गुण-मूल्य सदा,
गुरू के समान सिखलाते।
ये ऊँच-नीच का भेद कभी,
अपने मन में न रखते ।।
ये परम कृपालु परमेश्वर-से,
केवल मुस्काते हैं !
बच्चे सदगुरू का रूप,
भाव में ये निर्मल होते हैं !!

शिव-सदगुरू

हे परमपिता 'शिव' अन्तर्यामी,
गति-सदगति के तुम दाता।
ओ परब्रह्म के परमेश्वर,
सबके सौभाग्य के विधाता ॥
तुम निराकार हो एक अगोचर,
सबके प्राणाधार रहे।
कोई 'ईश्वर' तुमको ; कोई 'खुदा',
कोई 'गॉड' ; 'वाहेगुरू' कहे ॥
हे विश्वपिता ! तुम ही सब जग का,
पालन करने वाले हो।
तुम स्वर्ग-रचयिता ; सबके ही,
दु:खों को हरने वाले हो ॥
तुम रहते सदा मौन ; जगत में,
सब कुछ देखा करते हो।
मानव जो करते कर्म ; पिता !
तुम उसका फल देते हो ॥

गुरु-पूर्णिमा महोत्सव

भारत में जगह-जगह मठ और,
आश्रम में लगा हुआ मेला !
यह गुरु-पूर्णिमा महोत्सव,
सदगुरू-दर्शन की है बेला !!
ईश्वर ने जो सद्ज्ञान दिया,
ऋषियों ने उसे बहाया है,
संत और महात्माओं ने उसको,
आचरण में लाया है ॥
सज्जन पुरुषों ने उसी ज्ञान को,
अपने जीवन में ढाला !
यह गुरु-पूर्णिमा महोत्सव,
सदगुरू-दर्शन की है बेला !!

हम धन्य हमारे आश्रम में भी,
पर्व यह पावन मनता ।

हर एक ब्रह्मा-वत्स, सतगुरू ;
को श्रद्धा अर्पित करता ॥
हम सबने मिलकर गुरू-महिमा,
का गान कण्ठ से निकाला !
यह गुरु-पूर्णिमा महोत्सव,
सदगुरू-दर्शन की है बेला !!

www.ingramcontent.com/pod-product-compliance
Lightning Source LLC
LaVergne TN
LVHW032119041026
849518LV00008B/2708
* 9 7 8 9 3 4 8 3 3 2 3 4 9 *